Dirk Rohr | Hendrik den Ouden | Eva-Maria Rottlaender
Hochschuldidaktik im Fokus von Peer Learning und Beratung

Dirk Rohr | Hendrik den Ouden |
Eva-Maria Rottlaender

Hochschuldidaktik im Fokus von Peer Learning und Beratung

Autoren und Autorin

Dirk Rohr, Jg. 1973, Dr., ist Akademischer Direktor und Geschäftsführer der Humanwissenschaftlichen Fakultät der Universität zu Köln. Er leitet dort den Arbeitsbereich Beratungsforschung und das Zentrum für Hochschuldidaktik. Er war Leiter der Peer-Projekte schlag.fertig, an.sprech.bar, AlkoPaps und des SSC.

Hendrik den Ouden, Jg. 1984, Dr., ist stellv. Leiter des Zentrums für Hochschul-didaktik der Humanwissenschaftlichen Fakultät an der Universität zu Köln, Hochschuldidaktischer Multiplikator und Trainer. Seine Arbeitsschwerpunkte sind kompetenzbasierte, studierendenaktivierende und kooperative Lehr- und Lernmethoden.

Eva-Maria Rottlaender, Jg. 1983, ist wissenschaftliche Mitarbeiterin am Zentrum für Hochschuldidaktik der Humanwissenschaftlichen Fakultät der Universität zu Köln. Ihre Arbeitsschwerpunkte sind Lehrberatungen, kollegiale Hospitationen und Workshops.

Illustrationen: Johannes Schlingmann

Bibliografische Information der Deutschen Nationalbibliothek

Die Deutsche Nationalbibliothek verzeichnet diese Publikation in der Deutschen Nationalbibliografie; detaillierte bibliografische Daten sind im Internet über http://dnb.d-nb.de abrufbar.

FSC
www.fsc.org

MIX
Papier aus verantwor-
tungsvollen Quellen
FSC® C089473

© 2016 Beltz Juventa · Weinheim und Basel
Werderstr. 10, 69469 Weinheim
www.beltz.de · www.juventa.de
Satz: text plus form, Dresden
Druck und Bindung: Beltz Bad Langensalza GmbH, Bad Langensalza
Printed in Germany

ISBN 978-3-7799-3421-9

Inhalt

Einleitung[*]

In dem vorliegenden Buch widmen wir uns aus hochschuldidaktischer Perspektive den Lehr-/Lern- und Beratungsprozessen, die sich in verschiedenen Settings und (Lehr-)Formaten zwischen Studierenden und Lehrenden, aber auch zwischen den Studierenden und den Lehrenden untereinander vollziehen.

Dabei legen wir einen besonderen Fokus auf eben die Lern- und Beratungsprozesse des voneinander, miteinander und gemeinsamen Lernens, die wir in Anlehnung an King 1999, O'Donnell/King 2002, Deutsch/Swartz 2002 und Deutsch/Rohr 2016 als „Peer Learning" bezeichnen.

Nach einer einführenden Darstellung in die grundlegenden Veränderungen, die der Bologna-Prozess an deutschen Hochschulen mit sich brachte und notwendig machte, werden wir entscheidende Themen der Hochschuldidaktik (Lehrpersönlichkeit, Lernen, Motivation, Diversität, Prüfen und Bewerten, Feedback geben und nehmen) beleuchten. Diese Themen verstehen wir als Kompetenzfelder der Hochschuldidaktik. Daran anknüpfend werden Facetten des Peer Learnings vorgestellt und deren Umsetzungsmöglichkeiten an Hochschule erläutert. Die zweite Anwendungsebene stellt daran anschließend das Thema Beratung dar. Auf den verschiedenen Anwendungsebenen stellen wir jeweils unterschiedliche Formate (Planspiel, Service Learning, Kollegiale Hospitation, Team Teaching, Fallsupervision in Lehrendengruppen und Kollegiale Fallberatung) vor, die die Ebenen Lehre, Beratung und Peer Learning ganz besonders in sich vereinen.

Bei all diesen Konzeptionen und Überlegungen vertreten wir (auch nach Bologna) das humanistische Humboldt'sche Bildungsideal. Dies gründet sich auf die „neuhumanistische Einsicht, dass Menschen vor allen dann Individualität, Humanität und anspruchsvolles Denken entwickeln können und auch wollen, wenn sie mutig ihre eigene Freiheit annehmend und diese auch aushaltend, neugierig und erwartungsvoll anhand fachlicher wissenschaftlicher Gegenstände sich entwickeln wollen, gleichwohl kritisch und überlegt gegen sich und andere bleiben" (vgl. Welbers, S. 21). Bildung ist damit eine ganzheitliche Entwicklung des eigenen Selbst, in der es neben der Auseinandersetzung mit spezifischen fachlichen Inhalten auch darum

---

[*] Das Autoren*innen-Team bedankt sich herzlich bei Robert Kamp für sein unermüdliches und engagiertes Lektorat und bei Johannes Schlingmann für die Erstellung der gehaltvollen und prägnanten Visualisierungen.

geht, Gesellschaft und Kultur als Ganzes zu reflektieren und kritisch gegenüber dieser Stellung zu beziehen.

Zentrale Aspekte in diesem (Humboldt'schen) Bildungsprozess sind dabei die Freiheit und Einsamkeit der Sprache, die Individualität und der Dialog.

Bildung ist ein Prozess, der Einsamkeit notwendig macht: Einsamkeit in dem Sinne, dass sich wirkliche Einsicht und Erkenntnis im Individuum erst durch dies Bahn brechen kann. Das heißt, in der Auseinandersetzung mit dem Gegenstand/Thema bin ich zuerst einmal auf mich allein gestellt und muss in meinem Kopf diesen Gegenstand be-greifen und das Wissen für mich konstruieren. Ich muss die Dinge in meine eigene Worten fassen können, muss Worte für das finden, was ich darüber denke oder welche Fragen ich dazu habe: „das Sprechen (ist) eine nothwendige (sic!) Bedingung des Denkens des Einzelnen in abgeschlossener Einsamkeit" (Humboldt zit. n. ebd., S. 30). In dieser sprachlichen Konstruktion von Wissen liegt dabei die Freiheit des Menschen – er kann alles sagen und alles denken. Und im ersten Schritt dieser Wissenskonstruktion sind wir immer allein. Damit dieses Wissen jedoch als etwas Reales in die Welt kommen kann, das ich mit anderen teile, muss es die reine Subjektivität verlassen und zu etwas werden, das ich qua Sprache als etwas „Objektives" mit anderen – im Dialog – teilen kann. Die Sprache bietet mir die Möglichkeit an, zwischen meiner Welt und der der Anderen eine Brücke zu schlagen. Dabei ist der Ausdruck meines Wissens, das ich selbst erzeugt habe, ein Merkmal meiner Individualität. Schließlich bin ich es ja, die bzw. der diesen Gedanken erzeugt und konstruiert hat. Dabei geht es bei der Frage nach der Entwicklung von Wissen nicht darum, dass einige Menschen bestimmte Wissensbestände anhäufen, sondern „Wissen zu haben" wird als eine Seinsverfassung des Menschen angesehen (vgl. ebd.). Das heißt, jeder Mensch trägt Wissen in sich und erzeugt neues Wissen – weil jeder Mensch individuell ist. Dieser Gedanke Humboldts geht auf Aristoteles zurück, der zu Beginn seiner Metaphysik formuliert: „Alle Menschen streben von Natur (aus) nach Wissen" (vgl. ebd., S. 34).

Dabei ist Individualität dem Humboldt'schen Verständnis nach ein Ziel, das wir immer schon in uns tragen. Unserem Selbst muss nichts hinzugefügt werden. Lernende in einem Bildungsprozess befinden sich nicht in einem ‚Mangel', sondern wir sind immer schon ‚ganz' – die Aufgabe der Lehrenden kann es lediglich sein, unseren Entwicklungsprozess zu stärken und zu fördern, diese Individualität zu entdecken und „in die Welt zu bringen". Und dafür brauchen Menschen einen geschützten Ort und eine Zeit:

> „Menschen müssen sich in Ruhe und Besonnenheit entwickeln können, brauchen institutionellen Schutz vor reduziertem Lebenszweck und verkürzter Bil-

dungszeit, weil eben dies die Garantie von Individualität, Freiheit und Humanität, letztlich von Glückseligkeit [...] ist, von der Humboldt und die Neuhumanis-
ten der Überzeugung waren, dass sie vor allem durch eines erreichbar ist: eben
durch Bildung" (vgl. ebd., S. 35).

Und diesen geschützten Raum der Wissensproduktion, aber auch der Auseinandersetzung mit dieser, nennen wir Universität. Dabei soll die Universität kein Ort sein, der fernab von der Welt existiert und sich von dieser
abkapselt – Bildung durch Wissenschaft und akademische Freiheit bedeutet
nach Humboldt gerade die Öffnung zur Welt und zur Gesellschaft. Und
dazu braucht es in einem ersten Schritt – was sich evtl. auf den ersten Blick
wie ein Widerspruch anhört – die Einsamkeit des eigenen Denkens und die
Entdeckung und Entwicklung der eigenen Individualität: Erst vor dem Hintergrund dieser „Ich-Werdung" kann ich mit anderen Ichs in einen Dialog
treten und meine Gedanken mit ihnen teilen. Und in diesem etwas zurück-
genommenem, distanzierten Blick auf die Gesellschaft und die Welt wird es
dann möglich, diese als etwas vom Menschen Gemachtes zu verstehen, in
dieser Zusammenhänge und Widersprüche zu erkennen, um darauf aufbauend, diese aufbrechen und/oder verändern zu können.

Humboldt und Bologna

Es wird gerne davon gesprochen, dass der Bologna-Prozess und die Einführung der Bachelor- und Masterstudiengänge dazu führen, dass die Humboldt'sche Grundidee von dem, was eine Universität und was eine universitäre Ausbildung ausmachen, damit in Gefahr gerät oder gar schon „ver-
nichtet" worden ist.

Und doch findet sich unserer Auffassung nach in dem Grundgedanken
von Bologna Humboldts Leitidee wieder: der sogenannte „Shift from Teaching to Learning" – Lehren aus der Perspektive der Studierenden heraus
betrachten – dies meint letztendlich nichts anderes, als dass die Individualität jedes Einzelnen im Mittelpunkt aller Lehr-Lern-Prozesse steht und der
didaktische Ausgangspunkt für jegliche Formen der Planung und Gestaltung von Hochschullehre ist. Dabei fällt dem *selbstständigen Denken*, der
eigenen Konstruktion von Wissen der Studierenden eine große Rolle zu
(Selbststudium) und wird heutzutage mithilfe verschiedenster Medien und
Kommunikationsformen unterstützt und begleitet. Darüber hinaus wird
durch die Forderung sozialer Fähigkeiten und Kompetenzen der Dialog
zwischen den Studierenden und mit dem Lehrenden durch verschiedenste
Formen des kooperativen Lernens unterstützt und gefördert. Gerade auch
durch die Betonung des forschenden Lernens und der eigenverantwortlichen Arbeit an (eigenen) Forschungsfragen wird es den Studierenden er-

möglicht, sich aktiv und produktiv mit der sie umgebenden Kultur und Gesellschaft auseinanderzusetzen.

Die *Umsetzung* des Bologna-Prozesses an deutschen Universitäten kann und (sollte) nichtsdestotrotz in Bezug auf zahlreiche Aspekte kritisiert werden (z.B. die Verschulung der Studiengänge durch starke inhaltliche Vorgaben, hohe Prüfungsdichte durch das Credit-Point-System) – und doch bietet er eine größere Schnittmenge mit Humboldts Bildungsideal, als auf den ersten Blick ersichtlich: die Förderung und Entwicklung der eigenen Individualität in Auseinandersetzung mit sich selbst, mit Anderen und dem Wissen, den Kulturen dieser Welt und Gesellschaft als einem selbsttätigen und freien Prozess in einem (geschützten) institutionellen Rahmen. Dies bedeutet für uns, Lehren und Lernen an einer Universität zu betreiben. Und dies ist für uns (auch) eine Grundidee des Bologna-Prozesses.

Letztlich sind es diese beiden zentralen Momente des (universitären) Lernens: Die (Förderung der) Selbstständigkeit und das Dialogische – die zu unserem Fokus in diesem Buch führen: Peer Learning und Beratung. Lehrende ‚öffnen' ihre Veranstaltungen für andere Lehrende, lehren und lernen gemeinsam. Studierende lernen voneinander in projektorientierten Veranstaltungen – und lernen von Lehrenden als Lernbegleiter*in und -berater*in.

Kapitel 1
Hochschuldidaktik – eine Einführung

Die Hochschuldidaktik widmet sich der Gestaltung der Lehr-Lern-Prozesse an Hochschulen. Dabei ist die Hochschuldidaktik nicht die bloße Fortsetzung von Schulpädagogik und auch nicht bloß eine Teildisziplin der Erwachsenenbildung, sondern bildet eine eigene Disziplin der wissenschaftlichen Forschung. Huber (1995) unterscheidet alleine sechs „Arbeitsansätze" der Hochschuldidaktik, die sich entweder als Teil der Wissenschaftsforschung, der (Aus-)Bildungsforschung oder sozialwissenschaftlichen, interdisziplinär orientierten Erziehungswissenschaft verstehen. Innerhalb der Arbeitsansätze lassen sich drei inneruniversitäre Ansätze benennen:

- Unterrichtstechnologischer Ansatz: Erforschung und Entwicklung eines effizienten Lehrangebots auf Grundlage der empirischen Unterrichtsforschung
- Sozialpsychologischer Ansatz: Das Hauptproblem ist die Unpersönlichkeit des Studiums und die Kontaktarmut, Lösungsansätze orientieren sich an einer Verbesserung der Kommunikation und Kooperation in Lehr-Lern-Situationen durch Kleingruppenarbeit, Tutorenprogramme oder Kommunikationstrainings
- Curricularer oder didaktischer Ansatz: Ziele und Inhalte des Studiums gelten als unzureichend begründet und führen zu Orientierungs-, Motivations- und Lernproblemen der Studierenden. Lösungen werden in der Curriculumsforschung gesucht

Neben diesen Arbeitsansätzen mit dem Fokus auf das Lernangebot in der Hochschule werden aber auch Arbeitsansätze unterschieden, die den Fokus weg von der konkreten Lehr-Lern-Situation hin zur Hochschule als einem Wissenschaftsbetrieb bewegen, der klare Sozialisationsziele inne hat:

- Beschäftigungsorientierter Ansatz: Der Berufsbezug der Studiengänge wird stärker betont und die Anschlussfähigkeit – die Employability – rückt in den Vordergrund
- Sozialisationstheoretischer Ansatz: Wie können sich Studierende und Lehrende innerhalb der Hochschule entwickeln? Wichtige Themen sind Identität und Habitus
- Der wissenschaftstheoretische und wissenschaftsdidaktische Ansatz: Problem der Hochschulbildung ist eine Krise der Wissenschaft selbst, in der Expansion und Auffächerung von empirischen Einzelwissenschaften

Insbesondere der Beschäftigungsorientierte Ansatz hat im vergangenen Jahrzehnt durch die politischen Entwicklungen im Bologna-Prozess eine starke Aufmerksamkeit erfahren. Dies wird im weiteren Verlauf des Kapitels noch einmal ausführlich dargestellt.

Wie in den oben kurz skizzierten Arbeitsansätzen deutlich wird, umfasst Hochschuldidaktik nicht mehr nur die Studiengangsentwicklung auf der Ebene der Inhalte und der Umsetzung von Studienreformen, wie sie es in einer ersten „Hochkonjunktur" (Huber 1995) in den 1960er-Jahren tat. Inzwischen zielt sie mindestens gleichwertig auf den Entwicklungsaspekt von Lehre. Die zentralen Fragestellungen lauten: Was *ist* gute Lehre? Und *wie* kann gute Lehre *gefördert* werden? In der breiten hochschuldidaktischen Diskussion setzte sich immer mehr der Begriff vom Wandel der Lehr-Lern-Kultur an Hochschulen durch (Huber 2009; Schneider et al. 2009; Tremp 2009). Der sogenannte „Shift from Teaching to Learning" (Wildt 2004) meint einen Paradigmenwechsel weg vom Lehrenden und einer Input-zentrierten Lehre hin zu einer Lehre, die auf den Vorgang des Lernens und den damit verbundenen Output fokussiert. Diese Erweiterung des Hochschuldidaktikbegriffs verstärkte sich in den 1990er-Jahren immer mehr, als u. a. das aufkommende E-Learning-Angebot, gepaart mit einer deutlich steigenden Studierendenzahl, die Lehre massiv zu verändern begann. Die Verschiebung des Fokus hin zu einem Entwicklungspotenzial der Lehre wurde noch einmal durch den Bologna-Prozess und die Verbreitung von konsekutiven Studiengängen sowie den modularisierten Studienabschlüssen Bachelor und Master verstärkt. In diesem Kontext wurde vor allem der Begriff der Kompetenzorientierung in der Lehre geprägt. Dieser wird im folgenden Abschnitt noch einmal näher betrachtet, da er von zentraler Bedeutung für diese Veröffentlichung ist.

Die Arbeit in hochschuldidaktischen Einrichtungen zielt neben einer wissenschaftlichen Erforschung von guter Lehre und damit verbundenen Querschnittsthemen, gleichermaßen auf die Arbeit mit Lehrenden an deren konkreten Lehrveranstaltungen und ihren Rollen in Bezug auf unterschiedliche Interaktions- und Kommunikationsprozesse mit Studierenden. Zumeist wird dies in Beratungsformaten wie Einzel-, Partner- oder Kleingruppenberatungen sowie in typischen Weiterbildungsformaten wie Workshop- und Seminarsettings umgesetzt. Daneben gibt es eine Vielzahl unterschiedlicher Beratungs- und Fortbildungsformate, die versuchen, den individuellen Voraussetzungen und Fachkulturen der mannigfaltigen Fachbereiche entgegen zu kommen. Beispielhaft seien an dieser Stelle lediglich Formate wie die Kollegiale Hospitation (Kapitel 6.1) oder die Kollegiale Fallberatung (Kapitel 6.5) genannt. Häufig werden auch Ringvorlesungen oder etwas ausgefallenere Formate wie ein hochschuldidaktisches Mittagessen angeboten. Bei letzterem bringen die Teilnehmer*innen ihr Mittagessen mit, es wird ein kurzer Input gestaltet und anschließend diskutieren die Teilnehmer*innen das Thema in ungezwungener Runde.

Hochschuldidaktische Weiterbildung ist in Deutschland nur in Ausnahmefällen verpflichtend. In der Regel nehmen Lehrende freiwillig an den Weiterbildungsangeboten teil, insbesondere um eine „pädagogische Eignung" nachzuweisen, die im wissenschaftlichen Karriereweg inzwischen immer mehr an Bedeutung gewinnt. Dies spiegelt auch den bundesweiten Trend wider, dass insbesondere der wissenschaftliche Mittelbau an Universitäten an den hochschuldidaktischen Angeboten teilnimmt.

1.1 Kompetenzorientierung in der Hochschulbildung

Wie bereits erwähnt wurde, ist der Kompetenzbegriff im Allgemeinen, in der Hochschuldidaktik an sich und in dieser Veröffentlichung im Besonderen, von großer Bedeutung. Im Jahr 2000 verkündete der Europäische Rat, dass bis zum Jahr 2010 die EU zum wettbewerbsfähigsten und dynamischsten wissensbasierten Wirtschaftsraum der Welt werden solle. Dieses im Rahmen der sogenannten Lissabon-Agenda formulierte Ziel sollte der Ausgangspunkt für eine wohl nie dagewesene europäische und zwischenstaatliche Reformbemühung im Bildungssektor sein, die im weiteren Verlauf als der *Bologna-Prozess* bekannt wurde. Der Bologna-Prozess zielte auf die Schaffung eines einheitlichen europäischen Hochschulwesens durch die Entwicklung eines allgemeinen Rahmens zur Modernisierung und Reformierung der europäischen Hochschulbildung (vgl. Paetz et al. 2011). Damit sollte nicht nur die internationale Mobilität der Studierenden und des wissenschaftlichen Personals gefördert werden, sondern insbesondere auch die Beschäftigungsfähigkeit (employability) der Hochschulabsolvent*innen.

Gerade Letzteres führte zu einer Hervorhebung der notwendigen Kompetenzen im späteren beruflichen Leben. Laut Hochschulrahmengesetz (2002) sollen Absolvent*innen durch Hochschulbildung dazu befähigt werden, die zur Berufsausübung erforderlichen Fähigkeiten *im Beruf selbst auszubilden*. Das bedeutet, dass die Studierenden neben fachlichen Kompetenzen eine Vielzahl multifunktionaler Fähigkeiten, Schlüssel- und Handlungskompetenzen erwerben müssen, die über rein reproduzierbares Wissen weit hinausgehen. Die Annahme, dass sich Hochschulbildung ausschließlich an konkreten Anforderungen beruflicher Aufgaben orientieren müsse, ist allerdings ein Trugschluss (vgl. Paetz et al. 2011). Denn – wo würde sich ein Studium dann noch von einer Ausbildung unterscheiden? Gerade für Universitäten stellt dieses Spannungsfeld zwischen beruflichen Anforderungen einerseits und dem Verständnis einer humanistischen Bildung andererseits eine besondere Herausforderung dar.

Durch die Vermengung der verschiedenen Interessenslagen der beteiligten Gruppen seit Beginn des Bologna-Prozesses wurde schnell deutlich, wie schwierig eine europaweite Umsetzung werden würde. Um aber im Rahmen des Bologna-Prozesses zu vergleichbaren Studienabschlüssen zu gelangen, wurden neben den Reformzielen (die EU als wettbewerbsfähigster und dynamischster wissensbasierter Wirtschaftsraum der Welt) weitreichende strukturelle Reformen angegangen (Bloch 2006, S. 80):

- Einführung gestufter Studiengänge
- Modularisierung von Studienstrukturen und -inhalten,
- Einführung eines einheitlichen Leistungspunktsystems (ECTS),
- Dokumentation von Studienleistungen, um die Aussagekraft von Studienabschlüssen zu erhöhen (Diploma Supplement, Transcript of Records),
- Einführung studienbegleitender Prüfungen,
- Einsatz von Learning Agreements

Diese strukturellen Rahmenbedingungen stellten tiefgreifende Einschnitte in die bestehende deutsche Hochschulbildung dar. Die Realisierung dieser Rahmenbedingungen verlangte auch eine weitreichende Veränderung der didaktischen und inhaltlichen Organisation von Lehr-, Lern- und Prüfungsprozessen (vgl. Wildt 2007). In der deutschsprachigen wissenschaftlichen Diskussion führte diese Veränderung zunächst zu einem ausführlichen Diskurs über einen allgemeinen Kompetenzbegriff.

Die Fülle von unterschiedlichen Kompetenzmodellen wurde und wird durch einen unpräzisen Sprachgebrauch des Begriffs *Kompetenzen* verschärft. Nicht nur in unserem alltäglichen Sprachgebrauch, in den dieser Begriff in den letzten Jahren verstärkt Einzug gehalten hat, wird er sehr unterschiedlich verwendet. In differenten Wissenschaftsdisziplinen beschreibt er verschiedene Konzepte und Komplexe. Dabei zeigte sich in den letzten Jahren vor allem in den Geistes- bzw. Sozialwissenschaften eine geradezu inflationäre Verwendung des Kompetenz-Begriffs, was zu einer verwirrenden Breite von Definitionen führte (vgl. Plöger 2006; Klieme/Hartwig 2007; Franke 2005). Weinert merkt in diesem Zusammenhang an:

> „Over the last few decades, competence has become a fashionable term with a vague meaning not only in public use, but also in many social sciences. One could even refer to a conceptual ‚inflation‘, where the lack of a precise definition is accompanied by considerable surplus meanings" (Weinert 2001a, S. 45).

Erpenbeck und von Rosenstiehl (2003) halten es aufgrund der vielfältigen Verwendung sogar für verfehlt, auf ein einheitliches Verständnis von Kompetenz zu hoffen. Ein konkreter und zurzeit in der empirischen Bildungsforschung nach wie vor der am häufigsten rezitierter und adaptierter Ansatz zur Kompetenzbeschreibung stammt von Weinert. Kompetenz wird von ihm zum einen als bei Individuen verfügbare oder durch sie erlernbare kognitive Fähigkeiten und Fertigkeiten verstanden, um bestimmte Probleme zu lösen, und zum anderen als die damit einhergehenden motivationalen, volitionalen und sozialen Bereitschaften und Fähigkeiten, um Problemlösungen in variablen Situationen erfolgreich und verantwortungsvoll nutzen zu können (vgl. Weinert 2001b, S. 27).

Dabei grenzt sich Weinerts Definition insbesondere durch die Erlernbarkeit von Kompetenz von anderen Dispositionskonstrukten ab. Kompetenz ist nach Weinerts Verständnis eine Disposition, die Personen befähigt, bestimmte Arten von Problemen erfolgreich zu lösen, also konkrete Anforderungssituationen eines bestimmten Typs zu bewältigen. In Anlehnung an diese Überlegungen ist professionelle Handlungskompetenz von Lehrenden dann gegeben, wenn sie in der Lage sind, zentrale Anforderungen zu bewältigen, die typisch für ihren Berufsalltag sind (vgl. Blömeke 2006). Unter besonderer Berücksichtigung der Kompetenz-Definition von Weinert „lässt sich die professionelle Handlungskompetenz von Lehrpersonen in kognitive Fähigkeiten und Fertigkeiten im Sinne von Professionswissen einerseits und persönliche Überzeugungen und Werthaltungen (beliefs) sowie motivationale Orientierungen andererseits differenzieren" (ebd., S. 191).

Blömeke unterscheidet das Professionswissen dann wiederum in Fachwissen, fachdidaktisches Wissen und erziehungswissenschaftliches bzw.

pädagogisches Wissen. Mit dieser dreidimensionalen Einteilung greift sie nicht nur die Ausdifferenzierung auf, die im internationalen Diskurs sehr prominent ist, sondern auch die in vielen deutschen Lehramtsstudiengängen gängige Struktur, die die Komponenten Fachwissenschaft, Fachdidaktik und Erziehungswissenschaft bzw. Bildungswissenschaft umfasst (ebd., S. 19).

Die Überzeugungen bzw. Werthaltungen (beliefs) unterteilt sie wiederum in:

- Epistemologische Überzeugungen zum Fach: Wie verstehe ich das Fach als akademische Disziplin (strukturelle Perspektive)? Sind die Fähigkeiten im Fach erlernbar oder gehen sie auf stabile Begabungen zurück (Perspektive der fachlichen Genese)?
- Überzeugungen zum Lehren und Lernen des jeweiligen Fachs mit all seinen individuellen Besonderheiten
- sowie hochschul- und professionstheoretische Überzeugungen: Welche Aufgaben sollte eine Hochschule übernehmen? Wie sieht das Aufgabenspektrum im späteren beruflichen Kontext der Studierenden aus?

Die Abbildung 1 veranschaulicht diese Einteilung in Bezug auf die Handlungskompetenz von Lehrenden an der Hochschule noch einmal.

Abb. 1: Handlungskompetenz nach Blömeke (2006) in der Lehrer*innenbildung

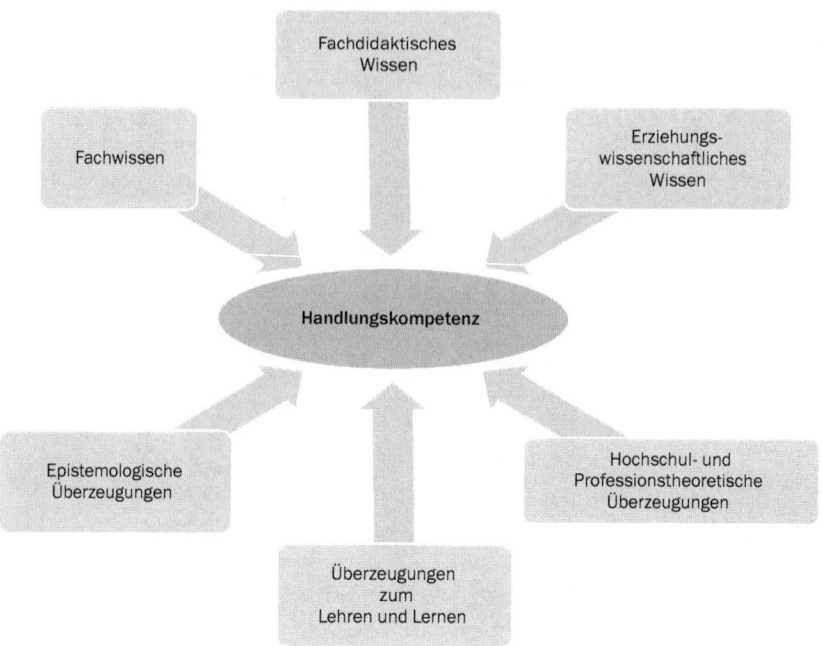

Die Grundannahme hinter dieser Einteilung ist, dass Wissen nur dann eine handlungsleitende Funktion erhält, wenn es in den subjektiven Überzeugungsbestand von Lehrenden übernommen wird. Dies stellt insofern eine besondere Herausforderung dar, als Überzeugungen in der wissenschaftlichen Forschung als zeitlich überdauernd und weitgehend stabil gelten (Bromme/ Haag 2004). Veränderungen in den Überzeugungen von Lehrenden zu bewirken, ist somit sehr schwer. Dies gilt insbesondere für Universitätsdozierende, die von Wildt (2007) als skeptisch zurückhaltend gegenüber pädagogischen und didaktischen Theorien beschrieben werden und somit als das eigentliche „Problem" der Hochschuldidaktik gelten können. Wir kommen im Kapitel 1.4 auf Aspekte der Lehrpersönlichkeit noch näher zu sprechen.

Eine entscheidende Frage ist nun, ob die Lehrkompetenz an Hochschulen mit diesem Modell ausreichend beschrieben werden kann? Da Blömekes Modell sich vor allem auf die Ausbildung von professioneller Kompetenz von Lehrerinnen und Lehrern bezieht und hier auch noch mal im Speziellen die Mathematiklehrer*innen fokussiert, fehlen Aspekte, die in einer hochschuldidaktischen Diskussion bereits lange gewachsen sind. Insbesondere der Bereich der Schlüsselkompetenzen findet bei Blömeke keine Beachtung.

1.1.1 Was sind Schlüsselkompetenzen?

Die Komplexität der Anforderungen an die Studiengangsentwicklung im Bereich der zu vermittelnden Kompetenzen wird besonders deutlich, wenn man Schlüsselkompetenzen als ein Konglomerat von Kompetenzen versteht, die wiederum auf Kenntnisse, Fähigkeiten und Einstellungen rekurrieren, die domänenübergreifend sowie multifunktional und polyvalent anwendbar sind. Schlüsselkompetenzen befähigen Personen, fachliches Wissen und Können in komplexen und schwierigen beruflichen Alltagssituationen, aber auch in neuen und ungewohnten Situationen zur Anwendung zu bringen (Schaper et al. 2012).

Soll ein Studium auf einen Beruf vorbereiten, bedarf es also auch nach Schaper (ebd.) und seinen Mitautor*innen mehr als reinem Faktenwissen. Sie gehen in einem Fachgutachten für die HRK zur „Kompetenzorientierung in Studium und Lehre" davon aus, dass insbesondere die sogenannten Schlüsselkompetenzen in reformierten Studiengängen genutzt werden, um einer vermeintlichen Flexibilität in der heutigen Berufswelt entgegen zu kommen. Damit wäre dieser Begriff auch eher bildungspolitisch geprägt, als lehr-/lerntheoretisch oder didaktisch fundiert.

Natürlich ist der Begriff der Schlüsselkompetenzen nicht erst seit Bologna existent. Vielmehr taucht er bereits in deutschen Debatten über eine praxisorientierte Studienreform der 1970er-Jahre auf. Das Gutachten von

Merton aus dem Jahr 1973 zu „Schlüsselqualifikationen" gehört auch heute noch zu den bekannteren Anstößen aus der Arbeitsmarkt- und Berufsforschung. Wie eingangs erwähnt wurde, ist die Berufsforschung schon lange ein Teil der hochschuldidaktischen Entwicklung. In der beruflichen Bildung hat sich inzwischen folgende terminologische Differenzierung weit verbreitet (Dehnbostel 2008):

Abb. 2: Handlungskompetenz aus Sicht der beruflichen Bildung
(in Anlehnung an Dehnbostel 2008)

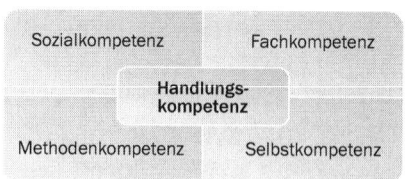

Eine spannende Frage ist nun, wie diese ‚Worthülsen' mit Inhalten gefüllt werden können, als auch, wie Lehrende im Kontext des Lehrens und Lernens sowie der (Über-)Prüfung dieser Kompetenzen damit umgehen können. Einen Vorschlag hierfür hat die Arbeitsstelle Hochschuldidaktik der Universität Zürich entwickelt:

Abb. 3: Kompetenzraster zur Beschreibung verschiedener Kompetenzen
(Universität Zürich, Arbeitsstelle für Hochschuldidaktik: Leistungsnachweise, S. 21)

Kompetenzart	Definition
Fach-kompetenz	Erwerb verschiedener Arten von Wissen und kognitiven Fähigkeiten: (1) Grund- und Spezialwissen aus dem eigenen Fachgebiet und den zugehörigen Wissenschaftsdisziplinen; (2) Allgemeinbildung (historisch, kulturell, politisch, gesellschaftlich, philosophisch ethisch), die in Beziehung zum eigenen Fachgebiet gesetzt werden kann.
Methoden-kompetenz	Kenntnisse, Fertigkeiten und Fähigkeiten, die es ermöglichen, Aufgaben und Probleme zu bewältigen, indem sie die Auswahl, Planung und Umsetzung sinnvoller Lösungsstrategien ermöglichen. Dazu gehört z. B. Problemlösefähigkeit, Transferfähigkeit, Entscheidungsvermögen, abstraktes und vernetztes Denken sowie Analysefähigkeit. Auch der sichere Umgang mit dem Computer und die Fähigkeit, sich in einer anderen Sprache ausdrücken zu können, kann hier angesiedelt werden.
Selbst-kompetenz	Fähigkeiten und Einstellungen, in denen sich die individuelle Haltung zur Welt und insbesondere zur Arbeit ausdrückt. Selbstkompetenz geht noch über Arbeitstugend hinaus, da es sich um allgemeine Persönlichkeitseigenschaften handelt, welche nicht nur im Arbeitsprozess Bedeutung haben. Dazu gehören z. B. Flexibilität, Leistungsbereitschaft, Ausdauer, Zuverlässigkeit, Engagement und Motivation.
Sozial-kompetenz	Kenntnisse, Fertigkeiten und Fähigkeiten, die dazu befähigen, in den Beziehungen zu Mitmenschen situationsadäquat zu handeln. Neben Kommunikations- und Kooperationsfähigkeit gehören dazu auch Konfliktfähigkeit, Teamfähigkeit, Rollenflexibilität, Beziehungsfähigkeit und Einfühlungsvermögen.

Innerhalb der Implementierung der Bachelor- und Masterstudiengänge wurden an der Universität Zürich verschiedene Prüfungsformen zur Erbringung eines Leistungsnachweises getestet. Beispielhaft findet sich dort eine Übersicht, welche Prüfungsformen sich für welche Kompetenztestung eignen. Dem Thema „Kompetenzorientierte Prüfungen in der Hochschule" wenden wir uns in Kapitel 1.8 intensiv zu.

Abb. 4: Möglichkeiten der Überprüfung von Kompetenzen (Universität Zürich, Arbeitsstelle für Hochschuldidaktik: Leistungsnachweise, S. 21)

Leistungsnachweis	Fachkompetenzen	Überfachliche Kompetenzen		
		Methoden-kompetenz	Sozial-kompetenz	Selbst-kompetenz
Schriftliche Prüfungen	xx	x		
Mündliche Prüfungen	xx	x		
Referate/mündliche Prüfungen	xx	x	x[1]	x
Schriftliche Arbeiten	xx	x	x[1]	x
Posterpräsentationen	xx	x	x[1]	x
Wissenschaftspraktische Tätigkeiten	xx	x	x[1]	x
Studientagebücher/ Lernjournale	xx	x		x
Portfolios	xx	x		x
Protokolle	xx	x		
Gruppenprüfungen	xx	x	x	
Parcours (z. B. OSCE)	xx	x		
Forumsbeiträge	xx	x		x
Gruppenpuzzle	xx	x	x	x

1) falls zu zweit oder in der Gruppe durchgeführt

Diese enge Auslegung von Kompetenzen von Studierenden muss für einzelne Fachbereiche noch einmal ausgeweitet bzw. verallgemeinert werden. Denn zum einen legen Fachbereiche, auch in Bezug auf Schlüsselkompetenzen, verschiedene Schwerpunkte, zum anderen sind nicht alle Prüfungsformen in allen Fachbereichen umsetzbar.

1.1.2 Handlungskompetenz von Lehrenden an der Hochschule

In der Diskussion um Kompetenzmodelle in der Hochschuldidaktik wurden eine Reihe von Modellen (weiter-)entwickelt, die sich insbesondere mit der *Lehrkompetenz* von Lehrenden an der Hochschule beschäftigt haben (u. a. Webler 2003; Benz 2005; Reichmann 2008; Stahr 2009). Sie weisen zum Teil semantische Unterschiede auf, jedoch zeigen sich in weiten Teilen inhaltliche Übereinstimmungen. Auffällig ist, dass sich fast alle Modelle an der klassischen Einteilung der Handlungskompetenz aus den 1970er-Jahren orientieren und Handlungskompetenz (verstanden als Lehrkompetenz) in die Teilkompetenzen Fach-, Methoden-, Sozial- und Selbstkompetenz aufteilen. Beispielhaft wird an dieser Stelle noch einmal das Modell von Ingeborg Stahr (2009) vorgestellt (Abb. 5).

Abb. 5: Dimensionen professioneller Lehrkompetenz (Stahr 2009, S. 80)

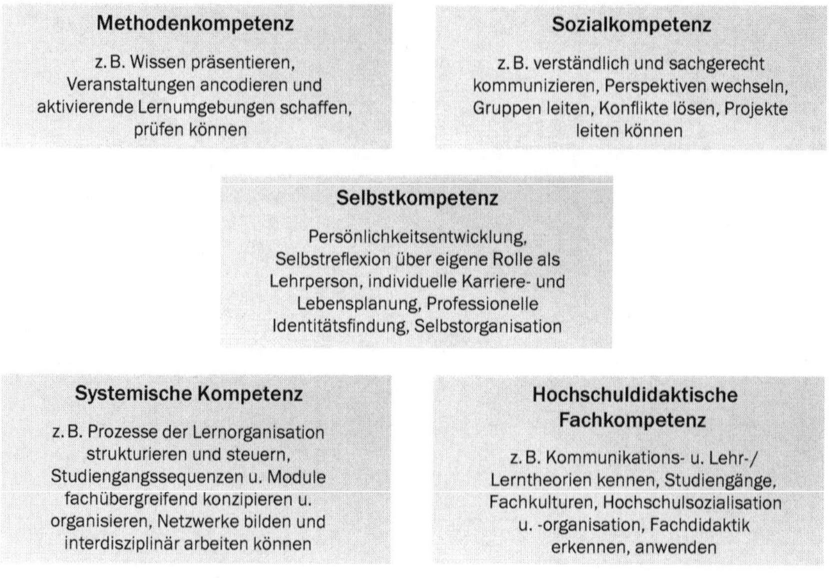

Methodenkompetenz	Sozialkompetenz
z. B. Wissen präsentieren, Veranstaltungen ancodieren und aktivierende Lernumgebungen schaffen, prüfen können	z. B. verständlich und sachgerecht kommunizieren, Perspektiven wechseln, Gruppen leiten, Konflikte lösen, Projekte leiten können

Selbstkompetenz

Persönlichkeitsentwicklung, Selbstreflexion über eigene Rolle als Lehrperson, individuelle Karriere- und Lebensplanung, Professionelle Identitätsfindung, Selbstorganisation

Systemische Kompetenz	Hochschuldidaktische Fachkompetenz
z. B. Prozesse der Lernorganisation strukturieren und steuern, Studiengangssequenzen u. Module fachübergreifend konzipieren u. organisieren, Netzwerke bilden und interdisziplinär arbeiten können	z. B. Kommunikations- u. Lehr-/ Lerntheorien kennen, Studiengänge, Fachkulturen, Hochschulsozialisation u. -organisation, Fachdidaktik erkennen, anwenden

Stahr nutzt ebenfalls die zuvor benannten vier Teilkompetenzen, die bei ihr auch als „Kompetenzdimensionen" bezeichnet werden. Im Mittelpunkt steht für sie die Entwicklung einer individuellen Lehrpersönlichkeit, die an die individuellen Stärken und Überzeugungen einer Lehrperson anknüpft. Zusätzlich fügt sie den vier Kompetenzdimensionen noch eine *Systemische Kompetenz* hinzu. Die Systemische Kompetenz soll hervorheben, dass die Lehrenden in einem System Hochschule verortet sind und es gewisser Kompetenzen bedarf, sich in diesem erfolgreich in der Lehre bewegen zu können. Sie geht damit auf einen Vorschlag der Weiterbildungskommission der Deutschen Gesellschaft für Hochschuldidaktik (dghd) ein. Dabei gibt sie an, dass die Kompetenzdimensionen vor allem analytische Trennungen sind, die sich in der Realität so nur schwer finden lassen und nur Sinn machen, „wenn sie zu den typischen Gegenstandsbereichen hochschuldidaktischer Weiterbildung in Beziehung gesetzt werden" (Stahr 2009, S. 80).

Durch das Modell von Stahr wird eine Lehrkompetenz im Sinne der Hochschuldidaktik dargestellt, doch werden in diesem Modell fachwissenschaftliche Aspekte, spezielle fachdidaktische Aspekte oder auch fachimmanente, epistemologische Überzeugungen nur bedingt beachtet. Diese Aspekte können zwar jeweils mehr oder weniger erfolgreich in die Teildimensionen eingepasst werden, jedoch dürfte die Akzeptanz eines solchen Modells in Fachdisziplinen, die sich verstärkt durch ihre Fachinhalte definieren, eher gering sein. Ähnlich verhält es sich mit einem von Trautwein und Merkt (2013) im Rahmen einer evidenzbasierten Studie zur Rekonstruktion von Entwicklungsprozessen bei Lehrenden entwickelten Strukturmodell zur akademischen Lehrkompetenz. Das Modell von Trautwein und Merkt integriert gleichermaßen eine Lehr-Lern-Philosophie sowie hochschuldidaktische Handlungsstrategien, Kontextwissen, formales Lehr-Lern-Wissen und metakognitive Strategien.

Andere Modelle, wie beispielsweise Fleischmann et al. (2014) betonen einen eher pragmatischen Ansatz, indem die Lehrkompetenz von Lehrenden in die Kompetenzfelder Konzipieren, Performen, Organisieren und Reflektieren eingeteilt wird. Diese werden wiederum in 32 Teilkompetenzen untergliedert und jede Teilkompetenz auf drei Niveaustufen abgebildet. Dieses Modell soll vor allem der Selbsteinschätzung und individuellen Weiterbildung von Lehrenden dienen, indem ihnen Entwicklungspotenziale in einzelnen Teilkompetenzen aufgezeigt werden.

Für einige Lehrenden stellen sich nun ganz pragmatische Fragen: Was bedeutet die Diskussion um Handlungskompetenz für mich als Lehrperson? Welchem Kompetenzbegriffsverständnis soll ich folgen? Was sind die zentralen Erkenntnisse, wenn ich meine Lehre plane und wie kann ich dies wiederum zwischen den Polen reformorientierter Studiengangsentwicklung und konkreter Lehr-Lern-Situation verorten?

Da sich dieses Buch an einer interdisziplinären Leserschaft orientiert und der Kompetenzbergriff, wie bereits oben erwähnt, in verschiedenen Fachkulturen zum Teil auch in den einzelnen Fächern sehr divergent diskutiert wird, möchten wir ein sehr einfaches Kompetenzmodell propagieren, das die zentralen Aussagen der vorangegangenen Modelle aufgreift und sich auf Lehrpersonen an der Hochschule beziehen soll. Unser Modell der *Handlungskompetenz von Lehrpersonen an der Hochschule* umfasst sieben Dimensionen:

Abb. 6: Handlungskompetenz von Lehrpersonen an der Hochschule

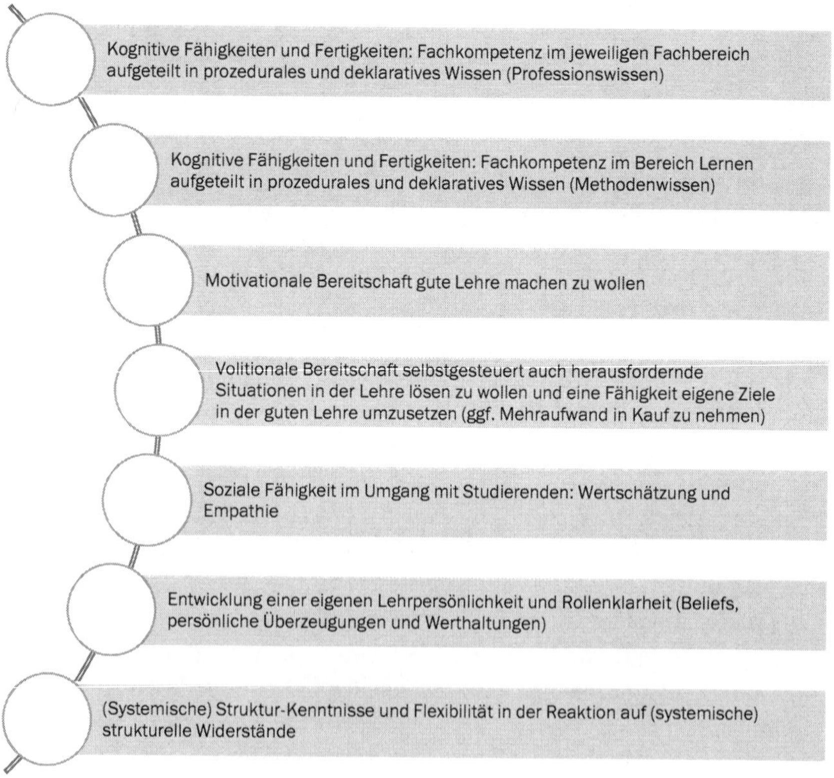
Kognitive Fähigkeiten und Fertigkeiten: Fachkompetenz im jeweiligen Fachbereich aufgeteilt in prozedurales und deklaratives Wissen (Professionswissen)
Kognitive Fähigkeiten und Fertigkeiten: Fachkompetenz im Bereich Lernen aufgeteilt in prozedurales und deklaratives Wissen (Methodenwissen)
Motivationale Bereitschaft gute Lehre machen zu wollen
Volitionale Bereitschaft selbstgesteuert auch herausfordernde Situationen in der Lehre lösen zu wollen und eine Fähigkeit eigene Ziele in der guten Lehre umzusetzen (ggf. Mehraufwand in Kauf zu nehmen)
Soziale Fähigkeit im Umgang mit Studierenden: Wertschätzung und Empathie
Entwicklung einer eigenen Lehrpersönlichkeit und Rollenklarheit (Beliefs, persönliche Überzeugungen und Werthaltungen)
(Systemische) Struktur-Kenntnisse und Flexibilität in der Reaktion auf (systemische) strukturelle Widerstände

1.2 Vom Lehrziel zum Learning Outcome

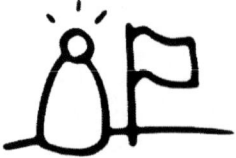

Die in den vorangegangenen Kapiteln ausführlich dargestellte, verwirrende Begriffsvielfalt im Bereich der Kompetenzorientierung macht es Lehrenden sehr schwer, ein Kompetenzmodell auszuwählen, das sie wiederum für ihre Veranstaltungsplanung nutzen können. Aber letztlich zielen alle Begriffsdefinitionen im Rahmen des Bologna-Prozesses auf eine entscheidende Grundhaltung: In einer kompetenzorientierten, universitären Bildung rückt das aktive, selbstgesteuerte und selbstverantwortete Lernen der Studierenden in den Mittelpunkt. Der sogenannte „Shift from Teaching to Learning“ verlangt eine Abnabelung vom althergebrachten Verständnis von der Zentralisierung der Lehre auf die Lehrperson und ihren Inhalten, die diese für relevant und wichtig ansieht, hin zu den lernenden Personen und den von ihnen zu erwerbenden Kompetenzen und wie diese wiederum in Performanzen am Ende des Lernprozesses als *Learning Outcome* überprüft werden können.

Dieser Ansicht liegt ein konstruktivistisches Gedankengut zugrunde, wonach Wissen nicht in objektiver, transportabler Form existiert, sondern vor allem eine kognitive Einzelleistung erfordert (siehe nähere Ausführungen in Kapitel 1.5 Lernen). Die aktive Wissenskonstruktion durch die lernenden Personen ist das Ziel des Lehr-Lern-Prozesses und erfordert somit eine *Lernendenzentrierung*. Die zu gestaltende Lernumgebung richtet sich nach den Bedürfnissen der Lernenden und die Lehrperson tritt in der Rolle eine*r Lernbegleiter*in auf, oder – wie es in der hochschuldidaktischen Literatur auch häufiger bezeichnet wird – als Lernberater*in. Wildt (2004) sieht die Studierenden als selbstverantwortliche Akteur*innen ihrer Lernprozesse im Mittelpunkt aller Lehr-Lern-Prozesse. Seiner Ansicht nach sollten selbstorganisiertes und aktives Lernen sowie der Erwerb von Lernstrategien unter der Beachtung motivationaler, volitionaler und sozialer Aspekte besonders gefördert werden.

Gleichermaßen nimmt er die Lehrperson in die Pflicht, indem er fordert, dass diese es ermöglichen muss, das Lehren und das Lernen aufeinander zu beziehen und lernförderliche Bedingungen zu schaffen. Lehren wird für ihn neu durch das Lernen hindurch gedacht. Dies spricht die Lehrperson in keiner Weise von einem breiten Fach- und Expertenwissen frei. Vielmehr verdeutlicht es den Fokus des „Shift from Teaching to Learning" weg von der inputorientierten Lehrenden-Fokussierung im Lehr-Lern-Prozess hin zu einer Output- und Lernendenzentrierung.

Die Formulierung von *Lernzielen* hat international eine lange Tradition, die in der Unterrichtsgestaltung in Deutschland erst Anfang der 1990er-Jahre eine ernsthafte Beachtung gefunden hat. Zuvor wurden vielfach *Lehrziele* formuliert, die darüber informieren sollten, welche Ziele die Lehrperson im Vorfeld der Veranstaltung aus ihrer Sicht verfolgt und welche Lerngelegenheiten sie dafür schafft. Diese hatten eine klare Ausrichtung auf die inhaltlichen Schwerpunkte, die in der Lehre angegangen werden sollten. Dieses Inhaltsprimat finden wir auch heute noch weit verbreitet in vielen Fachbereichen an Hochschulen.

In Lernzielen werden dagegen der Zuwachs an Wissen, Fähigkeiten und Fertigkeiten, die Lernende am Ende des Lernprozesses erworben und mit ihren bestehenden Wissensstrukturen in Zusammenhang gebracht haben sollen, formuliert (Peterßen 2001). Es werden verschiedene Formen von Lernzielen unterschieden.

Abb. 7: Lernzielformen nach Peterßen (2001)

Leitziele	Ziele in der Fakultät/Fachbereich/Institut
	Häufig sehr allgemein und abstrakt gehaltene Formulierung, die eine grundsätzliche Wertschätzung des Lehr-Lern-Prozesses ausdrücken soll.
Richtziele	Ziele für das Modul bzw. eine Veranstaltung (als Teil eines Moduls)
	Geringer Grad an Eindeutigkeit und Genauigkeit; große Zeitspanne; abstrakte und allgemeine Beschreibung; ohne direkten Bezug zu Lernsituationen; vielfältige Interpretations- und Gestaltungsoptionen
Grobziele	Ziele für eine einzelne Veranstaltung (Sitzung)
	Mittlerer Grad an Eindeutigkeit und Genauigkeit, Zeitbezug ist eine Sitzung (evtl. mehrere Sitzungen); schon wesentlich konkreter auf bestimmte Lernsituationen bezogen; wenig Alternativen zur Interpretation und Gestaltung
Feinziele	Ziele für einzelne Phasen der Veranstaltung
	Höchster Grad an Eindeutigkeit und Genauigkeit, eng gesteckter Zeitrahmen; auf bestimmte, konkrete Lernsituation bezogen; eindeutiger, klar, definierter und detaillierter Gestaltungsrahmen

Bei der Planung der Lerneinheit erfüllen Lernziele die wichtige Funktion, die eigenen Absichten zu reflektieren und ausdrücklich darzulegen. Lehrende sollten diese schriftlich formulieren, *bevor* sie mit der Entwicklung von Materialien für ihre Lehr-Lern-Einheit beginnen. Es ergibt wenig Sinn, diese nachträglich „aufzupfropfen" (Ballstaedt 1997). Grob- und Feinziele werden wiederum in drei Arten von möglichen Lernzielen unterschieden, die je nach Veranstaltung unterschiedlich häufig vertreten sein können:

- *Kognitive Lernziele* beziehen sich auf Kenntnisse und intellektuelle Fähigkeiten, z. B. Wissen, Wahrnehmen, Erkennen, Denken, Auffassen, Beurteilen
- *Affektive Lernziele* beziehen sich auf die Veränderungen von Einstellungen, Interessenlagen, Werten, Gefühlen
- *(Psycho-)Motorische Lernziele* beziehen sich auf die Ausbildung und Weiterbildung von (fein-)motorischen Fertigkeiten und „Bewegungsfertigkeiten"

Die häufigste Art der Lernziele im Hochschulkontext sind kognitive Lernziele. Das Erlenen und der Umgang mit *Wissen* stellt in vielen Studiengängen den Kern des Studiums dar. Allerdings ist es nicht einfach, mit einer solch pauschalisierenden Aussage seine Lehrveranstaltung zu planen, geschweige denn, kognitive Lernziele zu formulieren. Ergebnisse der Hirnforschung zeigen darüber hinaus, dass es nicht möglich ist, „nur" kognitiv zu lernen, sondern dass unsere Emotionen an allen Lernprozessen beteiligt sind und für den Lernprozess eine zentrale Rolle spielen (vgl. Spitzer 2002;

Hüther 2001 und Kapitel 1.5 Lernen). Insofern sollten sie (die Emotionen) auch bei der Formulierung von Lernzielen eine entsprechende Beachtung finden.

Bei der Formulierung von kognitiven Lernzielen ist darauf zu achten, dass es verschiedene Formen des Wissens gibt: Neben dem weitläufigen bekannten deklarativen Faktenwissen und prozeduralem Wissen unterscheiden Anderson und Kratwohl (2001) auch noch ein konzeptionelles Wissen und ein metakognitives Wissen. Die Arbeitsstelle für Hochschuldidaktik der Universität Zürich hat versucht, diese mittels Beispiele für die Formulierung von Lernzielen nutzbar zu machen.

Abb. 8: Darstellung verschiedener Wissensarten durch die Arbeitsstelle für Hochschuldidaktik der Universität Zürich (afh 2010) in Anlehnung an Anderson/Kratwohl (2001)

Hauptkategorie	Unterkategorie	Beispiel
1. Faktenwissen: Grundlagen, über die Studierende verfügen müssen, um mit einer Disziplin vertraut zu sein oder Fachprobleme lösen zu können	Kenntnis der Fachterminologie	Technisches Vokabular, musikalische Symbole
	Kenntnis der Bestandteile und spezifischer Einzelheiten	Wichtigste natürliche Ressourcen, zuverlässige Informationsquellen
2. Konzeptionelles Wissen: Beziehungen zwischen den Grundelementen innerhalb einer größeren Struktur, die jene funktionstüchtig machen	Kenntnis der Klassifikation und Kategorisierung	Kenntnis der Klassifikation und Kategorisierung
	Kenntnis der Prinzipien und Generalisierungen	Kenntnis der Klassifikation und Kategorisierung
	Kenntnis der Theorien, Modelle und Strukturen	Kenntnis der Klassifikation und Kategorisierung
3. Prozedurales Wissen: Vorgehensweisen, Forschungsmethoden, Kriterien für die Anwendung von Kompetenzen, Algorithmen, Techniken und Methoden	Kenntnis der fachspezifischen Kompetenzen und Algorithmen	Techniken des Malens mit Wasserfarben
	Kenntnis der fachspezifischen Techniken und Methoden	Interview-Methoden, wissenschaftliches Arbeiten
	Kenntnis der Kriterien zur Wahl eines zweckmäßigen Verfahrens	Kriterien zur Beurteilung der Umsetzbarkeit einer bestimmten Methode zur Berechnung des Kostenaufwandes
4. Metakognitives Wissen: Wissen über Kognitionen im Allgemeinen sowie Bewusstheit und Kenntnis der eigenen Kognition	Strategisches Wissen	Kenntnis der Gliederung als Mittel zur Erfassung der inhaltlichen Struktur des Kapitels in einem Lehrbuch
	Kenntnis kognitiver Aufgabenstellungen, einschließlich der einschlägigen Sinnzusammenhänge und der entsprechenden Voraussetzungen	Kenntnis verschiedener Testverfahren, die von bestimmen Lehrenden eingesetzt werden
	Selbstkenntnis	Kenntnis des eigenen Wissensstandes

Lernziele werden aber nicht nur nach ihrer *Art* unterschieden, sondern auch nach dem *Komplexitätsgrad,* den sie beschreiben. Eine erste Taxonomie von Lernzielen hat Benjamin Bloom in den 1970er-Jahren verfasst. Diese dient heute noch den meisten Veröffentlichungen als Referenzrahmen und wurde von verschiedenen Autoren*innen adaptiert. Allerdings ist der Kern der Bloom'schen Taxonomie beibehalten worden, sodass ein Blick auf das Original sehr lohnenswert ist. Bloom (1971) beschreibt eine Taxonomie, in der das Komplexitätsniveau der Lernziele immer mehr zunimmt.

Abb. 9: Lernzieltaxonomie nach Bloom (1971)

Taxonomie der kognitiven Lernziele (Bloom 1971)	
Beurteilung	Sachverhalte nach Kriterien beurteilen können
Synthese	Elemente zu einem Komplexen zusammenfügen können
Analyse	Sachverhalte in ihrer Struktur zerlegen zu können
Anwendung	Allgemeine Sätze auf Sonderfälle übertragen können
Verständnis	Mit eigenen Worten wiedergeben und interpretieren können
Kenntnisse	Aussagen wiedergeben können

Diese Einteilung von Bloom wurde von vielen Autor*innen über Jahrzehnte hinweg immer wieder adaptiert. Dabei variierte die Stufeneinteilung zwischen drei bis sechs Stufen. Bloom selbst hat diese Taxonomie mehrfach überarbeitet. Insbesondere die letzten Stufen „Synthese und Beurteilen" bzw. „Evaluation" änderten in seinen Veröffentlichungen die Reihenfolge. Die Arbeitsstelle Hochschuldidaktik der Universität Zürich (afh 2010) hat eine Überarbeitung der Taxonomie von Anderson und Krathwohl (2001) aufgegriffen und diese um Prozessdimensionen erweitert. Bachmann (2011) hat Verben zur Formulierung von Lernergebnissen ergänzt. Die HRK (2015) hat dies wiederum für ihre Veröffentlichungsreihe *nexus Impulse für die Praxis* „Lernergebnisse praktisch formulieren" genutzt (Abb. 10). So lässt sich festhalten, dass die Bloom'sche Lernzieltaxonomie auch 45 Jahre nach ihrem ersten Erscheinen immer noch großen Einfluss auf die Gestaltung von Lehre an der Hochschule hat.

Bloom hat die Ausdifferenzierung der Lernziele und ihres Komplexitätsgerades für kognitive Lernziele formuliert. Für affektive und (psycho-)motorische Lernziele ist es schwierig, die Komplexitätsgerade von Bloom eins zu eins zu übertragen. Einen Vorschlag macht Euler (1992), indem er die zunehmende Komplexität der kognitiven Lernziele durch eine zunehmende Internalisierung bei den affektiven Lernzielen und einer zunehmenden Koordination bei den (psycho-)motorischen Lernzielen adaptiert (Abb. 11).

Abb. 10: Sechs Kategorien der Prozessdimensionen nach Nexus Impulse (2015, S. 5) (Fortsetzung auf der nächsten Seite)

Prozess Kategorie/Stufe	Kognitiver Prozess/Verben	Beispiel	Weitere Verben
1. Erinnern (Wissen): Auf relatives Wissen im Langzeitgedächtnis zugreifen	Erkennen	Daten wichtiger historischer Ereignisse (wieder-)erkennen	Schreiben, definieren, reproduzieren, auflisten, schildern, bezeichnen, aufsagen, angeben, aufzählen, benennen, zeichnen, ausführen, skizzieren, erzählen
	Erinnern	Sich Daten wichtiger historischer Ereignisse in Erinnerung rufen	
2. Verstehen: Informationen in der Lerneinheit Bedeutung zuordnen, seien sie mündlich, schriftlich oder grafisch	Interpretieren	Wichtige Aussagen paraphrasieren	darstellen, beschreiben, bestimmen, demonstrieren, ableiten, diskutieren, erklären, formulieren, zusammenfassen, lokalisieren, präsentieren, erläutern, übertragen, wiederholen
	Veranschaulichen	Beispiele von Kunststilen nennen	
	Klassifizieren	Beschreibungen oder Beobachtungen von geistigen Störungen klassifizieren	
	Zusammenfassen	Eine kurze Zusammenfassung von beobachteten Videosequenzen schreiben	
	Folgern	In einer Fremdsprache aus Beispielen eine grammatikalische Regel herleiten	
	Vergleichen	Historische Ereignisse mit aktuellen Situationen vergleichen	
	Erklären	Die wichtigsten Ereignisse im Frankreich des 8. Jh. erklären	
3. Anwenden: Ein im Handlungsablauf (ein Schema, eine Methode) in einer bestimmten Situation ausführen oder verwenden	Ausführen	Eine mathematische Funktion berechnen	durchführen, berechnen, benutzen, herausfinden, löschen, ausfüllen, eintragen, drucken, anwenden, lösen, planen, illustrieren, formatieren, bearbeiten
	Implementieren	Bestimmen, auf welche Fälle Newtons zweites Gesetz anwendbar ist	

Prozess Kategorie/Stufe	Kognitiver Prozess/Verben	Beispiel	Weitere Verben
4. Analysieren: Lerninhalte in ihre konstruierten Elemente zerlegen und bestimmen, wie diese untereinander zu einer übergreifenden Struktur oder einem übergreifenden Zweck verbunden sind	Differenzieren	Zwischen relevanten und irrelevanten Informationen in einer mathematischen Textaufgabe unterscheiden	testen, kontrastieren, vergleichen, isolieren, auswählen, unterscheiden, gegenüberstellen, kritisieren, analysieren, bestimmen, experimentieren, sortieren, untersuchen, kategorisieren
	Organisieren	Aus Hinweisen in einer historischen Abhandlung eine Argumentation für oder gegen eine bestimmte historische Position aufbauen	
	Zuordnen	Den Standpunkt eines Autor oder einer Autorin eines Essays bezüglich seiner oder ihrer politischen Ausrichtung zu bestimmen	
5. Beurteilen: Urteile abgegeben aufgrund von Kriterien oder Standards	Überprüfen	Feststellen, ob die Schlussfolgerung eines Wissenschaftlers aufgrund vorliegender Daten plausibel ist	beurteilen, argumentieren, voraussagen, wählen, evaluieren, begründen, prüfen, entscheiden, kritisieren, benoten, schätzen, werten, unterstützen, klassifizieren
	Bewerten	Entscheiden, welche von zwei Methoden die bessere ist, um ein Problem zu lösen	
6. (Er-)Schaffen: Elemente zu einem kohärenten oder funktionierenden Ganzen zusammen setzen; Elemente zu einem neuen Muster oder einer neuen Struktur zusammensetzen	Generieren	Eine Hypothese zu einem beobachteten Phänomen formulieren	Zusammensetzen, sammeln, organisieren, konstruieren, präparieren, schreiben, entwerfen, schlussfolgern, verbinden, konzipieren, zuordnen, zusammenstellen, ableiten, entwickeln
	Planen	Eine Disposition zu einer Seminararbeit schreiben	
	Entwickeln	Ein Biotop für bestimmte Arten oder bestimmte Zwecke bauen	

Abb. 11: Niveaustufen von Lernzielen nach Euler (1992)

Im Hochschulkontext werden zurzeit vornehmlich die kognitiven Lernziele verwendet. Insbesondere affektive Lernziele werden bisher kaum in Modulhandbüchern und Prüfungsordnungen abgebildet. Dabei ist kaum eine Lehrveranstaltung ohne (implizite) Zielsetzungen in diesem Bereich denkbar. Gleichermaßen sind wir uns bewusst, dass u. a. in der Medizin, musischen, künstlerischen, vielen naturwissenschaftlichen und natürlich sportwissenschaftlichen Studiengängen die (psycho-)motorischen Lernziele von großer Bedeutung sind. Im Gegensatz zu den kognitiven Lernzielen benötigen die affektiven und (psycho-)motorischen Lernziele ein ungleich stärkeres Abstraktionsniveau bzw. eine noch stärkere Anpassung auf die jeweiligen Studiengänge, als dass sie hier im Gegensatz zu den kognitiven Lernzielen, die eine leichtere Übertragbarkeit auf alle Studiengänge bieten (vgl. Abb. 10 durch die Nexus Impulse), adäquat dargestellt werden könnten.

Die Weiterentwicklung von Lernzielen zu Learning Outcomes

Wie bereits ausgeführt, wurden im Rahmen des Bologna-Prozesses diejenigen Kompetenzen in den Fokus gerückt, die das Studium in Bezug auf eine zu entwickelnde Berufsbefähigung (Employability) seitens der Studierenden hervorbringen sollte. Angeregt von der internationalen Diskussion um „study skills and study competence" und der deutschsprachigen wissenschaftlichen Diskussion um den Kompetenzbegriff wurde auch eine „Performance"-orientierte Formulierung von Lernergebnissen notwendig – also eine Formulierung von Lernergebnissen, die als Kompetenz formuliert und im Anschluss an die Lernsequenz überprüfbar sind. Dies sind sogenannte *Learning Outcomes.* Laut Bachmann sind Learning Outcomes „der Dreh- und Angelpunkt der Neuausrichtung in der Hochschullehre" (Bachmann 2011, S. 34).

> „Learning Outcomes are sets of competences, expressing what a student will know, understand or be able to do after completion of a process of learning,

whether long or short. They can refer to a period of studies, for example to a first or a second cycle programme, or to a single course unit or module. Learning Outcomes specify the requirements for award of credit" (ECTS Users' Guide 2009, S. 11).

Learning Outcomes sind also Aussagen darüber, welche Kompetenzen, welches Wissen und Einstellungen (im Sinne von Werthaltungen) am Ende einer Lerneinheit, einer Lehrveranstaltung und/oder eines Moduls in einem Studiengang von den Studierenden erwartet werden. Wurde bisher vor allem von Lernzielen gesprochen, muss nun ein Übertrag auf die Kompetenzdiskussion geleistet werden. Zum besseren Verständnis bietet sich folgende vereinfachende Darstellung an (Abb. 12).

Abb. 12: Zusammenhang Lernziele und Learning Outcomes

Lernziele		Learning Outcomes (kompetenzorientiert)
Affektive Lernziele	←→	Einstellungen/ Haltungen
Psychomotorische Lernziele	←→	Können
Kognitive Lernziele	←→	Wissen

Die Darstellung suggeriert zunächst, dass hier lediglich Begrifflichkeiten ausgetauscht wurden. Dies stimmt jedoch nicht. Der Formulierung von Lernzielen und Learning Outcomes haben gemein, dass die Veranstaltung nicht von den Inhalten her gedacht wird, die in der Veranstaltung abgedeckt werden sollen (Input), sondern was die Studierenden am Ende gelernt haben bzw. können sollen (Output). Der Unterschied zwischen Lernzielen und Learning Outcomes besteht jedoch in der Kompetenzorientierung der Learning Outcomes. Sie sollen konkrete, messbare Kompetenzen am Ende des Lernprozesses beschreiben. Bei der Formulierung von Learning Outcomes ist darauf zu achten, dass sie als „can do statements" beschrieben werden, d.h. als Aussagen darüber, was die Studierenden am Ende können sollen und vor allem, wie sie ihre Kompetenzen zeigen können. Am besten lassen sich hierzu aktive Verben verwenden. Generalisierende Aussagen sollten vermieden werden. Die HRK (2015) empfiehlt für die Formulierung von Lernergebnissen (Learning Outcomes):

• Nur ein Verb je Lernergebnis plus Kontext zu verwenden.
• Keine vagen Begriffe zu nutzen und keine Verben, die Lehrziele beschreiben. Eine nützliche Übersicht über geeignete Verben inklusive einer Übersetzung ins Englische findet sich bei Bachmann (2011, S. 42 f.).

- Ein Satz je Lernergebnis; nur in Ausnahmefällen sollten zur Klarstellung mehr Sätze verwendet werden.
- Lernergebnisse müssen feststell- und messbar sein.
- Lernergebnisse müssen beurteilbar sein.
- Lernergebnisse müssen in dem zur Verfügung gestellten Zeitraum erreichbar sein.
- Mehrere Lernergebnisse für eine Lehrveranstaltung/ein Modul sollten auf verschiedenen Stufen einer Lernzieltaxonomie verortet sein.

Der Perspektivenwechsel von der *Input- zur Output-Orientierung* und die weitergeführte Formulierung von Lernergebnissen bzw. Learning Outcomes haben auch klare Auswirkungen auf die Veranstaltungsplanung. Für Lehrende ist natürlich nach wie vor wichtig, welche Inhalte sie in ihren Veranstaltungen behandeln können/wollen/sollen. Die zentrale Frage in diesem Kontext sollte jedoch sein:

- Welches sind die wichtigsten *Kompetenzen,* die die Studierenden nach Besuch der Veranstaltung beherrschen sollten? Daran sollten die Inhalte ausgewählt werden.

Sind die wichtigsten Kompetenzen benannt und festgehalten, überlegen die Lehrenden im nächsten Schritt, wie sie die Inhalte in ihrer Lehrveranstaltung didaktisch aufbereiten können. Hierbei ist folgende Überlegung von maßgeblicher Bedeutung:

- Wie können die Studierenden die gewünschten *Kompetenzen* am besten erreichen? Daraus lassen sich Überlegungen zum Format und der notwendigen Didaktik zur Erarbeitung ablesen. Ebenso leitet sich die didaktische Aufbereitung des Lehr-Lern-Materials daraus ab.

Der universitäre Lernprozess schließt in der Regel mit einer Prüfungsleistung ab. Auch hier führt eine konsequente Kompetenzorientierung zu einer veränderten Überlegung:

- Mit welchen Prüfungsformen lässt sich messen, ob die Studierenden über die intendierten Kompetenzen verfügen? (Ist z. B. eine Klausur geeignet, um soziales Lernen zu prüfen? Vgl. Kapitel 1.3 Constructive Alignment)

Bachmann (2011) verdeutlicht den Unterschied zwischen einem inputorientierten Lehrziel mit einem passiven Lerner*innenverständnis und einem outputorientierten Learning Outcome anhand des folgenden Beispiels:

Inputorientierung/Lehrziel: Studierende erhalten einen Überblick über die wichtigsten Konzepte zum Thema Learning Outcomes.

Outputorientierung/kompetenzorientiert:
- Studierende können den Begriff Learning Outcome definieren
- Studierende können Learning Outcomes für eine Lehrveranstaltung selbst entwickeln
- Studierende können eine Literaturrecherche zum Thema Learning Outcomes durchführen (ebd., S. 37)

Eine klare Zielformulierung der Lernergebnisse unterstützt den Lernprozess von Studierenden, indem das notwendige Vorwissen aktiviert wird. Gleichzeitig wird durch die Transparenz der Erwartungen und Anforderungen vonseiten der Lehrenden Orientierung für die Studierenden geschaffen, was sich wiederum positiv auf ein motiviertes Lernverhalten und auf eine Reduzierung eines möglichen Stresslevels der Studierenden auswirken kann. Es hilft den Studierenden, fokussiert zu bleiben und ihren Lernprozess selbstständig strukturieren zu können. Sie können somit ihre eigenen Lernfortschritte kontrollieren und Prioritäten setzen. Gerade die letzten Punkte haben eine große Bedeutung im Sinne des Peer Learnings und in der Gestaltung von kompetenzorientierten Prüfungssettings (vgl. Kapitel 1.8.3).

1.3 Constructive Alignment

Es wurde bereits ausführlich dargestellt, dass die Learning Outcomes in einer Lehrveranstaltung anhand einer Taxonomie präzise formuliert werden müssen. Eine Prüfung sollte nun der Überprüfung dienen, ob diese Learning Outcomes tatsächlich erreicht wurden. Die Ziele müssen den Studierenden rechtzeitig mitgeteilt und in entsprechenden Lehr-Lernverfahren in der Veranstaltung umgesetzt werden, um die erwarteten Kompetenzen zu trainieren. Denn – was passiert, wenn die Lehr-Lernverfahren und die Prüfungen divergent sind? Die Studierenden werden so lernen, wie sie glauben, dass sie am besten durch die Prüfung am Ende des Semesters kommen werden. Eine weitere Folge könnte sein, dass die Studierenden keinen Zusammenhang zwischen Prüfung und Lehrveranstaltung sehen. Dies könnte starken Einfluss auf die Motivation der Studierenden haben, an der Veranstaltung teilzunehmen. Das bedeutet z. B., dass Studierende, die wissen, dass am Ende des Semesters eine Multiple-Choice-Klausur nur auswendig gelerntes Wissen abprüfen wird, kaum tiefergehende Lernstrategien im Rahmen der Lehrveranstaltung anwenden werden.

Biggs und Tang (2011) unterscheiden in diesem Kontext zwei grundsätzlich verschiedene Arten des Lernens und letztlich auch des Lehrens: surface and deep approaches to learning and teaching. Studierende, die überwiegend einen *surface approach* beim Lernen nutzen, versuchen mit einem minimalen Aufwand durch das Studium zu kommen. Akademische Zielsetzungen haben für sie eine geringere Bedeutung. Ihr Ziel ist es, innerhalb kürzester Zeit einen Abschluss zu erlangen, der ihnen eine Berufsanstellung ermöglicht. Eine Auseinandersetzung mit dem Lernstoff erfolgt nur soweit, wie es gerade nötig ist, um eine Prüfung zu bestehen. Eine intensive oder tiefergehende Auseinandersetzung erfolgt nur vereinzelt. Dieses Lernverhalten von Studierenden wird durch ein Lehrverhalten von Dozierenden gefördert, die es nach Biggs und Tang nicht schaffen (wollen), die Themen ihrer Lehrveranstaltung in einen größeren Kontext einzuordnen. Prüfungsleistungen bestehen in ihrer Lehre darin, kurze, auswendig gelernte singuläre Fakten z. B. in Multiple-Choice-Tests zu benennen. Zudem zeigen die Lehrenden im surface approach in der Regel eine ähnliche Unlust zum Lehren wie die Studierenden zum Lernen. Dies zeigt sich dann beispielsweise darin, dass diese Lehrenden es mitunter als Qual empfinden, manche Studierendengruppen (beispielsweise Erstsemester*innen) zu unterrichten, und den Studierenden die Eignung für ein Hochschulstudium absprechen.

Studierende, die einem *deep approach* im Lernen folgen, legen sehr viel Wert auf das Lernen selbst. Lernen ist für sie eine wertvolle Tätigkeit, die sie intrinsisch motiviert verfolgen. Sie ordnen neues Wissen in ein (breites) vorhandenes Wissen ein und strukturieren bzw. priorisieren selbstständig ihren Lernprozess. Auf Seite der Lehrenden entspräche der deep approach der Fähigkeit und dem Willen, Themen nicht singulär zu behandeln, sondern sie in einen größeren Kontext setzen zu können. Lehrende des deep approach sind an aktiven Rückmeldungen der Studierenden interessiert. Sie schließen an das Vorwissen der Studierenden an und versuchen, problemorientiert in einer wertschätzenden Lernatmosphäre zu lehren.

Natürlich ist das Bild an den Hochschulen nicht so schwarz-weiß, wie es der Ansatz von Biggs und Tang zunächst vermuten lässt. Sie beschreiben diese beiden Zugänge zum Lernen und Lehren als Extrempunkte. Sowohl Studierende als auch Lehrende werden sich (sehr wahrscheinlich) irgendwo zwischen diesen Polen verorten. Allerdings hat die Anzahl der Studierenden, die eher einen surface approach und ein *learning to the test* praktizieren und damit eine gewisse Konsument*innenhaltung einnehmen, in den vergangenen Jahren offenbar stark zugenommen. Dies ist nicht nur durch die deutlich gestiegene Zahl der Studierenden insgesamt und die damit einhergehende stärkere Diversität zu erklären (vgl. Kapitel 1.6 Diversität). Begünstigt wird dieses Lernverhalten auch durch widrige Lernbedingungen (beispielsweise größere Lerngruppen, „Verschulung" in stark modularisierten Studiengängen und/oder gestiegene Prüfungsbelastung), die durch den Bologna-Prozess verursacht wurden. Annähernd alle Leistungen von Studierenden in den Bachelor- und Masterstudiengängen sind inzwischen noten- bzw. prüfungsrelevant. Dies führt zu einer starken Fokussierung der Studierenden auf Test- bzw. Prüfungsformate und nicht auf Lerninhalte und individuelle Lernfortschritte.

Abb. 13: Constructive Alignment (vgl. Biggs 1999)

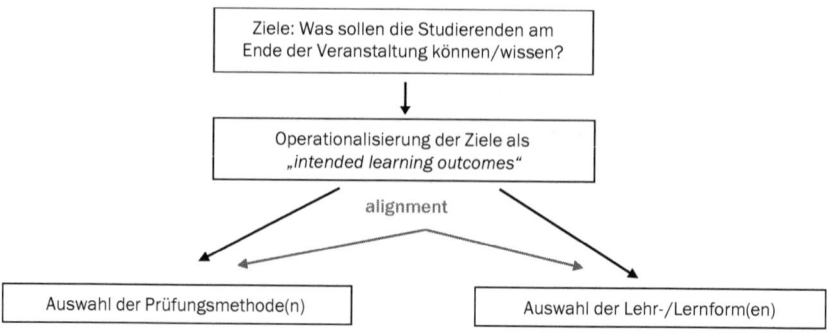

Das *Constructive Alignment* (konstruktive Ausrichtung) meint eine Passung von Ziel, Methode und Prüfung. Wenn ich z. B. in meinem Seminar Fallanalysen durchführe, kann ich auch Fallanalysen in der Prüfung verlangen. Haben die Studierenden aber noch nie eine Fallanalyse durchgeführt, muss ich mich nicht wundern, wenn das Ergebnis der Prüfung desolat ist. Prüfungen und Prüfungsformate können verschiedene Formen von Kompetenzen abprüfen. Allerdings sind nicht alle Prüfungsformen für alle Kompetenzen geeignet. Eine Klausur kann z. B. (wenn überhaupt) nur auf Umwegen eine soziale Kompetenz erfassen. Innerhalb der Implementierung der Bachelor- und Masterstudiengänge wurden an der Universität Zürich wie schon erwähnt verschiedene Prüfungsformen zur Erbringung eines Leistungsnachweises getestet. Beispielhaft findet sich dort eine Übersicht, welche Prüfungsformen sich für welche Kompetenztestung eignen. Zur Veranschaulichung sei auf diese erneut verwiesen:

Leistungsnachweis	Fachkompetenzen	Überfachliche Kompetenzen		
		Methoden-kompetenz	Sozial-kompetenz	Selbst-kompetenz
Schriftliche Prüfungen	xx	x		
Mündliche Prüfungen	xx	x		
Referate/mündliche Prüfungen	xx	x	x[1]	x
Schriftliche Arbeiten	xx	x	x[1]	x
Posterpräsentationen	xx	x	x[1]	x
Wissenschaftspraktische Tätigkeiten	xx	x	x[1]	x
Studientagebücher/Lernjournale	xx	x		x
Portfolios	xx	x		x
Protokolle	xx	x		
Gruppenprüfungen	xx	x	x	
Parcours (z. B. OSCE)	xx	x		
Forumsbeiträge	xx	x		x
Gruppenpuzzle	xx	x	x	x

1) falls zu zweit oder in der Gruppe durchgeführt

Die Herausforderung für die Lehrenden besteht nun darin, dass Learning Outcomes mit den Lehrformen und den Prüfungen abgestimmt werden müssen. Biggs (2003) sieht hierin eine starke Möglichkeit der Steuerung des Lernprozesses der Studierenden, vorausgesetzt, dass sich die Learning Outcomes in den Prüfungen widerspiegeln und dies in den Lehrveranstaltungen den Studierenden transparent gemacht wird.

Das Konzept des Constructive Alignment existierte bereits vor dem Bologna-Prozess, fand aber erst durch diesen einen breiten Zuspruch. Soll es in dessen Sinne angewendet werden, dann benötigen wir neben den genannten Aspekten auch noch die Berücksichtigung der Kompetenzanforderungen an den Beruf (employability) und der gesellschaftlichen Anforderungen (citizenship). Johannes Wildt hat dies 2010 zum Anlass genommen, insbesondere die Sozial- und Selbstkompetenz noch einmal aufzugreifen und diese als gesellschaftliche Aufgaben in das Modell von Biggs zu ergänzen. Er unterscheidet drei Aufgaben, die an Studierende in einem Lernsetting herangetragen werden sollen: Lernaufgaben, Prüfungsaufgaben und beruflich bzw. gesellschaftliche Aufgaben. Die Passung dieser drei Aufgabenfelder bezeichnet er als Constructive Alignment.

Abb. 15: Shift from Teaching to Learning (Wildt/Wildt 2010, S. 5)

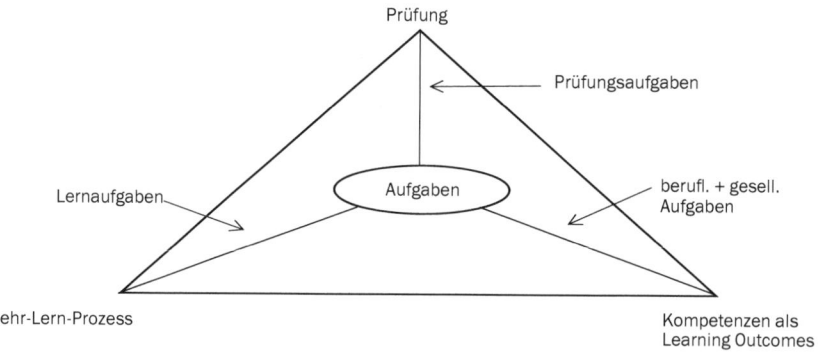

1.4 Lehrpersönlichkeit

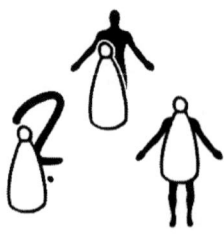

Jede neue Situation, vor der wir uns als Mensch gestellt sehen, fordert unsere vorhandenen Bewältigungs- und Lösungsstrategien heraus als auch, dass sämtliche biographisch-habituell geprägten und persönlichkeitsbedingten Muster des Wahrnehmens, Denkens und Handelns in den Aufbau neuer Handlungsmuster einfließen.

Aus hochschuldidaktischer Perspektive betrachtet, stellt die Aufnahme einer Lehrtätigkeit an einer Universität die betreffende Person vor eine sogenannte herausfordernde Situation. Unter dem Begriff oder – besser gesagt – unter dem Kompetenzfeld „Lehrpersönlichkeit" verstehen wir die Entwicklung eines eigenen Rollenverständnisses, das sich in Auseinandersetzung mit und Reflexion der eigenen Überzeugungen zum Lehren und Lernen entwickelt hat.

Seit ca. fünfzehn Jahren findet im Zuge der Pädagogisierung des Lebenslaufes diesbezüglich ein tiefgreifender Wandel statt, indem Erwachsene vermehrt Gegenstand pädagogischer Weiterbildungs- und Beratungsangebote werden: „Heute sehen wir uns der Situation gegenüber, dass eigentlich kein Übergang im Lebenslauf nicht von pädagogischen Maßnahmen begleitet, abgefedert, gefördert oder in anderer Weise gesteuert wird" (Nittel 1996, S. 321).

Diese neu entstandene Situation steht dabei in konsekutiver Beziehung zum technologischen Fortschritt und den gesamtgesellschaftlichen Veränderungsprozessen, die alle Lebensbereiche des beruflichen und privaten Kontextes betreffen und eine Notwendigkeit zur permanenten Weiterbildung in Form einer „Anpassung" notwendig macht, was häufig mit dem Begriff des „lebenslangen Lernens" zusammengefasst wird. Diesem Lernbegriff, der in Kapitel 1.5 Lernen näher erläutert wird, soll im Folgenden ein weiterer zur Seite gestellt werden: das biographische Lernen.

Dieser Lernbegriff hebt sich deutlich von dem des lebenslangen Lernens ab, indem dieser nicht auf die Aneignung spezifischer Fähigkeiten oder Wissensbestände abzielt, sondern auf die Entwicklung und Reflexion der eigenen Persönlichkeit und des eigenen Selbstbildes – wie im Folgenden zu zeigen sein wird.

Biographisches Lernen

Versteht man die Biographie als Lerngeschichte eines Individuums, so offenbart sich in dieser die innere Erfahrung eines Menschen. Das erzählende Subjekt rekonstruiert in der Erzählung seiner Biographie diese in Form von Erfahrungszusammenhängen und Ereignisverkettungen und stellt zwischen diesen einen Sinnzusammenhang her. Nach Dilthey (1973) ist die Biographie „die Selbstbestimmung des Menschen über seinen Lebensverlauf" (Ecarius in Krüger 2006, S. 98).

Die erzählten Erfahrungen verweisen uns auf die Lernprozesse des Subjektes, die dieses in der Erfahrung mit sich und anderen in der konkreten historischen und sozialen Lebenswelt gemacht hat. Dabei existieren diese Lernprozesse in Form von einer *inneren* Erfahrung, durch die sich im Individuum „die Weltsicht als auch das Selbstkonzept herausbildet" (Bauer 1997, S. 99). In Abgrenzung zum Begriff des lebenslangen Lernens handelt es sich dabei nicht um die Aneignung eines spezifischen (formalen) Wissens und/oder die Aneignung spezifischer Fähigkeiten. Es steht viel mehr die Konstruktion des eigenen Selbst und der eigenen Identität in Abhängigkeit zu den umgebenden Umwelten im Fokus dieser Form des Lernens.

Dabei ist die Auseinandersetzung mit anderen Personen eine wichtige Voraussetzung dafür, Wissensstrukturen, Einstellungen, Haltungen etc. zum Gegenstand der Reflexion zu machen, um diese ggf. zu bestärken, zu modifizieren, weiterzuentwickeln und/oder zu verändern. Interaktionspartner*innen, auf die wir in diesem Buch noch näher eingehen werden, sind dabei in

Bezug auf die Entwicklung der eigenen Lehrpersönlichkeit in erster Linie die direkten Kollegen*innen sowie auch Teilnehmer*innen, denen wir in hochschuldidaktischen Workshops begegnen. Gerade hier wird ein starker Anreiz für biographische Lernprozesse gesetzt, da diese in der Regel in Bezug auf unterschiedlichste Merkmale wie z.B. Fachbereich, Institut, Anstellungsverhältnis und/oder Alter divers sind.

Biographisches Lernen kann diesem Verständnis nach als ein allmählicher, schleichender und kontinuierlicher Prozess verstanden werden, in dem sich unsere Bilder von uns selbst, von Anderen und von der Welt permanent in Bewegung befinden.

Aufgrund dessen ist diese Form des Lernens nicht planbar oder voraussehbar und stellt folglich eine *besondere* Form des Lernens dar: es gibt nicht *eine* Lernsituation oder *ein* spezifisches Lernsetting, das diese Lernprozesse auslöst, sondern biographisches Lernen „steht immer in Bezug zur Gesamtheit des erfahrenen Lebens und des biographischen Selbstkonzeptes" (Ecarius 2006, S. 103).

Biographischer Lernhabitus

Neuere Ansätze in der Biographieforschung setzen biographische Lernprozesse in den Zusammenhang von sozialen Strukturen und gesellschaftlichen Wandlungsprozessen und fragen in Anschluss an Bourdieus Habitus-Begriff nach der Wandelbarkeit und/oder Beharrlichkeit von Habitus-Konzepten. Dabei definiert Bourdieu Habitus „als ein System verinnerlichter Muster, die es erlauben, alle typischen Gedanken, Wahrnehmungen und Handlungen einer Kultur zu erzeugen" (Bourdieu zit. n. Wigger 2009, S. 104). Bourdieu konstruiert diesen Begriff, um mit diesem zu erläutern, wie sich soziale Strukturen in individuellen Handlungspraktiken reproduzieren. Es tut sich hier das für die Soziologie typische Spannungsfeld zwischen Individuum und Gesellschaft auf, in dessen Mittelpunkt die Frage nach und die Skepsis über die Möglichkeiten und Grenzen der individuellen Freiheit stehen. Innerhalb der Biographieforschung wird dies hinsichtlich der Fragestellung nach der Beziehung zwischen dem Humboldt'schen Bildungs- und dem Bourdieu'schen Habitus-Begriff diskutiert (vgl. ebd.).

Die Lehrer*innenkognitionsforschung[1] zeigt, dass innerhalb des Lehr-Handelns eigene Lehr-Lern-Überzeugungen und zugrunde liegende Lehr-

---

[1] In der Hochschulforschung ist bisher weitestgehend ungeklärt, inwieweit Lehrende Lehrdispositionen und ein professionelles Verständnis ihrer Rolle als Lehrperson aufbauen bzw. entwickeln, da dies bisher nicht erforscht wurde (vgl. z.B. Stock/Werner 2005). Die nachfolgenden Ausführungen beziehen sich aufgrund dessen auf die bestehenden Forschungsergebnisse der schulischen Lehr-Lern-Forschung.

konzeptionen als *intrapsychische Überzeugungsstrukturen* vorhanden sind und das Lehrhandeln maßgeblich und tiefgreifend steuern. Dies wird mit dem Begriff der *Lehrdispositionen* beschrieben: „spezifische, habituell und biographisch fundierte Einstellungen und Haltungen zur Lehre – entstanden überwiegend ohne Begleitung eines pädagogischen (Aus-)Bildungsprogramms" (Egger/Merkt 2012, S. 102). Nach Kane et al. (2002) sind diese Dispositionen entstanden durch die eigenen Erfahrungen als Schüler*in – sie sind relativ robust, meist vorbewusst und deswegen schwer zu aktualisieren. Darüber hinaus haben diese Dispositionen – wie alle Erfahrungen, die wir in unserem Leben gemacht haben und die zu tiefgreifenden Veränderungen in der Gehirnstruktur geführt haben – in Bezug auf die Wahrnehmung von Lehr-Lern-Situationen die Funktion eines Filters: Das mit den eigenen Überzeugungen Vereinbare wird wahrgenommen, Nicht-Vereinbares ausgeblendet. Da Lehrhandeln sehr stark am situativen Kontext und der Auseinandersetzung mit den gegebenen Umweltbedingungen (wozu auch die Anzahl und die Charakteristika der Lerner*innen gehören) ausgerichtet ist, kann davon ausgegangen werden, dass diese Überzeugungen die Wahrnehmung der aktuellen Lehr-Lern-Situation sehr stark beeinflussen und damit handlungsleitend sind (vgl. Bromme/Haag 2008).

Für die Lehre an der Hochschule bedeutet dies, dass unsere Überzeugungen sich in der Art und Weise, wie wir Studierende wahrnehmen und mit ihnen interagieren, niederschlagen; was wir von ihnen und von uns selbst erwarten (Normen und Werte des Lehr-Lern-Handelns) und wie wir mit „Störungen" in Form von Nicht-Erfüllung oder Missachtung unserer Erwartungen umgehen. In unseren Handlungen in der Rolle als Lehrperson schlägt sich folglich unsere Biographie nieder.

1.4.1 Erkenntnisse der Hattie-Studie und der Einfluss der Lehrperson

John Hattie, Professor für Erziehungswissenschaften an der University of Melbourne, Australien, ist weltweit bekannt geworden durch sein 2009 veröffentlichtes Werk „Visible Learning" (deutsch: Lernen sichtbar machen): ein Forschungsbericht, der eine Meta-Analyse von Studien vorlegt, in der Hattie der Frage nachgeht, was Lernen von Schüler*innen in Schulen wirklich beeinflusst und welche Rolle äußere Faktoren wie Klassengröße, Raumgröße und die Lehrperson wirklich haben.

Die zentrale Aussage der Studienergebnisse von John Hattie ist: Die Lehrperson ist *die* entscheidende Einflussgröße für den Lernerfolg der Schüler*innen. Lehrpersonen sind die „Change-Agents" für alle Lernenden, mit denen sie in Kontakt kommen (vgl. Hattie 2014). Gute Lehrpersonen tun

Dinge, die einen Unterschied machen – einen Unterschied, der „einen Vorteil von fast einem Jahr gegenüber Gleichaltrigen in einer Klasse einer Lehrperson mit geringem Effekt hat" (Hattie 2014, S. 24 f.).

Die Gründe für die Unterschiede in der Wirkmächtigkeit der Lehrpersonen liegen in den Einstellungen und Erwartungen der Lehrpersonen, die in Zusammenhang mit zentralen Entscheidungen des Lehrens und Lernens stehen. Demnach hat eine Experten-Lehrperson folgende Kompetenzen und Einstellungen (nach Hattie; adaptiert für die Hochschule):

1. *Leidenschaft und Inspiration für das Thema und das Lehren:* „Leidenschaftlich engagierte Lehrpersonen sind diejenigen, die das, was sie tun, von Herzen lieben. Sie suchen fortwährend nach effektiven Möglichkeiten, ihre Lernenden zu erreichen, sowie den Stoff und die Methoden ihres Handwerks zu bewältigen. Sie sehen es als ihre persönliche Mission an [...] so viel über die Welt, über andere, über sich selbst zu lernen, wie sie können – und anderen dabei zu helfen, das Gleiche zu tun" (Zehn/ Kotler 1993, S. 118).

2. *Schaffung einer für das Lernen optimalen Atmosphäre:* Ein optimales Lernklima zeichnet sich dadurch aus, dass eine Atmosphäre des Vertrauens herrscht. Allen Lernenden und auch den Lehrenden ist klar, dass es völlig in Ordnung ist, Fehler zu machen, weil Fehler zum Wesen des Lernens gehören. Experten-Lehrpersonen schaffen ein Arbeitsklima, in dem das Zugeben und Offenlegen von Fehlern begrüßt wird, indem sie eine Vertrauensbasis zwischen sich und den Lernenden, aber auch zwischen den Lernenden untereinander erzeugen. Ein häufiger Grund für Studierende, Angst zu haben und Fehler zuzugeben, sind ihre Peers: Es kann sehr verletzend sein, wenn diese mit den Fragen und Ideen der Kommilitonen*innen nicht wertschätzend und anerkennend umgehen, sondern dies zum Anlass nehmen, sich über den- oder diejenige lustig zu machen oder ihn/sie bloßzustellen. Eine Experten-Lehrperson lässt ein solches Verhalten nicht zu – sie schafft ein Klima, in dem Lernen etwas Erstrebenswertes und Schönes ist, für das man sich engagiert und an dem alle anwesenden Personen beteiligt sind. Dabei ist allen klar, dass Lernen niemals etwas ist, das linear erfolgt, sondern Anstrengungen und Engagement die Regel sind (vgl. Komfortzone vs. Lernzone; Kapitel 1.5 Lernen). Dabei geht die Lehrperson davon aus, dass jede*r wissen und das Lernziel erreichen kann. In einer solchen Arbeitsatmosphäre können Lernende ein Ansehen als erfolgreiche Lernende erlangen. „Streber*innen" gibt es nicht mehr.

3. *Kontrolle des Lernens und Feedback geben:* Experten-Lehrpersonen wissen, dass Lehreinheiten niemals so verlaufen, wie sie ursprünglich geplant waren. Sie sind in der Lage, den jeweils aktuellen Stand des Ver-

ständnisses bei den Studierenden einzusehen und diesen hinsichtlich des Erreichens des Lernziels zu überwachen. Dafür fordern und nutzen sie aktiv Feedback-Informationen – sie gehen auf die Lernenden individuell ein, bemerken, wenn das Interesse nachlässt, sie nehmen wahr, wenn jemand aus dem Lernprozess ausgestiegen ist und benutzen Hypothesen und Aufgaben, um das Verständnisniveau zu ermitteln.

4. *Vertrauen in alle Studierenden, dass sie das Lernziel erreichen können:* Diese Einstellung erfordert die Überzeugung, dass Lernende sich Zeit ihres Lebens entwickeln können und immer die Fähigkeit haben, etwas dazuzulernen. Darüber hinaus haben diese Lehrpersonen ein großes Maß an Respekt ihren Studierenden gegenüber, interessieren sich für deren Gedanken und Ideen, und verfolgen mit großer Leidenschaft das Ziel, dass alle in ihrer Lehrveranstaltung erfolgreich sein können.

5. *Studierende herausfordern und Tiefen-Lernen ermöglichen:* Fachwissen kann so eingeführt werden, dass es sich mit dem Vorwissen der Studierenden (vgl. Kapitel 1.5) verbindet und den aktuellen Inhalt der Lehreinheit mit anderen Themen im Curriculum in Beziehung setzt. „Darüber hinaus geben sie den Unterrichtsstunden ihre eigene Prägung, indem sie diese entsprechend den Bedürfnissen der Lernenden und ihrer eigenen Unterrichtsziele verändern, kombinieren und ergänzen" (Hattie 2014, S. 27).

Diese fünf Dimensionen wurden aus einem Literatur-Review zusammengeführt und dienten als Grundlage für eine Studie, die mit 300 Lehrpersonen durchgeführt wurde (vgl. Hattie 2014, S. 31). In gewisser Weise besitzen diese Aspekte und Dimensionen damit keinen „Neuigkeitswert", ihre empirische Erforschung jedoch schon – vor allem vor dem Hintergrund der Effektstärke, die diese auf den Lernzuwachs der Schüler*innen haben.

Vor dem Hintergrund der Ermöglichungsdidaktik (siehe Kap. 1.5.1), den Gedanken zur Diversität (siehe Kap. 1.6) und dem Aspekt der Motivation (Kap. 1.5.3) sehen wir die Lehrperson zur Ermöglichung und Anregung von Lernprozessen bei den Studierenden ebenfalls in einer sehr bedeutenden und zentralen Funktion. Dabei sind innerhalb der Hochschuldidaktik das eigene Rollenverständnis, die Einstellung zum Lehren und Lernen sowie die eigenen Grundhaltungen (siehe Kap. 3.2) von zentraler Bedeutung.

1.4.2 Homo academicus: das Berufsbild Hochschullehrer*in

Wissenschaftler*innen an Universitäten im (deutschsprachigen) Raum fällt neben ihrer Forschungstätigkeit zumeist auch die Aufgabe der Lehre zu. Dabei sind sie auf der einen Seite die Personen, die Wissen generieren, in-

frage stellen und produzieren (Forschung) als auch jene, die den Studierenden dieses Wissen zugänglich machen, ihnen Methoden des wissenschaftlichen Handelns näher bringen und diese ggf. in ihre eigene Forschungstätigkeit miteinbeziehen sollen. Wissenschaftler*innen gelten dabei als Expert*in
ihres/seines Faches und es fällt ihnen dadurch das höchste Maß an Autonomie in der Gestaltung von Forschung und Lehre zu. Oevermann beschreibt
in seinem Beitrag „Wissenschaft als Beruf" die Aufgabe des/der Wissenschaftler*in wie folgt:

> „Wissenschaft als Beruf findet idealtypisch in den Universitäten oder Akade-
> mien statt, also dort, wo wissenschaftliche Erkenntnis primär nicht angewen-
> det, sondern durch Forschung erarbeitet wird. [...] Wissenschaft als Beruf ist
> fachübergreifend durch eine Einheit eines Forschungsethos, einer Hingabe an
> die Sache konstituiert, die soziologisch ausgedrückt im Studium als Habitus-
> inhalte durch die exemplarische Aneignung fachspezifischer Methoden, Theo-
> rien und Wissensinhalte erworben werden muss und über diese Spezialisie-
> rung hinaus Geltung hat. Diese Habitusformation bildet den Berufskern auch in
> allen eine wissenschaftliche Qualifikation erfordernden Berufen außerhalb der
> durch die Einheit von Forschung und Lehre geprägten wissenschaftlichen Ein-
> richtungen, also in der außeruniversitären Praxis" (Oevermann 2005, S. 16 f.).

Ähnlich wie die Lehr-Lern-Überzeugungen der Lehrer*innen durch ihre
Erfahrungen als Schüler*innen geprägt wurden, eignen sich Hochschullehrer*innen ihre sogenannte Habitusformation durch die Sozialisationsprozesse in ihrem eigenen Studium an. In diesem finden sie unzählige Rollen-
Vorbilder eine*s Hochschullehrer*in, die (meist unbewusst) in die Gestaltung der eigenen Rolle miteinfließt und für diese prägend ist. Bourdieu hat
den Erwerb dieser Habitusform in einer soziologischen Studie an franzö-
sischen Universitäten aus dem Jahre 1984 (deutsche Übersetzung 1988) als
homo academicus bezeichnet und beschreibt darin die Macht- und Hierar-
chiestrukturen, die an diesen Universitäten erkennbar waren. Das Leben
und Arbeiten in den sozialen Strukturen und Praktiken der Universität
führt dabei laut Bourdieu zu einer sozial konstituierten Perspektive auf die
Welt, „die auch bestimmte Dispositionen in Forschung und Lehre hervorbringen" (Dinsleder 2012, S. 103).

Diese beschriebene Weitergabe von systemimmanentem ‚Wissen' (Habitus[2]) in gesellschaftlichen Klassen und Institutionen wird zum gegenwär-

---

2   „Das Habituskonzept setzt – wie der Bildungsbegriff – an der Schnittstelle von Individu-
     um und Gesellschaft an und vermittelt gesellschaftliche Strukturen und individuelle Pra-
     xis als geschichtlichen Prozess" (vgl. Wigger 2009, S. 102 f.). Weitere Ausführungen dazu
     in: Friebertshäuser/Rieger-Ladich/Wigger 2009.

tigen Zeitpunkt von zwei externen Faktoren beeinflusst und damit ‚gestört': zum einen durch die Implementierung sogenannter ‚Lecturer'-Stellen an Hochschulen, durch die die Trennung von Forschung und Lehre forciert wird. Zum anderen haben sich die Anforderungen an die Rolle des/der Hochschullehrer*in durch den Bologna-Prozess als auch durch die fortschreitende Digitalisierung von Lehre in solch erheblichem Maße verändert, dass die Rollenvorbilder aus der eigenen Studienzeit (allein) nicht mehr ausreichend sind. In Bezug auf die Gestaltung von Lehr-Lern-Prozessen befinden wir uns folglich zur Zeit an einem interessanten Wendepunkt, an dem die alten ‚Bilder' zwar noch da sind, aber an Bedeutung verlieren und die neuen sich noch in einem Prozess des Werdens und Erprobens befinden. Bourdieu hat bei der Konzeptionierung seiner Habitustheorie diese Wandelbarkeit insofern mitgedacht, als er davon gesprochen hat, dass der Habitus in einem dynamischen Sinn zu begreifen sei:

> „Die Habitus verändern sich durch neue Erfahrungen und als ständige Anpassungen an sich wandelnde Machtverhältnisse und Bedingungen der Felder. Die Habitus können auch damit konfrontiert sein, dass die Anwendungsbedingungen nicht (mehr) den Entstehungsbedingungen entsprechen [...] Die strukturellen Veränderungen und die Krisen der Felder erweisen Dispositionen der Akteure als Dysfunktion oder obsolet und veranlassen bzw. erzwingen einen Wandel ihres Habitus. Anpassung erweist sich als zu erbringende Leistung" (Wigger 2009, S. 107 ff.).

Es erscheint aufgrund dessen nicht verwunderlich, dass die Frage nach Verantwortlichkeiten, Grenzen, Anforderungen und Gestaltungsspielräumen der eigenen Rolle im Lehr-Lern-Prozess häufig die vorherrschende in hochschuldidaktischen Beratungen und Fortbildungsmaßnahmen ist.

Lehrende sollen gemäß den neuen Studienordnungen passende Lehrkonzepte und Prüfungsdesigns kreieren. Sie sollen Studierende beraten, begleiten, fördern und „coachen" – und dabei angemessen auf ihre Voraussetzungen und Potenziale eingehen, trotzdem aber alle gleich und gerecht behandeln. Und all dies, ohne dass es konkrete Aussagen oder Handlungsanweisungen dazu gibt, wie dies geschehen soll. In diesem Raum neuer struktureller Vorgaben und großer Gestaltungsspielräume ist der/die Lehrende*r auf sich selbst angewiesen: Er/Sie muss entscheiden, wie er/sie lehren möchte, wie die Kommunikation und Interaktion mit den Studierenden gestaltet werden soll und kann und welche Formen der Prüfung dem Gegenstand angemessen erscheinen.

Reflexion als Medium von Lern- und Bildungsprozessen

Die Reflexion auf das professionelle Selbstverständnis stellt eine große Herausforderung dar, „denn das Selbstverständliche zeigt sich überwiegend dadurch, indem es sich nicht zeigt, d. h. durch sein reibungsloses Funktionieren nicht auffällt" (Dinsleder 2012, S. 107).

Durch Reflexion wird unser eigenes Selbst- und Weltkonzept objektivierbar und bewusst: „Sich selbst zu verstehen – zum Beispiel in einer konkreten Erzählaufforderung das eigene ‚Ich' zum Objekt machen – heißt, dass es immer noch ein ‚ich' gibt, das sich selbst gerade analysiert […] und somit der Versuch des Selbst-Verstehens unhintergehbar und abschließbar bleibt. Jaspers spricht davon, dass das Selbst erst in der Kommunikation mit anderen von den jeweiligen Menschen erfahrbar werden kann" (ebd., S. 107).

Das Projekt ProfiLe kommt in Bezug zur Entwicklung von Kompetenzentwicklung in der Lehre zu dem Ergebnis, dass Lehrkompetenz ohne gesteigerte Selbstreflexivität, hochschuldidaktische Weiterbildung oder äquivalente Reflexionsangebote (eigene Lehr-Lern-Forschung) „eher zur Stagnation als zur Dynamisierung, eher zu verengtem, idiosynkratischem als flexiblem Verhalten, eher zu starren Lösungen als zu diversifizierenden Horizonten, eher zur Vorurteilsbestätigungen als zu differenziertem Urteilen, eher zu standardisierten als reflexiv und differentiell gesteigerten Interaktionen" (Heiner 2012, S. 169) führt.

In Kapitel 1.7 werden wir die Rolle von Feedbackprozessen in der Lehre erörtern und in Kapitel 6.1 unser Konzept der kollegialen Hospitation als eine Möglichkeit vorstellen, von Kollegen*innen eine Rückmeldung zum eigenen Lehrhandeln zu erhalten.

Selbstbeobachtung und Selbstaufmerksamkeit

In Abhängigkeit zu bestehenden Erwartungen, die wir an uns selbst richten, unseren eigenen Überzeugungen und der aktuellen Bedürfnis- und Motivationslage sind wir uns selbst gegenüber mal mehr oder weniger aufmerksam und beobachten bei uns selbst mal mehr, mal weniger, spezifische Verhaltensweisen oder Eigenschaften. In der Verarbeitung selbstreferenzieller Informationen werden kognitive und semantische Strukturen aktiviert, mit deren Hilfe gegebene Beobachtungen im Hinblick auf Bedeutungen und mögliche Folgen elaboriert werden. Um z.B. das eigene Verhalten im Hinblick auf bestimmte Eigenschaften zu beurteilen, muss es daraufhin betrachtet und analysiert werden, inwieweit es für die Zuschreibung der betreffenden Eigenschaft charakteristische Merkmale aufweist. Mit Veränderungen in den Entwicklungsaufgaben und persönlichen Zielen im Lebenslauf verändern sich auch *Richtungen* und *thematische Fokussierungen* der Selbstaufmerksamkeit. Für die effiziente Durchführung von Vorsätzen und Plänen ist auch die Dichte und Differenziertheit eines sogenannten *Monitorings* in Form von Zwischenbilanzen und Zwischenziele, die wir uns selbst setzen, bedeutsam.

Informationen, die unser Selbst betreffen, stehen wir in der Regel engagiert und betroffen gegenüber – dabei unterliegt die Interpretation und Integration solcher Informationen bestimmter Prozesse. Brandstädter spricht hier auch von dem *„dynamischen Selbst"* und bezeichnet damit Mechanismen, die darauf gerichtet sind, Integrität und Kontinuität des Selbstbildes zu wahren.

Die Interpretation von Beobachtungsdaten bietet immer sehr große Spielräume. Unter möglichen Deutungsoptionen bevorzugen wir in der Regel diejenige, die am besten zu unseren bestehenden Überzeugungen und Motiven passt. Interpretationen, die positive Implikationen für unser Selbst- und Weltbild haben, werden besonders leicht akzeptiert und sind kognitiv erhöht verfügbar.

Dabei können Annahmen über das eigene Selbstbild auch durch das Vermeiden von Situationen geschützt und stabilisiert werden, in denen potenziell selbstdiskrepante Erfahrungen und Rückmeldungen drohen. Diese Tendenz der „Selbstverifikation" kann sich auch gegen positive Rückmeldungen wenden. Dabei werden besonders hartnäckig Überzeugungen und Selbstbildannahmen verteidigt, die für die eigene Lebensführung und Identität zentral und tragend sind.

Selbstbewertungsprozesse

Selbstbeobachtungen werden nur dann wirksam, wenn sie im Sinne von Ist-Soll-Vergleichen mit Bewertungen verbunden werden. Dabei sind selbstevaluative Standards entwicklungsoffen und veränderlich. Unsere Selbstbewertungen verbinden sich mit einem breiten Spektrum an Emotionen: Freude, Stolz, Zufriedenheit, Reue, Scham, Schuld und/oder Verzweiflung und gehen mit spezifischen Handlungsbereitschaften einher. Vor allem Ärger, Reue und Schuldgefühle können Anstrengungen mobilisieren, das eigene Verhalten und eventuell die Lebensführung insgesamt zu ändern.

Die durch Selbstwirksamkeitsüberzeugungen gestützte Erwartung, positive Veränderungen bewirken zu können, kann zu positiven Veränderungen führen und Emotionen der Hoffnung und Zuversicht entstehen lassen. Dabei wird die Perspektive, wie wir uns selbst und unsere Lebensumstände erleben und bewerten, maßgeblich auch durch uns zugängliche Vergleichsperspektiven (Aufwärts- und Abwärtsvergleiche) bestimmt.

Von Selbstbeobachtungen und Selbstbewertungen zum Handeln

Die Ausführung und planmäßige Umsetzung von Zielen bedarf der semantischen und prozeduralen Spezifikation von Handlungsvorsätzen: Ziele müssen mit konkreten Bedeutungen und Repräsentationen der für die Zielerreichung notwendigen Voraussetzungen und Maßnahmen verbunden werden.

Sprachlich-symbolische Repräsentationen unterstützen zugleich die Orientierung des Handelns auf Fernziele und die partielle Abkopplung des Verhaltens von aktuellen situativen Bedingungen. Durch das selbstreflexive und selbstkorrektive Sich-Verhalten zum eigenen Wollen und Handeln entstehen dabei „Ich-Spielräume".

1.5 Lernen

„Im weiteren Sinne tritt Lernen auf, wenn Erfahrung eine relativ dauerhafte Veränderung im individuellen Wissen oder Verhalten schafft. Die Veränderung kann beabsichtigt oder unbeabsichtigt, zum Besseren oder Schlechteren, richtig oder falsch und bewusst oder unbewusst sein" (Hill zit. n. Woolfolk 2008, S. 257).

Lernen – wenn wir uns die Definition dieses Begriffes nach Hill genauer ansehen, wird deutlich, dass dieser Begriff ein Oberbegriff für eine Vielzahl vom komplexen Vorgängen darstellt, die sich auf unsere Erfahrungen, unser Verhalten, beabsichtigte oder unbeabsichtigte Veränderungen, auf Kategorien von ‚besser' und ‚schlechter', ‚richtig' oder ‚falsch' und ‚bewusst' oder ‚unbewusst' beziehen können. Können Sie sich noch daran erinnern, wie Sie lesen gelernt haben? Was für Vorkenntnisse und Lernprozesse waren nötig, damit Sie diesen Text nun verstehen können?

Oder viel basaler gefragt: Sie sind heute Morgen aufgestanden, haben sich eine Tasse Kaffee gekocht und sich evtl. ein Frühstück zubereitet. Waren für diese Handlungen Lernprozesse nötig oder konnten Sie das schon immer? Und wenn ja: wie, wann und wo haben Sie das gelernt?

Wenn wir in der Hochschule von Lernen und Lernprozessen sprechen, beziehen wir uns dabei in der Regel auf unsere Studierenden, die in unseren

Lehrveranstaltungen – oder allgemeiner gesprochen – in ihrem Studium ‚etwas lernen sollen‘. Dabei bezieht sich dieses ‚etwas‘ in der Regel auf Inhalte (Wissen) oder Fertigkeiten (prozedurales Wissen)[3], mit dem Ziel, am Ende des Studiums einen Abschluss zu erlangen, der sie zur Ausübung einer beruflichen Tätigkeit qualifiziert.

Dabei kann – nach einem konstruktivistischen Lernverständnis – Lernen nur dann erfolgen, wenn die Lernenden die Inhalte für sich selbst aktiv nachvollziehen und be-greifen:

> „Aus konstruktivistischer Sicht wird Lernen als ein konstruktiver, kumulativer, selbstgesteuerter, situativer, individuell unterschiedlicher, gleichzeitig auf die Interaktion mit anderen angewiesener Prozess des Aufbaus von Wissen und der Konstruktion von Bedeutung verstanden" (De Corte zit. n. Wildt/Möller 2015).

Neue Inhalte (Wissen) können diesem Verständnis nach von den Studierenden nur dann erlernt werden, wenn diese an ihr bereits bestehendes Vor-Wissen anknüpfen können. Dadurch werden (neue) Inhalte Bestandteil bestehender Wissenslandkarten und können damit zu einer erinnerbaren und verinnerlichten Erfahrung werden. Diese Art des Lernens wird auch als *Anschlusslernen* bezeichnet (vgl. Schumacher/Brinker 2014) und grenzt sich deutlich vom sogenannten *Vorratslernen* ab – das Lernen für einen Zeitpunkt, an dem ich das Wissen anwenden kann, der noch in weiter Ferne liegt (vgl. ebd.). Bei dieser Art des Lernens ist die Wahrscheinlichkeit, dass die Inhalte vergessen werden, bis sie angewandt werden sollen, sehr hoch.

Die besondere Bedeutung des Vorwissens wird durch zahlreiche Studien belegt (vgl. Wildt/Möller 2015, S. 53 f.). Sie weisen darauf hin, dass es innerhalb von Lernprozessen immer zu einem Wechselspiel zwischen vorhandenen Wissensstrukturen und dem Aufbau neuer Repräsentationen von Inhalten im Gehirn kommt.

Schlussfolgernd können wir daraus für das Lehren an der Hochschule ableiten, dass es von zentraler Bedeutung ist, dass Lernprozesse niemals bloße Instruktionen sind, bei denen die Studierenden irgendwelche Inhalte in ihrem Kopf abbilden sollen, sondern dass von ihnen immer eine *aktive* Neukonstruktion (vgl. Roth 2012) vollzogen werden sollte. Das Vorwissen, wie auch der Bedeutungskontext, in dem gelernt wird, steuert dabei die *Enkodierung* der dargebotenen Inhalte.

---

3   Siehe nähere Ausführungen zu Formen des Wissens in Kapitel 1.2 Vom Lehrziel zum Learning Outcome.

Studienergebnisse der Hirnforschung weisen in diesem Kontext nach, dass – wenn der Bedeutungs- und Handlungskontext den Lernenden bewusst und verständlich ist – die Bedeutungskonstruktion meist sehr schnell und in der Regel unbewusst verläuft. Das heißt, wir erfassen die Bedeutung von etwas schon in dem Moment, in dem wir es wahrnehmen (hören, sehen, lesen).

Gesteuert wird diese Bedeutungskonstruktion durch das limbische System. Das limbische System wiederum vermittelt Affekte, Gefühle und Motivation und „ist auf diese Weise einer der Hauptkontrolleure des Lernerfolgs" (ebd., S. 58). Das limbische System kann im Weiteren noch in drei Systeme ausdifferenziert werden: das *limbische System der Großhirnrinde*, die *Hippocampus-Formation* und die *neuromodulatorischen Systeme*. Diese Systeme stellen das Bewertungssystem unseres Gehirns dar: Durch sie werden alle Handlungen, die wir ausführen; alle Dinge, die mit uns geschehen; alle Informationen und Sinneswahrnehmungen, die wir aufnehmen, nach Kategorien bewertet wie z. B.:

- gut
- schlecht
- vorteilhaft
- wiederholungswert
- lustvoll
- unangenehm
- schmerzhaft und
- in Zukunft zu vermeiden

Jede Situation/jedes Erlebnis, das wir haben, erfährt dahingehend eine Überprüfung durch das limbische System, ob diese Situation/dieses Erlebnis Vergangenem ähnelt und aktiviert in diesem Falle die dazu abgespeicherten Erfahrungen in Form von Bildern und Emotionen.

Für den Lehr-Lern-Prozess ist dies ein sehr entscheidender Vorgang, steuert dieses System doch maßgeblich die Motivation und Bereitschaft der oder des Lernenden, zuzuhören, sich anzustrengen, aufmerksam zu sein und sich aktiv am Lernprozess zu beteiligen[4] (näheres zum Thema Motivation unter Kapitel 1.5.3).

---

4 Es besteht natürlich auch die Möglichkeit, dass das Thema „Lernen" bei den Studierenden emotionale Zustände in Form von Versagensängsten, Unsicherheit, Frustration etc. hervorruft. Denn jede*r hat eine individuell geprägte Lerngeschichte, die alle weiteren Lernprozesse stark beeinflusst. Näheres dazu unter Kapitel 1.6 Diversität.

Erst wenn diese Aktivität im Gehirn gegeben ist und im optimalen Fall positive Emotionen und Bilder aktiviert wurden und bei den Studierenden eine Bereitschaft zum Lernen vorhanden ist, werden Wissensnetzwerke im Gehirn umgestaltet, sodass neues Wissen konstruiert und ggf. mit Bestehendem verknüpft werden kann.

Als Faktoren, die beim Lehren und Lernen in Bezug auf die oben genannten Inhalte eine entscheidende Rolle spielen, können daraus ableitend formuliert werden (vgl. ebd., S. 60 f.):

- die Motivierung und Glaubhaftigkeit der oder des Lehrenden (vgl. Kap. Motivation, 1.5.3)
- die individuellen kognitiven und emotionalen Lernvoraussetzungen der Lernenden
- die spezielle Motivierung der Lernenden für einen bestimmten Inhalt, ihr Vorwissen und der aktuelle emotionale Zustand
- der spezifische Lehr- und Lernkontext

Betrachten wir die Faktoren, die laut dem Ausgeführten maßgeblich unsere Lernprozesse beeinflussen, wird sehr schnell deutlich, dass Hochschullehrende auf ihre eigene Motivation und Glaubwürdigkeit als auch auf die Gestaltung des Lehr-Lernkontextes einen *direkten* Einfluss haben. Lehrende können keinen direkten, willentlichen Einfluss auf die Lernprozesse der Studierenden nehmen – sie können jedoch *aktiv* die *Rahmenbedingungen* des Lehren und Lernens beeinflussen und damit wirksam werden:

Lehrende können durch ihre Art der Interaktion und Gestaltung der Lehr-Lern-Sequenz auf die Motiviertheit der Studierenden *Einfluss nehmen;* sie können das Vorwissen der Studierenden transparent machen, wertschätzen und aktiv miteinbeziehen und durch ihre wertschätzende und empathische Grundhaltung und ihren diversitätsgerechten Lehrstil (vgl. Kapitel 1.6) den emotionalen Zustand der Lernenden positiv beeinflussen. Es könnte sein, dass Studierende mit Ihnen zum ersten Mal erleben, dass Lernen auch etwas sein kann, was Spaß macht, herausfordert und woran man persönlich wachsen kann.

Bei der *methodisch-didaktischen Gestaltung* von Lehr-Lern-Sequenzen kommt hinsichtlich der individuellen und emotionalen Lernvoraussetzungen der Studierenden darauf an, durch Formen der Methoden- und Medienvielfalt eine gewisse Bandbreite an Zugangsmöglichkeiten zum Thema eröffnen zu können.

Der Kontext des Lernens wird gleich mitgelernt

„Gesagt ist noch nicht gehört, gehört ist noch nicht verstanden, verstanden ist noch nicht einverstanden, einverstanden ist noch nicht getan, getan ist noch nicht beibehalten" (Schirp 2013, S. 102).

Die Ergebnisse der modernen Gedächtnisforschung weisen darauf hin, dass wir immer, wenn wir etwas lernen, nicht nur den Inhalt lernen, sondern gleichzeitig auch mitgelernt wird, *wer* den Inhalt vermittelt hat und *wann* und *wo* das Lernen stattgefunden hat (vgl. Roth 2012).

Der *Kontext* des Lernens – der Raum, die situativen Bedingungen und die Lernatmosphäre, die Lehrperson – ist dadurch mitentscheidend für den Lernerfolg und wird als solches zusammen mit dem Lerninhalt abgespeichert. Neben dem zuvor genannten *Bedeutungskontext*, der zusammen mit dem Vorwissen die Enkodierung der Informationen im Gehirn beeinflusst, fällt nun also dem räumlich-situativen Lehr-Lern-Kontext eine weitere zentrale Rolle in Bezug auf die aktive Wissenskonstruktion und -speicherung im Gehirn der Studierenden zu.

Heinz Schirp (2012) verweist in diesem Zusammenhang auf drei zentrale Bereiche, in denen die Ergebnisse der Neurobiologie und der Gehirnforschung Lehrenden nützliche Hinweise zur Gestaltung von Lehr-Lern-Prozessen geben können:

1. Muster/Mustererkennung
2. Sinn, Relevanz, Bedeutung
3. Emotionalität und Kognition

Im Folgenden werden diese zusammenfassend und Bezug nehmend zum Lehren und Lernen in der Universität dargestellt.

Muster/Mustererkennung: Wie wir behalten, was wir gelernt haben

In den Nervenzellen und neuronalen Netzen unseres Gehirns ist – vereinfacht gesagt – alles abgespeichert, was wir jemals erlebt, erfahren, gedacht und gelernt haben. Bei unserer Geburt verfügen wir über ca. 1 000 Milliarden Neuronen, die zu diesem Zeitpunkt noch weitestgehend unspezifisch und nicht strukturiert sind. Mit jedem Wahrnehmungs- und Verarbeitungsvorgang entstehen zwischen den beteiligten neuronalen Strukturen sogenannte „Ladungsprozesse" (vgl. Schirp 2013, S. 103). Gleiche Inputs oder sehr ähnliche Situationen führen zur Aktivierung derselben neuronalen Strukturen – und je öfter dies passiert, desto stabiler werden die Verbindungen zwischen den Neuronen und desto schneller können die Verarbeitungsprozesse ablaufen:

„Häufig auftretende und wahrgenommene Muster führen dabei zu ähnlichen neuronalen Mustererkennungs-Prozessen und damit zu quantitativ gehäuften Repräsentanzstellen und zu ‚neuronalen Landkarten‘ in unserem Gehirn. Häufigere und ähnliche Inputs werden darüber hinaus auch auf einer größeren Fläche repräsentiert als etwa seltene Inputs" (Spitzer 2000). Die entstehenden neuronalen Muster werden im Sinne einer Landkarte dabei nicht an beliebigen Orten im Gehirn abgespeichert, sondern nach unterschiedlichen Prinzipien clusterhaft geordnet.

Dabei sterben alle Nervenzellen, die nicht gebraucht werden, mit der Zeit ab – dies stellt jedoch nur eine quantitative Verringerung dar, da das neuronale Potenzial im Laufe unseres Lebens „zunehmend strukturierter, konturierter und funktionaler" (ebd., S. 104) wird.

Die primäre Vernetzung im Gehirn ist im Alter von ca. 18 Lebensmonaten zu etwa 90 % abgeschlossen – abhängig vom Lebenskontext, für den diese Vernetzung „ein Überlebenskonzept zur Selbsterhaltung bedeutet" (Brinker/Schumacher 2014, S. 18). In diesem Kontext entwickelt sich eine individuelle und lebensnotwendige Wahrnehmungspräferenz, die im späteren Alter auf die Herausbildung spezifischer Lerntypen im Sinne einer Favorisierung bestimmter Sinneskanäle für die Informationsaufnahme Einfluss nimmt (wir kommen in Kapitel 1.5.2 darauf zurück)[5].

Diese sehr vereinfacht und verkürzt dargestellte Form der Arbeitsweise des Gehirns lässt für Lehr-Lern-Prozesse folgende Schlussfolgerungen zu:

a) Die Notwendigkeit kurzer, häufiger Übungsformen. Je häufiger bestimmte ähnliche Muster angeboten und vom Gehirn aufgenommen werden, desto größer und intensiver ist ihre Repräsentanz in unserem Gedächtnis. Fragestellungen für die Hochschullehre könnten an dieser Stelle sein: Kann ich zu einem Themengebiet auch mehrere Projekte durchführen, die sich jeweils immer in geringfügigen Aspekten unterscheiden, oder mehrere kurze Texte lesen lassen, die jeweils auf andere Aspekte fokussieren? Kann ich für die Einübung bestimmter Haltungen in Beratungs- und/oder Kommunikationsprozessen verschiedene Formen anbieten/ausprobieren lassen?

b) Varianzen des Lerngegenstandes erzeugen. „Wenn ein Lerngegenstand mehrere spezifische Muster, also unterschiedliche, aber aufeinander bezo-

---

5   „Wächst ein Kind beispielsweise mit musikalischen Eltern auf und hört tagsüber viel Musik, wird es wahrscheinlich eher ein auditiver Lerntyp werden, also viel über das Gehör aufnehmen. Wächst ein Kind als drittes oder viertes Geschwisterkind heran und wird ständig durch die älteren Geschwister unterhalten, wird es eher ein visuell-habtischer Lerntyp" (Brinker/Schumacher 2014, S. 18).

gene Inputmuster aufweist (z. B. fachbezogene, alltagsnahe, sozial-kooperative, emotionale…), dann führt auch dies zu einer Ausweitung neuronaler Repräsentanz […]. Da der Lerngegenstand so mit seinen unterschiedlichen Aspekten auch an unterschiedlichen Stellen unseres Gehirns neuronale Repräsentationen aufweist, ist er leichter, besser, genauer und über unterschiedliche Zugänge wieder zu erinnern" (Spitzer 2002, S. 106).

Der Schlüsselaspekt für eine breite neuronale Repräsentanz im Gehirn und eine damit einhergehende schnelle und leichte Nutzbarmachung des Wissens liegt in der notwendigen Voraussetzung, dass die unterschiedlichen Inhalte des Studiums aufeinander bezogen sein müssen, um lerntheoretisch einen Effekt haben zu können. Es sollte demnach für Studierende ein Zusammenhang erkennbar und transparent gemacht werden, wie die Inhalte der Vorlesungen, die Inhalte der Seminare und/oder Übungen und/ oder die Arbeit im Labor miteinander in Verbindung stehen.

Auf die schon in Kapitel 1.2 erwähnte Lernzieltaxonomie von Bloom Bezug nehmend sei erwähnt, dass im Sinne der Entwicklung und Implementierung einer lernziel- und kompetenzorientierten Lehre die Festlegung von Leit-, Richt-, Grob- und Feinzielen der jeweiligen Veranstaltungen anzuraten ist; als auch, diese Vernetzung zwischen den Veranstaltungen den Studierenden transparent und erkennbar zu machen.

c) Vom Einfachen zum Komplexen. „Hören, Verstehen, Akzeptieren und entsprechendes Handeln sind jeweils eigenständige Muster. Sie entstehen nicht automatisch, sondern müssen, jedes einzelne Muster für sich, als eigenständiger Prozess angesehen und im Lerngeschehen entsprechend verankert werden. Die Übergänge zu den jeweils komplexen Mustern müssen ebenfalls intensiv eingeübt werden, damit die nächst höhere und komplexere Leistung überhaupt erbracht werden kann" (Spitzer 2002, S. 107).

Für das Lernen ist es wichtig, ein positives Stresslevel (Eustress) mit einem mittleren Erregungsniveau zu haben – d. h., dass die Anforderung sich im Mittel zwischen Unter- und Überforderung bewegt und sich die Hoffnung auf Erfolg und die Angst vor Misserfolg im Gleichgewicht befinden. Um das passende Anforderungsniveau der Studierenden zu kennen, ist die Kenntnis über ihr Vorwissen von großer Bedeutung. Inhalte müssen einen Neuigkeitswert haben, damit sie vom Gehirn überhaupt wahrgenommen werden und einen Lernprozess in Gang setzen können. Dabei ist Lernen immer ein Wagnis: bedeutet es doch, die eigene Komfortzone, die durch Alltägliches und Bekanntes gekennzeichnet ist, zu verlassen, und in die Lernzone vorzudringen, die auch als „Wachstumszone" bezeichnet werden kann. Hier kann Neues entdeckt und sich neuen Herausforderungen gestellt werden.

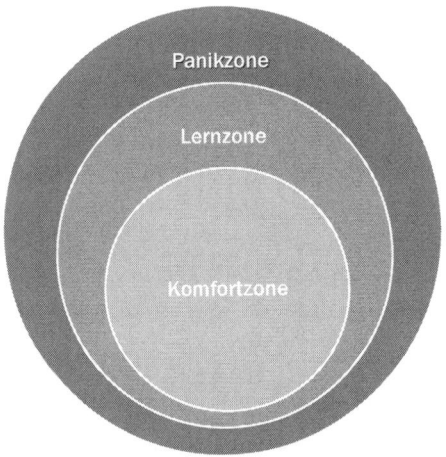

Die Panikzone ist von Überforderung und Angst gekennzeichnet – hier kann nicht mehr gelernt werden, da der negative Stress (Disstress) zu groß ist und dies zu Blockaden im Gehirn führt (vgl. van Frantzius).

Angewandt auf die Lehre an der Hochschule kann dies bedeuten, die einzelnen Phasen im Lernprozess der Studierenden zu würdigen, ihnen angemessen Zeit und Raum zu geben, als auch, den Studierenden die Möglichkeit zu geben, Fehler zu machen und Dinge üben zu können. Darüber hinaus ist es bei der Veranstaltungsplanung von immenser Bedeutung, sich mithilfe der Formulierung von Lehr-Lern-Zielen die Komplexitätsebenen der intendierten Lehr-Lern-Prozesse bewusst zu machen, um immer wieder kritisch danach zu fragen, wie voraussetzungsvoll die gerade dargebotenen Inhalte und Aufgaben sind und ob die Studierenden dafür schon die notwendigen Voraussetzungen mitbringen[6]. Dies vermeidet, dass Studierende in die Panikzone geraten. Weiterhin ermöglicht ein solches Vorgehen es den Studierenden, ihre Ängste vor dem Unbekanntem zu überwinden und sich den Lernprozessen zu öffnen, durch die sie zu einem regelmäßigen Lernzuwachs gelangen können.

---

6   Falls nicht, stellt sich hier die Frage, wie eine Leistungsdifferenzierung als Binnendifferenzierung in der Lehre umgesetzt werden kann. Wir kommen in Kapitel 1.6 unter dem Begriff der diversitätsgerechten Lehre näher darauf zurück.

Sinn, Relevanz, Bedeutung: Warum soll ich das eigentlich lernen?

„Wir lernen und behalten eigentlich [...] nur das, was Sinn ergibt, was wichtig für uns ist und was für uns Bedeutung hat" (Spitzer 2002).

Innerhalb der Gestaltung von Lehr-Lern-Prozessen können Sinn, Relevanz und Bedeutung aus vielerlei Perspektiven heraus hergestellt und erzeugt werden. Wichtig dabei ist, sich darüber bewusst zu sein, dass die Studierenden aus unterschiedlichen motivationalen Zuständen heraus agieren können, als auch, dass die Studierenden ein sehr unterschiedlich gelagertes Interesse am Thema haben können und eine jeweils individuelle Motivation für das Studienfach mitbringen (vgl. Kapitel 1.5.3). Sinn und Bedeutung von etwas generiert jeder Mensch individuell auf der Grundlage seines/ihres Vorwissens, seiner/ihrer Vorerfahrungen und den aktuellen Bedürfnislagen. Dabei ist hervorzuheben, dass der Versprachlichung der eigenen Gedanken innerhalb von Lernprozessen eine große Bedeutung zukommt: Anderen zu berichten, was getan oder gelernt wurde, ist „ein ungewöhnlich wirksames Mittel, neuronale Strukturierungsformen zu unterstützen" (Spitzer 2000, S. 117).

Dies ist auch ein gewichtiges Argument für den in diesem Buch vorgestellten hochschuldidaktischen Aspekt des Peer Learning – bei dem die Peers ihr Wissen weitergeben bzw. versprachlichen ‚müssen' (vgl. Kap. 2).

Im gesprochenen Wort vergegenwärtigt sich, was ich von der Sache/dem Thema, wirklich verstanden habe. Hier können Studierende wahrnehmen, wo sie in ihrem Lernprozess stehen, was sie schon wissen und was noch nicht. Darüber hinaus bildet die Sprache auch ab, wie die Inhalte im Kopf der Studierenden mit bestehenden Wissenslandkarten verknüpft wurden. Aufgrund dieser zahlreichen positiven Effekte ist der *Verbalisierung des Wissens* seitens der Studierenden innerhalb universitärer Lehr-Lern-Settings ein großer Stellenwert beizumessen.

Emotionalität und Kognition: „Intelligente Emotionen" – warum andere Menschen und Emotionen für unsere Lernprozesse relevant sind

„Was den Menschen umtreibt, sind nicht Fakten und Daten, sondern Gefühle, Geschichten und vor allem andere Menschen" (Spitzer 2002, S. 117).

Aus neurobiologischer Sicht ist es unbestritten, dass emotionale, kreative, kognitive und affektive Zugänge eng zusammengehören und zusammenarbeiten. Emotionale Erregungszustände wirken sich sowohl positiv in Form von Interesse, Neugier und Aktivierung auf Lernprozesse und Gedächtnisleistung aus, als auch negativ in Form von Hemmung, Stress und Minderung der Leistungsfähigkeit (s. o.). Studien (beispielsweise von Mechsner

2003; Spitzer 2002 oder Damasio 1995) konnten nachweisen, dass Emotionen sich innerhalb des Lehr-Lern-Kontextes auf drei zentrale Bereiche auswirken: kognitive Ressourcen (1), Lernstrategien (2) und intrinsische/extrinsische Motivation (3).

Zu (1): Das Erleben von negativen Emotionen (z. B. Ärger) verbraucht kognitive Ressourcen, was sich negativ auf die Konzentrationsleistung auswirkt. Dabei konnte für positive Emotionen wie Lernfreude nachgewiesen werden, dass diese zwar auch kognitive Ressourcen beanspruchen, jedoch innerhalb des Lernprozesses dazu beitragen, die Aufmerksamkeitsspanne über einen längeren Zeitraum aufrechterhalten zu können und das Konzentrationsvermögen steigern[7].

Zu (2): Leistungsemotionen beeinflussen den Einsatz von Lernstrategien: so korrelieren positive Emotionen wie Freude und Stolz mit verständnisorientierten, flexiblen Strategien, während Angst und Ärger eher mit rigiden, weniger verständnisorientierten Strategien (wie Wiederholen) zusammenhängen. Darüber hinaus verweist Pekrun (2006; Pekrun/Jerusalem 1999) auf den Einfluss von Emotionen auf die Selbstregulation der Lerner*innen: positive Emotionen begünstigen das Auftreten selbstregulierter Lernprozesse, während negative Emotionen Selbstregulationsprozesse hemmen und eher zu einem rigiden Befolgen externer Regeln führen.

Zu (3): Emotionen wirken sich differentiell auf die Motivationslage von Lerner*innen aus, sie können in aktivierende (Freude, Angst) und deaktivierende (Langeweile, Erleichterung) Emotionen unterschieden werden. Positiv-aktivierende Emotionen (z. B. Lernfreude) bewirken, dass Lerner*innen das Lernen an sich als eine angenehme und belohnende Tätigkeit empfinden, was dazu führt, dass sie vermehrt intrinsisch motiviert an Lernprozesse herangehen. Ist eine Leistungssituation mit dieser Art von Emotionen verknüpft und werden ergebnisbezogene Emotionen miteinbezogen (Vorfreude auf ein gutes Ergebnis), so erhöht sich die Bereitschaft, Anstrengung als Mittel zur Erreichung des Lernzieles einzusetzen, was positive Auswirkungen auch auf die extrinsische Motivation hat.

---

7   „In der Studie von Götz (2004) ergaben sich positive Korrelationen zwischen selbst berichteter Freude und Konzentration. Je mehr Freude die Schüler während eines Mathematiktests erlebten, desto eher gaben sie an, sich ‚voll auf die Lösung der Aufgabe konzentriert' und ‚die Zeit vergessen zu haben'. Dies stand wiederum in einem positiven Zusammenhang mit ihren Leistungen im Test" (vgl. Wild/Möller (Hrsg.) 2015, S. 218).

Sind in einem Lehr-Lern-Setting im Gegensatz dazu negativ-deaktivierende Emotionen wie Langeweile und Frustration vorherrschend, so senkt dies die intrinsische Motivation der Lerner*innen (die Tätigkeit des Lernens um ihrer selbst willen ausführen zu wollen), als auch die extrinsische Motivation (die Bereitschaft, sich für das Erreichen des Zieles anzustrengen)[8].

1.5.1 Arten und Formen des Lernens

Im Sinne der Ermöglichungsdidaktik von Arnold (2015), die sich auf den hier dargestellten konstruktivistischen Lernbegriff (s. o.), den Erkenntnissen der Hirnforschung und einer lerner*innenzentrierten Lehr-Lern-Kultur gründet, liegt allen methodisch-didaktischen Überlegungen die Annahme zugrunde, dass Lehrende durch die Gestaltung von Lehr-Lern-Settings Lernprozesse *ermöglichen,* jedoch nicht instruieren können. Dabei liegt der Schwerpunkt der Methodenauswahl auf sogenannten Konstruktionsmethoden – d. h. auf solchen Lernformen, die einen selbsttätigen Wissensaufbau ermöglichen. Instruktionsmethoden, die eine bloße Reproduktion von Inhalten favorisieren, spielen in diesem didaktischen Verständnis keine Rolle.

Im Folgenden werden einige Arten des Lernens vorgestellt, durch die Studierende zu einem selbstständigen und nachhaltigen Aufbau von Wissensstrukturen gelangen können.

Problemorientiertes Lernen

Problemorientiertes Lernen (POL) steht in der Tradition der sogenannten fragend-entdeckenden Lernformen und stellt ein Lehr-Lern-Verfahren zur Erarbeitung von Themen und Methoden in Gruppen dar. Es basiert in seinem Ablauf und seiner Struktur auf der in den 1960er- bis 1980er-Jahren an der kanadischen McMAster University entwickelten Methode des Problem Based Learning (PBL) (vgl. Marks/Thömen 2001). Das PBL wurde innerhalb der Mediziner*innen-Ausbildung entwickelt, da im Rahmen der klinischen Arbeit auffiel, dass die Studierenden nicht in der Lage waren, das zuvor theoretisch gelernte Wissen, welches hauptsächlich durch Multiple-Choice-Klausuren abgefragt worden war, in der klinischen Arbeit mit den Patienten*innen umzusetzen. PBL sollte zur Überwindung dieser Kluft zwischen Theorie und Praxis beitragen. Inzwischen bauen einige Universitäten ihr gesamtes Lehrkonzept auf PBL auf (z. B. Universität Maastricht). In

---

8 Weitere Ausführungen zum Thema Motivation und die Rolle der Lehrperson finden Sie in Kapitel 1.5.3.

Deutschland wurde PBL erstmals 1992 an der Privatuniversität Witten/Herdecke innerhalb der medizinischen Ausbildung eingesetzt. Die Charité in Berlin bot erstmals 1999 einen alternativen Studiengang parallel zum Regelstudiengang basierend auf PBL an – seit 2010, durch die Einführung des Reformstudienganges Medizin, ist PBL verpflichtendes Lehrformat.

Auch außerhalb der Medizin findet PBL in den Ingenieurswissenschaften, der Betriebswissenschaft und auch den Geistes- und Kulturwissenschaften Anwendung. Durch den Bologna-Prozess und seine stärkere Fokussierung auf den Aspekt der Employability ist dabei das Lehr-Lern-Format des PBL verstärkt in den Fokus gerückt.

Kennzeichen dieser Methode ist, dass die Studierenden selbstverantwortlich und selbsttätig in Gruppen eine an sie gestellte Aufgabe lösen müssen, die in ihrem Gegenstandsbereich und ihrer Aufgabenart konkrete Anwendungsbezüge zum beruflichen Feld aufweist. Dabei wird von der Hypothese ausgegangen, dass Verstehen die Voraussetzung dafür ist, Wissen sinnvoll speichern zu können. Das heißt, dass den Studierenden anstatt von Inhalten in Form von Daten, Fakten und Zahlen ein Fall vorgelegt wird, durch dessen ‚Lösung‘ sie sich die dafür notwendigen Inhalte selbstständig erarbeiten müssen.

Die Konfrontation bzw. die Bearbeitung des Problems dient somit als Mittel, das erforderliche Wissen und die zu vermittelnden Fähigkeiten und Kompetenzen aufzubauen. Die Bearbeitung geschieht in Gruppenarbeit (vgl. Barrows 1986).

Damit diese Art des Lernens gelingt, muss der Fall, an dem gearbeitet wird, einige Kriterien erfüllen: (1) er muss authentisch sein, d.h. an einer realen Situation anknüpfen oder einer realen Situation entsprechen. (2) Der Fall ist paradigmatisch, d.h., er bezieht sich auf in einem Fach oder einer häufig anzutreffenden Kombination von Fächern etablierte Theorien, Methoden, Fragestellungen oder Probleme. (3) Es sind keine Standardlösungen möglich. Weber (2007) unterscheidet fünf Falltypen, nach denen PBL-Fälle gruppiert werden können: PBL-Studienaufgabe, klassische PBL-Problemaufgabe, PBL-Anwendungsaufgabe, PBL-Diskussionsaufgabe und PBL-Strategieaufgabe.

Der Ablauf der Problembearbeitung gliedert sich dabei in sieben Schritte:

Erste Problemanalyse/Gruppenarbeitsphase:
1. Lesen des Falls und Klärung unklarer Begrifflichkeiten etc.
2. Gemeinsame Beschreibung der Problemstellung: „Das zentrale Problem ist, dass…"
3. Brainstorming: Hypothesen und Ideen zum Problem: „Woher kommt das Problem?" „Wie ist es entstanden?" „Was hängt mit wem zusammen?"
4. Systematische Ordnung der Ideen

5. Formulierung von Lern- und Rechercheaufgaben; Selbststudium
6. Erarbeitung von Lerninhalten

Vertiefte Problemanalyse: Gruppenarbeit
7. Informationen austauschen

Zusätzlich zu diesem Szenario können Rollen innerhalb der Gruppenarbeit verteilt werden und/oder die Arbeit kann tutoriell (vgl. Kapitel 2.2.1) begleitet werden.

Strukturell kann PBL als eine Lernform u. a. innerhalb eines Seminars durchgeführt werden. Darüber hinaus kann PBL als Blockunterricht innerhalb eines Kompaktseminars oder einer Projektwoche stattfinden und/oder es kann interdisziplinär gestaltet werden.

Generell ist zur Methode des PBLs zu sagen, dass Studierende Zeit brauchen, um sich die Struktur dieses Lernformates anzueignen, weswegen es Sinn macht, PBL nicht nur einmalig, sondern über einen längeren Zeitraum anzuwenden (beispielsweise über ein ganzes Semester). So erhalten die Studierenden die Möglichkeit, die Wissenserwerbs- und Frage-Kompetenz vertiefend zu erwerben.

Empirische Forschungsergebnisse (z. B. von Cohen-Schotanus et al. 2008; Schmidt et al. 2006; Scholkmann/Küng 2016) zeigen, dass PBL-Studierende einen höheren Kompetenzerwerb in den Bereichen Zusammenarbeit/Kommunikation, systematisches Arbeiten/Problemlösen und spezifische berufliche Herausforderungen aufweisen. In Bezug auf die Wissenserwerbskompetenz zeigt sich kein signifikanter Unterschied zwischen PBL-Studierenden und Regelstudierenden. In Bezug auf die Vollständigkeit des Wissens zeigen ‚traditionell‘ Studierende eine höhere Sicherheit. In Bezug auf die Studienentwicklung und den beruflichen Verbleib lassen sich kürzere Studienzeiten bei Studierenden in PBL-Curricula nachweisen (vgl. Schmidt et al. 2009). In Dänemark schätzen Arbeitgeber die PBL-Ingenieurs-Ausbildung an der Universität Aalborg als die beste in Dänemark, weil ihre Absolventen*innen eine hervorragend ausgebildete mündliche Kommunikationskompetenz aufweisen (vgl. de Graaf 2008).

Nach Savin-Baden (2000) kann PBL in Bezug auf die Zielsetzung von Curricula zur

- Förderung der *epistemologischen Kompetenz* (Nachvollziehen wissenschaftlicher Erkenntnisprozesse)
- Förderung der *beruflichen Handlungskompetenz* (Anwendung von Wissen auf konkrete berufliche Handlungssituationen)
- Förderung des *interdisziplinären Verständnisses* (Verständigung und Nachvollziehen von Wissen und Prozeduren in mehreren Fächern)

- Förderung des *transdisziplinären Lernens* (Grenzen und Erweiterungen der eigenen Disziplin)
- Förderung eines *kritischen Diskurses* (kritische Auseinandersetzung mit Wissensinhalten, die zu deren Vertiefung und weiterführenden Entwicklung führen) eingesetzt werden.

Rolle des Lehrenden bei PBL

Innerhalb des PBL übernimmt die Lehrperson konsequent die Rolle des/der Lernbegleiter*in (vgl. Kapitel 4), die/der die Lern- und Arbeitsprozesse der Studierenden beobachtet und (bei Bedarf) beratend zur Seite steht. In Ausnahmefällen – falls die Studierenden in der Problemlösung eine völlig ‚falsche‘ Richtung einschlagen oder sich in einer sehr ‚festgefahrenen‘ Situation befinden – kann die Lehrperson darüber hinaus korrigierend intervenieren. Das Ausmaß und die Art und Weise dieser Intervention sollten jedoch im Vorfeld gut durchdacht sein, da diese sonst – bei einer zu starken Lenkung oder Korrektur – die gesamte Lernmethode ad absurdum führen.

Weitere Formen des Lernens, die einen hohen Praxisbezug haben, sind z. B. Fallarbeit und Projektorientiertes Lernen. Innerhalb der Fallarbeit wird anhand von realen und/oder von der Lehrkraft konstruierten Fällen die Anwendung von Wissensinhalten erprobt. In Projekten mit Kooperationspartner*innen des zukünftigen Berufsfeldes können erste Realerfahrungen gemacht und reflektiert werden (vgl. Kapitel 5.2). Studierende können sich dabei vermehrt in handlungsleitenden Rollen erleben und Verantwortungsbereiche verwalten.

Forschendes Lernen

> „Forschendes Lernen zeichnet sich dadurch aus, dass die Lernenden den Prozess eines Forschungsvorhabens [...] in seinen wesentlichen Phasen – von der Entwicklung [...] über die Wahl und Ausführung der Methoden bis zur Prüfung und Darstellung der Ergebnisse in selbstständiger Arbeit [...] in einem übergreifenden Projekt – (mit)gestalten, erfahren und reflektieren" (Huber 2009, S. 11).

Diese Form des Lernens hat in den verschiedenen Fachkulturen der Hochschulen eine unterschiedlich gelagerte Tradition: in den Naturwissenschaften und der Medizin ist diese seit jeher Bestandteil der Arbeit im Labor gewesen – sie findet nun aber (auch) verstärkt in den Geistes- und Sozialwissenschaften Anwendung.

Es können dabei nach Huber (2009, S. 28 f.) verschiedene *Formen und Formate* des Forschenden Lernens unterschieden werden. Zum Beispiel:

- Erkundungen in oder außerhalb Hochschule, Exkursionen, *field studies* (siehe Kapitel 5.2)
- Projektstudien in unterschiedlichster Größenordnung
- Planspiele (siehe Kapitel 5.1) und andere Simulationen

Je nach Studiengang sind diese Arten des Lernens bereits fest in den Curricula verankert: so schließt das Medizinstudium immer schon die Lehre am Krankenbett und die Verzahnung zwischen einem vorklinischen und einem klinischen Teil ein. Innerhalb der Naturwissenschaften verbindet sich das theoriegeleitete Lernen in Vorlesung und Seminar sich mit handlungsorientierten Lernprozessen im Labor. Und innerhalb pädagogischer Studiengänge und der Lehramtsausbildung findet eine Verzahnung von außeruniversitären Lernprozessen in Praktika und Hospitationen in der Schule und deren Reflexion in der Universität statt.

1.5.2 Lerntypen, Lernstrategien und Lernstile

Die Art und Weise, wie wir lernen, hängt sehr stark mit unseren biographischen Lern- und Sozialisationserfahrungen zusammen, wie wir in Kapitel 1.4 bereits ausführlich für die Lehrpersonen betrachtet und diskutiert haben. Dasselbe gilt natürlich auch für die Studierenden.

Studierende kommen mit unterschiedlichem Vorwissen und mit einem unterschiedlich gelagerten Interesse an die Universität, was ihre Motivation und Ausrichtung stark beeinflussen:

> „Der erworbene Hochschulabschluss spricht für eine hohe Formalbildung und lässt doch gleichzeitig offen, ob er von einem selbstbewussten oder unsicheren Studenten erworben wurde, dessen Motive für das Studium ebenso in der Befreiung aus einem bevormundenden Elternhaus wie im Wunsch nach hohem Status und Einkommen liegen können, während andere Kommilitoninnen und Kommilitonen vielleicht eher die fachliche Kompetenz oder bestimmte berufspraktische Gesichtspunkte im Blick haben" (ebd., S. 56).

An der Universität Hannover wird seit den 1980er-Jahren mit der Theorie und Methode der typenbildenden Mentalitäts- und Milieuanalyse in Anlehnung an die Forschungsarbeiten von Bourdieu und früheren Studien der englischen *cultural studies* die Reproduktion sozialer Klassen durch die ungleiche Verteilung von Bildungschancen erforscht (ebd.). Bildungsentscheidungen und -prozesse werden in diesem Sinne als Ergebnis des Zusammenwirkens von milieu- und habitusspezifischen Schemata und Praktiken mit den Anforderungen und Spielregeln des konkreten Handlungsfeldes verstanden. Diese Annahme, dass rationale Entscheidungen von Heranwachsenden in einem direkten Zusammenhang zu den äußeren Handlungsbedingungen (Milieu) und inkorporierten Schemata (Habitus) stehen, kann dabei durch empirische Untersuchungen bestätigt werden, die dort seit 1989 durchgeführt wurden und sich insgesamt auf 800 Fälle summieren lassen (ebd., S. 61). Dabei werden in diesen Studienergebnissen durchaus Formen des sozialen Wandels deutlich, der sich in Form von *Differenzierungen* zeigt, die sich in der Regel durch die Umstellung der Klassenmilieus nach den neuen gesellschaftlichen Herausforderungen vollziehen und in diesem Sinne dem Grundgedanken der sozialen Reproduktion nicht widersprechen[9].

Auf Mikroebene wird dabei in Bezug auf das tatsächliche Agieren der Studierenden in der Institution Universität davon ausgegangen, dass *in* den *Austauschprozessen* zwischen den Studierenden und dem akademischen Feld soziale Ungleichheit entsteht (ebd., S. 57 f.).

Verfolgt man diesen Gedanken weiter, bedeutet dies für Lehrende an einer Universität, dass sie durch ihr Handeln an dieser Konstruktion sozialer Ungleichheit Anteil haben. Dabei gibt es bisher keine Forschungsergebnisse, die beschreiben, wie *konkret* diese soziale Ungleichheit *im* Bildungsprozess entsteht (ebd., S. 55).

Auch wenn bisher diese konkreten Forschungsergebnisse fehlen, so erwachsen in Anlehnung an die in Kapitel 1.6 ausgeführten Überlegungen zum Bourdieu'schen Begriff des *homo academicus* und den Grundannahmen zum Begriff der Diversität (Kapitel 1.6) aus diesen Überlegungen heraus unseres Erachtens für Lehrende zwei zentrale Aspekte: 1. Die Notwendigkeit der Bewusstheit über den eigenen Bildungshabitus; 2. Die Loslösung von Grundannahmen darüber, was Studierenden ganz selbstverständlich können und wissen sollen, hin zu einem wirklichen Kennenlernen dieser.

Dies bedeutet, Studierende danach zu befragen, in welchen Kontexten sie das Lernen gelernt haben, welche Motive sie zur Aufnahme des Studiums und zur Wahl dieses Faches haben/hatten und welche Unterstützungsmaßnahmen ihnen in der Vergangenheit innerhalb der Erreichung von Lernzielen zuteil wurden und/oder hilfreich waren/gewesen wären.

All diese Faktoren hatten in der Vergangenheit einen erheblichen Einfluss darauf, wie Studierende Lernstrategien entwickelt und aufgebaut haben – und diese sind für uns Lehrende Ausgangspunkt unseres Handelns.

---

9   „Solche Differenzierungen finden sich häufig in Gestalt von Umstellungen auf Bildungskapital, die wir derzeit verstärkt, auch in der Untersuchung über die Studierendenmilieus, in den Milieus finden, deren Statusstreben in der Vergangenheit eher auf Investitionen in soziales als in kulturelles Kapital beruhte" (Lange-Vester/Teiwes-Kügler, in: Georg 2006, S. 61)

Lerntypen

Die Einteilung von Lerner*innen nach sogenannten Lerntypen stellt im Rahmen der Frage nach einer Einteilung dieser *eine* Form der Kategorisierung der Vielfalt der Studierenden dar, die als nicht unproblematisch anzusehen ist, wie es unter dem Grundgedanken der Diversität (siehe Kap. 1.6) diskutiert wird.

Nach Frederic Vester (in Brinker/Schumacher 2014, S. 19) werden vier Lerntypen unterschieden, die laut seiner Annahme in der Regel in Mischformen auftreten (Abb. 17).

Abb. 17: Lerntypen nach Vester (2009)

auditiv	durch Hören und Sprechen
optisch/visuell	durch das Auge: Beobachtung, Bilder, Graphiken
haptisch/kinästhetisch	durch Anfassen, Fühlen, selber machen, ausprobieren (im praktischen Sinne)
intellektbetont	durch den Intellekt Dinge erfassen: lesen, schreiben, über die Inhalte nachdenken

Innerhalb der Lehr-Lern-Forschung finden sich verschiedene Begrifflichkeiten, die das Lernverhalten von Menschen beschreiben: z.B. Lerntyp, Lernstil, Lernpräferenz oder Lernorientierung (vgl. Groß 2013). Generell können die drei genannten Begriffe *Lerntyp, Lernstil, Lernpräferenz* verschiedenen *Lernstiltheorien* zugeordnet werden (vgl. ebd.). Die Auffassungen und Meinungen innerhalb der Lernstilforschung differieren dabei hinsichtlich der Frage, „ob bzw. inwiefern die bevorzugte Art und Weise eines Individuums zu lernen als eine stabile, statische oder als eine grundsätzlich veränderbare Eigenschaft des Menschen aufgefasst werden kann" (vgl. ebd., S. 193). Dabei wird der Begriff des „Lerntyps" denjenigen Lernstiltheorien zugeordnet, die davon ausgehen, dass die Art und Weise, wie Menschen lernen, mit stabilen und unveränderbaren Persönlichkeitseigenschaften in Zusammenhang steht (vgl. ebd.). Wie in Kapitel 1.5 ausgeführt, gehen Brinker/Schumacher (2014) davon aus, dass das erlebte Lebensumfeld des Kindes im Alter von 0 bis 18 Monaten einen Einfluss auf die Herausbildung bestimmter Wahrnehmungspräferenzen in Form von neuronalen Verknüpfungen im Gehirn hat und dies die Grundlage für die Entwicklung des eigenen Lernstils bildet. Bezug nehmend zu den Forschungsergebnissen, die die *Neuroplastizität* des Gehirns belegen (Spitzer 1996) und offerieren, wäre kritisch danach zu fragen, in wieweit diese frühen neuronalen Vernetzungen und die sich daraus ergebenden „Lerntypen" über die Lebensspanne eines Menschen hinweg unveränderlich und stabil sind. „Coffield et al. (2004) [weisen] kritisch darauf hin, dass es keine ausreichenden empirischen Belege für ein stabiles, in der Persönlichkeit des Menschen verankertes Lernverhalten gibt" (ebd., S. 195).

Andere Lernstiltheorien fokussieren mehr auf die Informationsverarbeitungsprozesse beim Lernen und beschreiben dabei unterschiedliche und veränderbare – d.h. nicht-stabile – Verarbeitungsstile.

Die dritte Gruppe der Lernstiltheorien operiert mit dem Begriff der *Lernpräferenz* und richtet dabei ihren Blick auf das den/die Lernende*n umgebende Lernumfeld. Dabei wird angenommen, dass die bevorzugte Art und Weise eines Menschen, zu lernen, in Abhängigkeit steht zu „emotionalen, sozialen und physischen Bedingungen und damit leicht beeinflussbar und veränderbar sowie auf eine bestimmte Lernaufgabe hin modifizierbar (sind)" (vgl. ebd., S. 193).

An dieser Stelle kann aus hochschuldidaktischer Sicht – abstrahierend von den lerntheoretischen Annahmen und forschungsinternen Diskussionen – festgehalten werden, dass Lernen ein hochkomplexer Prozess ist, der von der Persönlichkeitsstruktur des/der Lernenden, seinen/ihren biographischen Lernerfahrungen (in familiären, pädagogischen und sozialisationsbedingten Dimensionen) und der gegebenen Lernumgebung und ihrer Lernaufgabe im situativen Kontext beeinflusst wird.

Diese Komplexität und Individualität von Lernprozessen ist Ausgangspunkt jeglicher Form universitären Lehrens und Lernens.

1.5.3 Motivierung von Lernenden

In der Diskussion um die fehlende Motivation von Studierenden in Lehrveranstaltungen kommen häufig plakative Annahmen von Lehrenden zum Tragen: Studierende entscheiden sich aus freien Beweggründen für ein Studium. Ist es da vermessen anzunehmen, dass sie ein gewisses Grundmaß an intrinsischer Motivation für ihr Studium aufbringen? Und kann man nicht davon ausgehen, dass Studierende grundsätzlich bereit sind, sich motivieren zu lassen, wenn ihnen eine intrinsische Motivation fehlt? Es wäre immerhin ein sehr pessimistisches Studierendenbild, sollte man diese Fragen nicht mit „ja" beantworten – und doch beklagen sich Lehrende immer wieder über das unmotivierte Lernverhalten von Studierenden. In der Literatur sucht man häufig vergeblich nach einer Verknüpfung von theoretischen (vornehmlich psychologischen) Auseinandersetzungen mit den Begriffen Motiv, Motivation, Motivierung und daraus resultierenden didaktischen Hinweisen bzw. Lernarrangements. Wir werden uns deshalb in diesem Kapitel darum bemühen, zunächst die Begriffe Motiv, Motivation und Motivierung zu definieren, um anschließend eine Umsetzung in der Lehrpraxis zu diskutieren. Dabei sei vorweggeschickt, dass es nicht darum geht, ein ‚Rezeptbuch' für motivierte Studierende oder motivierende Settings zu schreiben. Vielmehr sollen die Lehrenden Anknüpfungspunkte für ihre eigene Lehre finden, die sie auf ihr didaktisches Verständnis und ihr Rollenverständnis anpassen können.

Unterscheidung Motiv und Motivation

In der psychologischen Fachdiskussion ist ein Motiv eine Disposition, nach einem bestimmten wertgeladenen Zielzustand zu streben. Ein Motiv ist also kurz gesagt eine Wertungsdisposition: Wenn ich dazu tendiere, meine Aktivitäten häufig nach dem Ziel auszurichten, gute Leistungen (z. B. im Studium und Beruf.) zu erbringen (und somit Leistung als etwas Positives *werte*) kann man bei mir von einem ‚Leistungsmotiv' sprechen. Ein Motiv ist somit eine *überdauernde Handlungsbereitschaft* bei einer bestimmten Person. Rheinberg/Vollmeyer (2008) unterscheiden drei Arten von Motiven, die ihrer Ansicht nach maßgeblich unsere Handlungen prägen:

- *Leistungsmotiv:* etwas besonders gut zu machen, sich selbst zu übertreffen, Kompetenzen zu entwickeln
- *Machtmotiv:* sich durchzusetzen, Macht und Einfluss zu gewinnen, zu dominieren
- *Anschlussmotiv:* neue Kontakte zu finden, Vertrauen zu erzeugen, von anderen geschätzt zu werden

Sie gehen davon aus, dass jeder Mensch mindestens diese drei Motive (ggf. auch mehr) in sich trägt und zwar in einer individuell ausgeprägten Mischung. In der Regel ist jedoch eines dieser Motive für uns handlungsleitend. Dies gilt insbesondere für den Lehr-Lern-Kontext in Schule und Hochschule. Dabei ist Leistung das bis heute am intensivsten erforschte thematische Feld der Motivationspsychologie, obwohl Anschluss und Macht nicht weniger sozial bedeutsame Bereiche menschlichen Zielstrebens sind (vgl. Brandstätter et al. 2013).

Haben wir oben ein Motiv als eine überdauernde Handlungsbereitschaft definiert, ist Motivation dagegen ein *aktueller Prozess, der durch die Anregung eines Motivs ausgelöst wird.* Motivation ist ein Zustand einer Person zu einem bestimmten Zeitpunkt, d. h. in einer bestimmten Situation. „Die aktuell vorhandene Motivation einer Person, ein bestimmtes Ziel anzustreben, wird von personenbezogenen und von situationsbezogenen Einflüssen geprägt. Dazu gehören auch die antizipierten Handlungsergebnisse und deren Folgen" (Heckhausen/Heckhausen 2006, S. 3). Das Konzept der Motivation wird meist zur *Handlungserklärung* herangezogen. Motivation wird dann als *Produkt von Erwartung und Wert* aufgefasst. Mit Erwartung ist die subjektive Wahrscheinlichkeit gemeint, mit der man sein Ziel erreichen kann. Mit „Wert" ist hierbei die subjektiv eingeschätzte Wertigkeit des angestrebten Ziels gemeint. Sprich: Je wahrscheinlicher jemandem die Zielerreichung erscheint und je wichtiger dieser Person das Ziel ist, umso mehr wird sie motiviert sein und je mehr Anstrengung wird sie unternehmen, um das Ziel zu erreichen.

Stellt man einen Bezug zur Lernmotivation her, unterscheidet Schiefele (2008) zwischen intrinsischer und extrinsischer Motivation. Im Vergleich zu den zeitlich überdauernden Motiven, die unser Handeln ein Leben lang prägen, ist Motivation zeitlich begrenzt. Dabei ist die Dauer sehr unterschiedlich und sehr individuell von Themen abhängig. Allerdings lässt sich festhalten, dass eine intrinsische Motivation eine längere ‚Halbwertszeit' aufweist als eine extrinsische Lernmotivation. Dabei drückt sich intrinsische Lernmotivation durch ein reines Lernen aus Neugier und Interesse aus und ist gekennzeichnet durch Freude am Lernen (vgl. Kapitel 1.5 Lernen). Extrinsische Lernmotivation beinhaltet dagegen eher ein Streben nach positiver Rückmeldung von außen und nach sozialer Anerkennung durch gute bzw. sehr gute Leistungen. Man lernt, um andere zu übertreffen bzw. die eigene überlegene Fähigkeit zu demonstrieren und ggf. materielle Ziele zu erreichen. Eine typische extrinsische Lernmotivation in der Hochschule ist aber auch das Lernen, um später eine bestimmte berufliche Laufbahn einschlagen zu können.

Die Unterscheidung von extrinsischer und intrinsischer Motivation im Lernprozess hat die Diskussion um effektive Lernprozesse stark geprägt. Weinert fasst die durchaus normativ geführte Diskussion folgendermaßen zusammen:

> „Positiv zu bewerten sind [...] vor allem intrinsische Beweggründe zum Lernen, also das persönliche Interesse an den Lerninhalten, die Lust am Lernen selbst und die Freude am Erreichen selbst gesetzter Ziele. Demgegenüber werden äußere Zwänge, aber auch erwartete Belohnungen als Triebfeder des Lernens negativ beurteilt [...] Auf der anderen Seite gilt aber auch: Wenn die spontane Motivation zum Erwerb notwendiger oder nützlicher Kompetenzen beim Lerner fehlt oder gestört ist, so sind extrinsische Anregungen, Anreize und Bekräftigungen wirksame, keineswegs schädliche Mittel zur Motivierung des Lernens" (Weinert/Helmke 1997, S. 17).

Wenn jedoch vor allem die intrinsischen Beweggründe zum Lernen positiv zu bewerten sind, drängt sich die Frage auf, wie diese im Lernprozess gefördert werden können. Pintrich und Schunk (1996) geben hierfür vier Möglichkeiten an:

- *Challenge* students' skills with activities of intermediate difficulty. Ensure that students do not become bored with easy tasks or reluctant to work on tasks perceived as overly difficult.
- *Curiosity:* Present ideas slightly discrepant from learners' existing knowledge and beliefs. Incorporate surprise and incongruity into classroom activities.
- *Control:* Allow students choices in activities and a voice in formulating rules and procedures. Foster attributions to causes over which they have some control.
- *Fantasy:* Engage students in make-believe activities, games and simulations. Ensure that the motivational embellishments are task relevant and not too distracting.

Diese Ansätze zur Förderung der intrinsischen Motivation richten sich vornehmlich an Lehrende und ihre Gestaltung des Lehr-Lern-Kontextes. Sie verlangen ein hohes Maß an Selbstreflexion der Lehrperson und eine intensive Auseinandersetzung mit der Lerngruppe. Denn – wie sollte eine Lehrperson beispielsweise eine „intermediate difficulty" erreichen, ohne dass sie das Vorwissen der Studierenden kennt? Diese Anregungen zur Förderung der intrinsischen Motivation hinterfragen auch das Selbstverständnis der Lehrperson: Ist diese beispielsweise überhaupt bereit, Studierende über die eigenen Aktivitäten entscheiden zu lassen? Hält sie das in dem jeweiligen Themenkomplex überhaupt für sinnvoll? Eine intensive Auseinandersetzung mit dem Rollenverständnis als Lehrperson haben wir in Kapitel 1.4 bereits dargestellt. Wie Weinert und Helmke (1997) ausgeführt haben, sollten extrinsische Anregungen, Anreize und Bekräftigungen zum Lernen dann greifen, wenn die intrinsische Motivation nicht ausreicht. Dies meint auch Anreize, die durch die Lehrperson gegeben werden, außerhalb einer Prüfung. Wir definieren dies als die Motivierung von Studierenden durch Lehrpersonen. Im nächsten Kapitel werden verschiedene Möglichkeiten dargestellt, wie Lehrende den Lernprozess für Studierende motivierend gestalten können.

Motivierung von Studierenden

Lehrende, die ihre Aufgabe als Lehrperson ernst nehmen und denen der Lernerfolg der Studierenden wichtig ist, stellen sich häufig die Frage, wie sie die Studierenden motivieren können. Dies gilt insbesondere für die Bereiche einer Veranstaltung, in denen zu erwarten ist, dass die intrinsische Motivation der Studierenden nicht ausreichen könnte, um den Lernprozess bis zum Ende durchzuführen. Leider gibt es bisher kein Patentrezept, mit dem sich Motivation „herstellen" lässt. Relativ deutlich zeigt die motivationspsychologische Forschung aber eine Reihe von Faktoren auf, die zur „Demotivation" von Lerner*innen beitragen (vgl. Prentzel 1997; Mietzel 2007; Brandstätter et al. 2013). Es sei darauf hingewiesen, dass die folgenden „Demotivatoren" häufig völlig unbeabsichtigt und mit einer ursprünglich guten Absicht aktiviert werden.

Vage Anforderungen und intransparente Ziele. Wenn Lehr-/Lernziele unklar oder unpräzise formuliert bleiben, führt dies aufseiten der Studierenden zu Orientierungsproblemen mit demotivierender Wirkung. Dies gilt für die Ziele der gesamten Veranstaltung über das Semester hinweg genauso wie für Ziele für einzelne Sitzungen.

Missachtung der Autonomie der Lernenden. Die Einengung von Spielräumen und das detaillierte Vorschreiben und Kontrollieren führt nachweislich zu einer Reduktion der Lernmotivation von Studierenden. Natürlich kann das Setzen von Meilensteinen, Abgabefristen oder die Kontrolle von Arbeitsergebnissen für einige Studierende nicht nur den Lernprozess strukturieren, sondern auch motivierend wirken. Allerdings ist ein ‚Zuviel' im Kontrollieren und der damit einhergehende Autonomieverlust der Studierenden der entscheidende Punkt. Hier bedarf es ggf. einer guten Kommunikation mit den Studierenden, wann welche Partei eine Kontrolle als zu stark empfindet.

Mangelnde Kompetenzunterstützung. Wenn Lehrende den Lernenden wenig zutrauen, ‚färbt' das auf die Lernenden ‚ab'. Die Bekundung von mangelndem Vertrauen in die Kompetenzen der Lernenden kann völlig unbeabsichtigt erfolgen. Dies geschieht z.B. durch sprachliche Rückmeldungen und Gesten, die den Lernenden signalisieren, dass sie nur schwer in der Lage sein werden, die Anforderungen aufzugreifen und zu bewältigen. Deci und Ryan (1993) zeigen, dass nicht nur abwertende Rückmeldungen demotivierend wirken: Auch positives Feedback kann, wenn es nicht ehrlich gemeint ist oder sich auf allzu triviale Erfolge bezieht, demotivierende Effekte zur Folge haben.

Fehlendes Interesse aufseiten von Lehrenden. „Was interessiert mich der Lernstoff?" Lehrende, die sich anmerken lassen, wie gestresst, genervt und gelangweilt sie selbst von den Lerninhalten sind, stecken ihre Studierenden früher oder später an. Systematische Beziehungen zwischen dem Interesse der Lehrenden an dem zu vermittelnden Stoff und der Motivation von Studierenden sind erwiesen (Entwistle/Entwistle/Trait 1993). Gerade in den Grundlagenfächern kann dies massiven Einfluss auf die Lehre haben, wenn beispielsweise Lehrende eine Einführungsvorlesung zum x-ten Mal halten und nur noch aus einem Skript ablesen.

In Anlehnung an die oben formulierten Demotivations-Prinzipien, sollen an dieser Stelle einige *Anregungen* gegeben werden, wie Sie das Andocken an Interessen und die Entwicklung von Motivation begünstigen können. Grundsätzlich sei noch einmal darauf hingewiesen, dass Lehrende Motivation bei Studierenden nicht *machen* können. Die Aufgabe von Lehrenden ist es, die Voraussetzungen für eine kooperationsfördernde Arbeitsatmosphäre zu schaffen. Hierzu ist es wichtig, die häufig eher konsumorientierte Lern- und Arbeitshaltung der Studierenden zu durchbrechen und sie so weit wie möglich aktiv in den Lern- und Arbeitsprozess einzubeziehen.

Abb. 18: Ansatzpunkte zur Motivierung im seminaristischen Kontext in Anlehnung an Marks (2002)

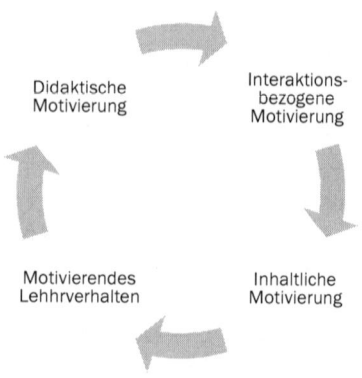

Marks (2002) unterscheidet vier Ansatzpunkte (Abb. 18), in denen Lehrende besondere Unterstützung leisten können, um die Studierenden in ihren Seminaren zu motivieren: Inhaltliche Motivierung, Didaktische Motivierung, Motivierendes Lehrverhalten und Interaktionsbezogene Motivierung. Dabei bezeichnet der Begriff Motivierung für ihn „den affektiven Wirkungsaspekt didaktischen Handelns" (ebd., S. 2). Die von ihm vorgeschlagenen Maßnahmen zielen vor allem darauf ab, das didaktische Arrangement so zu gestalten, dass es sich auf eine positive Gestimmtheit der Studierenden und auf deren sinnvolle Aktivierung auswirkt. Er distanziert sich von einem permanent vorhandenen Zustand der Motivation, sondern versteht Motivierung als einen gruppendynamischen Prozess, an dem die Lehrperson gleichermaßen beteiligt ist wie die Studierenden.

Marks stellt heraus, dass der Ansatzpunkt der inhaltlichen Motivierung in der Hochschullehre zwar meistens die wichtigste Motivierung ist, die Interaktionsdimension sich oft allerdings am nachhaltigsten auf die Lernatmosphäre eines Seminars oder Vorlesung auswirkt. Er gibt zu bedenken, dass Lehrende in einzelnen Ansatzpunkten Stärken und in anderen Schwächen haben können und diese sich gegenseitig überlagern oder aufwiegen können. Letztlich zielt sein Modell darauf ab, unterschiedliche Erklärungsansätze zu bieten, warum ein Motivierungsversuch in der einen Lerngruppe mit einer bestimmten Lehrperson funktionieren kann und in einer anderen Lerngruppe oder mit einer anderen Lehrperson scheitern kann (vgl. Marks 2002). Im Folgenden sollen die vier Ansatzpunkte kurz skizziert werden:

Inhaltliche Motivierung. Es wäre wünschenswert, dass das Interesse der Studierenden und das zu vermittelnde Fachwissen möglichst deckungsgleich wären, jedoch besteht hier nicht selten eine erhebliche Diskrepanz. Die Ausgangsmotivation der Studierenden zum Besuch einer Lehrveranstaltung kann mitunter sehr ernüchternd für Lehrende sein (etwa die Passung mit dem Stundenplan). In einem solchen Fall würde eine inhaltliche Motivierung bedeuten, den Studierenden den Inhalt so attraktiv darzustellen, dass sie ein echtes Interesse daran entwickeln. Was sind beispielsweise Probleme, die sie nach dem Besuch der Lehrveranstaltung lösen können, die sie jetzt noch nicht lösen können? Letztlich geht es darum, die Bedeutsamkeit des Lerngegenstandes herauszustellen, da Studierende oft noch nicht in der Lage sind, die Relevanz bestimmter Inhalte zu ermessen. Dabei bietet es sich an, an den Erfahrungen der Studierenden anzuknüpfen und als Lehrperson auch das eigene persönliche Interesse an dem Thema zu verdeutlichen.

Didaktische Motivierung. Dieser Ansatzpunkt ist vermutlich derjenige, bei dem sich das breiteste Spektrum von Möglichkeiten zur Motivierung aufzeigen lässt – zumindest, wenn man die unterrichtsmethodische Diskussion der letzten Jahrzehnte betrachtet. Im Sinne einer präventiven Handlung und einer Motivierung von Beginn an, unterscheidet Marks (2002) vor allem drei Planungsaspekte, die er weiter ausführt: Das Seminarkonzept, den Medieneinsatz und den Methodenwechsel. Für ihn ist die strukturierte, lernzielorientierte und gründliche Planung einer Lehrveranstaltung einer der Schlüssel zur motivierenden Lehre. Denn diese bietet die notwendige Orientierungsgrundlage, um Transparenz über den Verlauf des Seminars herstellen zu können. Die Verwendung von unterschiedlichen und wechselnden Medien und Methoden stellt für ihn einen weiteren wichtigen Aspekt bei der didaktischen Motivierung dar.

Motivierendes Lehrverhalten. Wir sind in diesem Buch bereits mehrfach auf die Bedeutung der Rolle der Lehrperson eingegangen. Für ein motivierendes Lehrverhalten ist es laut Marks wichtig, dass die Lehrperson weiß, worin ihre persönlichen Stärken bestehen, diese zielgerichtet einsetzt und die Bereiche, in denen sie sich unsicher fühlt, methodisch überwindet. Er geht davon aus, dass es für ein motivierendes Lehrverhalten bedeutsamer ist, dass sich eine Lehrperson ihrer Einstellung gegenüber sich selbst, dem Lerninhalt, dem Lernprozess und den Studierenden bewusst ist, als alleine die Bereitschaft motivierend auf die Studierenden einwirken zu wollen (ebd., S. 8). Eine positive Grundhaltung in Bezug auf Inhalt, Lernprozess und Studierende sowie eine Identifikation mit der eigenen Rolle wirke sich demnach nachhaltig auf die Kommunikationsprozesse in der Lerngruppe und die Lernatmosphäre aus. Das würde wiederum die Studierenden zur Mitarbeit motivieren, die eine innere Begeisterung der Lehrperson leicht spiegeln würden.

Interaktionsbezogene Motivierung. Marks geht davon aus, dass eine zielgerichtete Interaktion zwischen den Studierenden dazu führt, dass deren Bereitschaft, Verantwortung im Lernkontext zu übernehmen, steigt. Interaktion wirke leistungsverbessernd, begünstige Kreativität und Zusammenarbeit. Dabei konnte die Hirnforschung, wie in Kapitel 1.5 Lernen dargestellt, nachweisen, dass der Austausch über Lerngegenstände und Inhalte die neuronale Repräsentanz und Strukturierung dieser in erheblichem Maße fördert. Studierende erleben sich dadurch mehr als wirkliche aktive Akteur*innen ihres Lernprozesses. Darüber hinaus bietet sie die Möglichkeit, die Anonymität der Hochschule zu überwinden und die Eigenaktivität der Studierenden zu unterstützen. Marks sieht vor allem drei Möglichkeiten, die Interaktion zielgerichtet zu fördern: Durch die gemeinsame Erarbeitung eines Zielkorridors, die Unterstützung einer sozialfreundlichen Atmosphäre im Lernprozess und die Verständigung über gemeinsame Erfolge.

Die in diesem Kapitel eingangs schon dargestellten Motive nach Rheinberg/ Vollmeyer (2008) führen nun in Verbindung mit den Überlegungen zur Motivierung von Studierenden zu der Besonderheit, dass in einer Lerngruppe 10, 35, 70 oder 400 Studierende sind, die jede*r für sich eine ausgeprägte Mischung dieser Motive in sich tragen. Gleichzeitig sprechen bestimmte Motive besser oder schlechter auf bestimmte Motivierungsversuche an. Hat ein Student oder eine Studentin beispielsweise ein ausgeprägtes Anschlussmotiv und versucht, viele Kontakte zu schließen und von anderen geschätzt zu werden, wird diese Person sicherlich sehr stark auf interaktionsbezogene Motivierungsansätze ansprechen (beispielsweise Gruppenarbeiten). Auch Studierende mit einem ausgeprägten Machtmotiv könnten auf diese Motivierungsansätze ansprechen, können sie sich doch in der Situation sich ggf. durchzusetzen oder Entscheidungsträger*in in einer Arbeitsgruppe werden. Studierende mit einem ausgeprägten Leistungsmotiv fühlen sich dagegen evtl. durch die Zusammenarbeit mit vermeintlich schwächeren Studierenden in ihren (Lern-)Möglichkeiten behindert und agieren eher demotiviert. Sie würden dagegen sehr stark auf eine inhaltliche Motivierung reagieren, die ihnen Möglichkeiten bietet, das eigene Wissen zu reflektieren und neues Wissen zu kreieren.

Dies ist für Lehrpersonen ein Erklärungsansatz, warum bestimmte Motivierungsversuche in bestimmten Gruppen wunderbar geklappt haben und zu einer ‚brennenden‘ Arbeitsatmosphäre geführt haben und in anderen Lerngruppen dieselben Motivierungsversuche vermeintlich schiefgelaufen sind und keine Wirkung erzielt haben. Gleichzeitig führt eine intensive Auseinandersetzung mit der Lerngruppe ggf. dazu, dass die Lehrperson durch die Zusammenführung dieser Modelle neue Wege der Motivierung für sich entdeckt.

1.6 Diversität

„Das Wissen gründet sich am Schluss auf die Anerkennung." (L. Wittgenstein, Über die Gewissheit)

„Wie verschieden die Studenten sonst auch sein mögen, eine Rolle ist ihnen gemeinsam, das Studenten-Sein, das heißt, sie sind, selbst wenn ihnen aller Eifer und alle Übung mangeln, im Hinblick auf ihre berufliche Zukunft objektiv und subjektiv einer Institution unterworfen, die mit dem Examen ein wesentliches Mittel zum gesellschaftlichen Erfolg monopolisiert. Aber dass die Studenten sich in der gleichen Situation befinden, bedeutet nicht, dass sie sie auch in der gleichen Art und vor allem kollektiv erfahren" (Bourdieu/Passeron 1971, S. 30).

Wir wollen uns dem Thema im Folgenden schrittweise annähern, indem wir den Begriff „Diversität" genauer bestimmen und ihn von Begriffen der „Heterogenität" und des „Diversity Management" abgrenzen. „Gender" bzw. „Genderkompetenz" soll als eine Unterkategorie der Diversitätskompetenz der Lehrenden darauf folgend kurz akzentuiert werden.

Begriffsbestimmung ‚Diversität'

Diversity wurde als Thema in den 1990er-Jahren „von deutschen Töchtern amerikanischer Konzerne" (Spelsberg 2013, S. 25) aus den USA importiert und auf deutsche Unternehmen übertragen. Im Mittelpunkt dieser Konzepte steht der Gedanke der *Nutzbarmachung* von personeller Vielfalt zur Erreichung ökonomischer Vorteile (Diversity Management/Managing Diversity). Dabei sollen bestehende Machtstrukturen und Diskriminierungsprozesse verringert und abgebaut werden, „um die personelle Vielfalt als Ressource ökonomisch nutzbar zu machen" (ebd.).

Für soziale und bildungspolitische Systeme wird neben der Erreichung ökonomischer Vorteile ein weiterer Aspekt relevant: die *Wertschätzung* der personellen Vielfalt. Unterstützt und angeregt durch die *Charta der Vielfalt*[10] soll es dabei zur Etablierung einer offenen und toleranteren Organisationskultur kommen. Es ist jedoch momentan noch nicht erkennbar, dass eine systematische Wertschöpfung durch die Wertschätzung von personeller Vielfalt stattfindet (vgl. Wagner/Sepehri 2000, S. 459).

Für die Universität, die sich seit dem Beginn des Bologna-Prozesses in einem tiefgreifenden Wandel befindet, wie in Kapitel 1.1 bereits dargestellt wurde, bedeutet die Auseinandersetzung mit dem Thema *Diversity* und *Diversity Management* zugleich zweierlei: Auf strukturell-organisatorischer Ebene ist erstens danach zu fragen, wie die Universität selbst als Institution mit der personellen Vielfalt ihrer Mitarbeiter*innen umgeht und welche Formen der „Wertschöpfung durch Wertschätzung" sie dafür findet.

Zweitens berührt aus hochschuldidaktischer Perspektive dieses Thema im Kern den unterrichtstechnologischen (1), sozialpsychologischen (2), curricularen/didaktischen (3) und sozialisationstheoretischen (4) Ansatz (siehe Kapitel 1).

Daraus abgeleitet ist zu fragen,

1. wie ein Lehr-Lern-Angebot geschaffen werden kann, das der Vielfalt der Studierenden gerecht wird;

---

10 Die Charta der Vielfalt ist eine Unternehmensinitiative zur Förderung von Vielfalt in Unternehmen und Institutionen. Bundeskanzlerin Angela Merkel ist Schirmherrin. Die Beauftragte der Bundesregierung für Migration, Flüchtlinge und Integration, Aydan Özoğuz, unterstützt die Initiative. Nähere Informationen dazu unter: www.charta-der-vielfalt.de.

2. wie sich Kommunikations- und Interaktionsprozesse innerhalb der Universität zwischen Lehrenden und Studierenden, aber auch zwischen den Studierenden und Lehrenden untereinander vollziehen: Sind diese geprägt von Offenheit, Wertschätzung, Respekt und Achtsamkeit oder finden sich in diesen Merkmale von Stereotypisierungen und Zuschreibungen?

3. ob die Learning Outcomes hinreichend begründet sind und ob es auch den Raum gibt, individuelle Schwerpunkte zu setzen und individuelle Wege der Zielerreichung zu gehen;

4. ob die Individualität der Lehrenden und Studierenden erkennbar sein darf. Ist die Universität ein Ort, an dem mannigfaltige Identitätskonstruktionen nebeneinander her existieren können, ohne eine Bewertung im Sinne eines ‚besser‘ oder ‚schlechter‘ zu erfahren?

Bevor wir uns der hochschuldidaktischen Auseinandersetzung mit diesen Fragen widmen, müssen in einem vorherigen Schritt die Begrifflichkeiten Diversity, Diversity Management und Diversität geklärt werden, wie auch eine Abgrenzung zum Heterogenitätsbegriff geleistet werden muss.

1.6.1 Diversity und Diversity Management

Der deutsche Begriff „Diversität" kann mit Vielfalt, Vielfältigkeit oder auch mit Mannigfaltigkeit übersetzt werden (vgl. Aretz/Hansen 2002; Jung/Schäfer 2003; Becker/Seidel 2006). Darüber hinaus kann dieser Begriff je nach Fachdisziplin und Konzeption mit weiteren Konnotationen oder Bedeutungen besetzt werden (vgl. Spelsberg 2013).

Diversität als solches hat es immer schon gegeben – denn Menschen waren und sind immer schon von Beginn ihres Lebens an unterschiedlich und einzigartig. Kein Mensch war jemals wie der andere. So ist es doch verwunderlich, dass dieser Begriff erst seit wenigen Jahrzehnten in Deutschland diskutiert wird (vgl. Sepehri 2002). „Seitdem ist jedoch eine sprunghafte Zahl an Veröffentlichungen zu verzeichnen und das Thema *Diversity* Management hat seit dem Jahr 2000 in Deutschland Hochkonjunktur" (Spelsberg 2013, S. 25).

Dabei ist jedoch anzumerken, dass der Forschungsstand zu diesem Thema schwer erfassbar oder greifbar ist, da der Begriff *Diversity* „synonym sowohl zur Beschreibung der Unterschiede als auch der Unterschiede und Gemeinsamkeiten von Personen sowie für das Konzept Diversity Management in einem strategischen Sinne verwendet wird" (ebd., S. 25).

Dass/Parker (1999) haben in Anlehnung an Untersuchungen von Thomas/Ely (1996) für die Einordnung der unterschiedlichen Theorien und

Ansätze von *Diversity* und *Diversity Management* vier Hauptkategorien vorgeschlagen. Diese Kategorien werden häufig auch als Perspektiven oder Entwicklungsschritte beschrieben, weil sie den Reifegrad des Diversitätsverständnisses einer Organisation angeben – d. h., es liegt eine gewisse Wertigkeit in diesen vier Kategorien: Die erste ist diejenige mit der geringsten Ausprägung an Diversitätskompetenz und die vierte ist die Kategorie mit der am weitesten entwickelten Diversitätskompetenz.

Diese vier Hauptkategorien, nach denen sich Ansätze einordnen lassen, sind demnach der Resistenzansatz, Diskriminierungs- und Fairnessansätze, Marktzutritts- und Legitimitätsansätze sowie Lern- und Effektivitätsansätze (ebd., S. 27). Beschreibt der Resistenzansatz (1) das Dominanzstreben der herrschenden Gruppe, die sich von jeglichen Formen der Diversität bedroht fühlt und durch Leugnung, Ignorierung und/oder Abwertung dieser das Ziel verfolgt, die von ihnen wahrgenommene Homogenität zu wahren und zu schützen, so versuchen Diskriminierungs- und Fairnessansätze (2) auf Grundlage der Antidiskriminierungsgesetzgebung aus einer defensiven und juristischen Perspektive heraus, die Gleichstellung aller Personen in Auswahl-, Beurteilungs- und Beförderungsverfahren zu erlangen. Die Annahme ‚alle sind gleich‘ führt dabei jedoch nicht zu einem diversitätsgerechteren Umgang der Personen untereinander, sondern verleugnet existierende Unterschiede. Marktzutritts- und Legitimitätsansätze (3) innerhalb der Ökonomie verfolgen das Ziel, die Diversität des Personals im Unternehmen strategisch für die Erschließung von Märkten zu nutzen. In die Kategorie der Lern- und Effektivitätsansätze (4) fließen nun die Überlegungen und Entwicklungen der drei vorangegangenen mit ein und betrachten Unternehmen als lernende Organisationen, die ihr *Diversity Management* vor dem Hintergrund der Annahme implementieren, dass *Diversity* einen Wert an sich hat (ebd., S. 29).

Unterschiedliche Konzeptionen von *Diversity*

Gegenwärtig existieren verschiedene Ansätze zum Begriff oder Konzept von *Diversity,* die sich im Kern darin unterscheiden, welche und wie viele Unterscheidungsmerkmale von Vielfalt aufgegriffen werden. Einige Ansätze betrachten ausschließlich die sichtbaren/wahrnehmbaren Merkmale wie Rasse und ethnische Herkunft, Geschlecht und Alter (vgl. ebd., S. 30). Diese Merkmale werden auch als *primäre Dimensionen* bezeichnet. Darüber hinaus existieren Ansätze, die auch unsichtbare/kaum wahrnehmbare Merkmale mit einbeziehen – diese Unterscheidungsmerkmale werden auch als *sekundäre Dimensionen* von *Diversity* bezeichnet.

Gardenswartz/Rowe (2010) beschreiben in ihrem Modell „Four Layers of Diversity" die menschliche Vielfalt in Organisationen (ebd., S. 30 f.).

Abb. 19: Four Layers of Diversity

In diesem Modell werden die Unterscheidungsmerkmale anhand der Dimensionen Persönlichkeitsmerkmale, demographische Aspekte, externe demographische und organisatorische Aspekte voneinander differenzierbar.

Dieses Modell ermöglicht es, die Komplexität und Multidimensionalität von Diversität in den Blick zu nehmen, ohne in das alte Muster von Zuschreibungen im Sinne von Schlussfolgerungen von personenbezogenen Merkmalen auf verhaltensbezogene Aspekte zu verfallen.

Thomas (1996) plädiert ebenfalls für diese sehr umfassende und ganzheitliche Sichtweise und betont, dass neben den Unterschiedlichkeiten auch die Gemeinsamkeiten zwischen Menschen Teil eines ganzheitlichen Verständnisses von Diversity sein müssen. Diversity meint damit diesem Verständnis nach alle Formen und Ausprägungen von individuellen Unterschieden und Gemeinsamkeiten, die sich situativ in unterschiedlichsten Facetten und Variationen zeigen können.

1.6.2 Der Diversitätsbegriff in der Hochschuldidaktik

Die im vorherigen Abschnitt dargestellten Konzepte zeigen auf, dass eine begriffliche Unterscheidung zwischen *Diversity* und *Diversity Management* notwendig erscheint. Dabei ist unter dem Begriff Diversity in erster Linie das Konzept/Verständnis gemeint, das die jeweilige Organisation von diesem Begriff hat. Die Begrifflichkeit des *Diversity Managements* verweist dann auf die Strategien, wie das Verständnis von *Diversity* sich niederschlägt und/oder innerhalb von personellen, fachlichen und strukturellen Prozessen strategisch genutzt wird.

Wie im Vorherigen erläutert wurde, liegt das Augenmerk dieses Buches weniger auf der Universität als Institution und deren strukturell-organisatorischer Verfasstheit. Aus der Perspektive der Hochschuldidaktik und des Peer Learning fokussieren wir stattdessen den *Umgang mit* und *das Leben von* Diversität in den kollegialen Austauschprozessen zwischen Lehrenden, in den studentischen Arbeitsgruppen als auch in den Lehr-Lern-Prozessen zwischen Lehrenden und Studierenden. Das Thema des *Diversity Managements* ist demzufolge *nicht* Gegenstand dieses Buches.

Zur Abgrenzung von den ökonomisch-strategischen Wurzeln des *Diversity*-Begriffes wird im Folgenden konsequent die deutsche Bezeichnung ‚Diversität‘ in der Wortbedeutung der Vielfältigkeit, Vielfalt und Mannigfaltigkeit genutzt.

Es wird damit der Leitgedanken einer strategischen Nutzbarmachung von Diversity konsequent abgelehnt vor dem Hintergrund

- der kantischen Bestimmung des Menschen, der immer Zweck an sich selbst ist;[11]
- im Sinne des in der Einleitung dargelegten Humboldt'schen Bildungsverständnisses, nach dem Bildung immer ein freier, selbsttätiger Prozess der Selbst-Bildung ist;
- im Sinne des sozialisationstheoretischen Ansatzes der Hochschuldidaktik, der die Ermöglichung der Selbst-Entfaltung und Selbst-Entwicklung der Studierenden und Lehrenden als eine zentrale Aufgabe der Hochschulbildung benennt.

---

11 Dies bezieht sich auf die Selbstzweckformel Immanuel Kants, der diese in den Ausführungen zum kategorischen Imperativ wie folgt beschreibt: Handle so, dass du die Menschheit sowohl in deiner Person, als in der Person eines jeden andern jederzeit zugleich als Zweck, niemals bloß als Mittel brauchest.

Das dieser Arbeit zugrundeliegende Verständnis von Diversität als didaktischem Ausgangspunkt kann in Anlehnung an die ganzheitliche Sichtweise von Thomas (1996) als ein Oberbegriff für Unterschiede *und* Gemeinsamkeiten, die zwischen Menschen existieren können, beschrieben werden (vgl. Spelsberg 2013, S. 32). Dies sind sozusagen *duale Aspekte,* die je nach Kontext und Situation entstehen bzw. konstruiert werden.

Das heißt, dass Unterschiede und Gemeinsamkeiten keine Entitäten sind, die als Merkmalsausprägungen konsekutiv zu einem bestimmten Verhalten führen, sondern innerhalb eines Systems erst hervorgebracht werden und damit zeitlich nicht von Dauer und immer kontextabhängig sind.

So kann ich als Lehrperson beispielsweise in einer Fortbildung in Bezug auf ein Thema X mit fünf Personen Gemeinsamkeiten haben, die mich für die Dauer der Fortbildung mit diesen zu einer spezifischen ‚Gruppe‘ mit den Merkmalen Y macht. In einem anderen Kontext – beispielsweise während einer Sitzung im beruflichen Umfeld – können sich mit genau denselben Menschen Unterschiede hinsichtlich der habituellen Einstellungen ergeben, was mich in dieser Situation zu einer Person macht, die sich deutlich von den anderen unterscheidet.

Dieses umfassende Verständnis von Diversität grenzt den Begriff damit deutlich von dem Begriff der *Heterogenität* ab. In seinem Wortursprung geht das Wort *Heterogenität* auf das griechische héteros zurück (anders/verschieden), sowie auf génos (Klasse, Geschlecht, Art) (vgl. ebd.). Im Duden wird das Adjektiv „heterogen" mit „nicht gleichartig im inneren Aufbau/uneinheitlich/aus Ungleichartigem zusammengesetzt/ungleichmäßig aufgebaut/ungleichartig/nicht homogen" erläutert (vgl. http://www.duden.de/rechtschreibung/heterogen; aufgerufen am 04.07.2016).

Bei näherem Hinsehen wird deutlich, dass der Begriff der Heterogenität im dialektischen Sinne *nur* als Binarität existieren kann – Heterogenität kann es nur geben, wenn es auch Homogenität gibt; diese beiden Begriffe funktionieren nur in ihrer Dualität – sie sind voneinander abhängig. Dabei bezieht sich der Begriff der Heterogenität jeweils auf ein Merkmal, in Bezug auf das eine Gruppe von Personen als unterschiedlich/andersartig bezeichnet wird. Homogenität bedeutet in Folge dessen, dass eine Gruppe von Personen in Bezug auf das Merkmal (von dem man ausgeht, dass man es vergleichen kann) als gleich zu bezeichnen ist: „Dies bedeutet, dass die Zuschreibung von Ungleichheit oder Gleichheit immer die Vergleichbarkeit (der Dinge) voraussetzt und der Begriff Heterogenität damit ein Gegenstück erfordert, die Homogenität, welche begrifflich nur in der Dualität mit Heterogenität existiert" (Spelsberg 2013, S. 33).

Diesem Aspekt des Dualismus muss noch der Aspekt hinzugefügt werden, dass bei der Bestimmung von Heterogenität und/oder Homogenität immanent angenommen wird, dass die Person des/der Beobachters*in, die von außen diese Zuschreibungen macht, in der Lage ist, das Merkmal, das zur Unterscheidung der Personen herangezogen wird, bei allen Personen *korrekt* zu erkennen und diese Merkmalsunterscheidungen überhaupt zu treffen. Ungefragt und unreflektiert fällt in dieser Konstruktion von Gleichheit und Ungleichheit der außenstehenden Person eine große Macht zu[12].

Diversität als Oberbegriff für Gemeinsamkeiten *und* Unterschiede braucht keinen Gegenbegriff, da in diesem Begriff selbst schon die Bandbreite an menschlichen Individualitätsausprägungen abgebildet ist. Darüber hinaus führt der Vergleich von Personen nach (scheinbar) absoluten Kriterien oder Aspekten immer zu Beschreibungen von Abweichungen und damit zu Prozessen der Stereotypisierung und Diskriminierungen. In Lehr-Lern-Kontexten kann diese Stereotypisierung und Diskriminierung in der Fokussierung auf bestimmte Lerner*innentypen und in der Konstruktion von sogenannten ,passgenauen' Lehr-Lern-Formaten erkennbar werden: „Alle auditiven Lerner*innen hören nur das Beispiel, die visuellen Lerner*innen sehen ein Bild und lesen einen Text und die praktischen Lerner*innen machen eine Übung dazu". Diese Herangehensweise offenbart eine sehr starke *Lehrendenorientierung*, in dem die Lehrperson die Lehr-Lern-Prozesse der Studierenden auf bestimmte Zugangswege einengt und ihnen damit die Möglichkeit nimmt, selbstbestimmt und selbstverantwortlich ihren Lehr-Lern-Prozess zu steuern. Darüber hinaus schränkt die Lehrperson die Möglichkeiten der Identitätskonstruktion der Studierenden in dem Sinne ein, dass sie diese in ihrer Wahrnehmung ,festschreibt' als z. B. „Lisa ist eine auditive Lernerin" und diese Zuschreibung als Entität festsetzt.

Diversitätskompetenz nach dem unter Kapitel 1.1 dargelegten Kompetenzverständnis als Facette eines professionellen hochschuldidaktischen Handelns bezeichnet im Anschluss daran die Fähigkeit der oder des Lehrenden, Studierende fern von Zuschreibungen als Individuen wahrnehmen zu können, in der Interaktion und Kommunikation auf sie wertschätzend und respektvoll eingehen zu können, eine Offenheit gegenüber ihren individuellen Zugängen und Herangehensweisen zum Thema zu entwickeln

---

12 Axel Honneth arbeitet diesen Machtaspekt unter dem Gedanken eines Kampfes um Anerkennung in Anlehnung an die Hegel'sche Konzeption von Herr und Knecht in seinen sozialphilosophischen Schriften aus (vgl. Honneth 1992, 2005, 2010). Judith Butler arbeitet in ihrer Schrift „Hass spricht" (2013) die anthropologische Bedeutung der Verwiesenheit des Menschen auf die Sprache aus, die für die für das Verständnis der Wirkmächtigkeit von Zuschreibungen elementar ist: „Welche Art von Behauptung stellt man eigentlich auf, wenn man sagt, durch Sprache verletzt worden zu sein? [...] Es stellt sich die Frage, ob Sprache uns verletzten könnte, wenn wir nicht in einem bestimmten Sinne ,sprachliche Wesen' wären, die der Sprache bedürfen, um zu sein. Beruht unsere Verletzbarkeit durch die Sprache vielleicht darauf, dass es ihre Bedingungen sind, die uns konstituieren?" (Butler 2013, S. 9).

und diese didaktisch zu gestalten und in der Planung antizipierend zu berücksichtigen. Denn all das, was wir über Differenzlinien denken im Sinne von guter Student*in/schlechter Student*in, normale Kommunikation/nichtnormale Kommunikation, männliches Verhalten/weibliches Verhalten etc., drückt sich aus, in welcher Art und Weise wir mit unserem Gegenüber ins Gespräch kommen, wie wir ihn oder sie bewerten, welche Worte wir für die Kommunikation wählen usw.

Für einen bewussten Umgang mit diesen sogenannten Differenzlinien, die wir im Alltag (meist unbewusst) ziehen und die für unser Verhalten handlungsleitend sind, wird es notwendig, sich seiner eigenen Normalitätsvorstellungen in Bezug auf die Studierende bewusst zu werden und diese kritisch zu reflektieren: Wie sieht für mich ein*e ‚Normal-Studierende*r‘ aus? Was erwarte ich (sozusagen ungefragt) von ‚meinen‘ Studierenden? Von welchen habituellen Mustern gehe ich im Vorhinein aus? Welche Verhaltensweisen sehe ich als ‚normal‘ an, welche als ‚nicht-normal‘? etc.

Diese Auseinandersetzung kann sich bei jedem selbst im Alltag vollziehen; sie kann durch den Austausch mit Kollegen*innen angeregt und begleitet werden oder in Form einer Fortbildung zu diesem Thema initiiert werden. Darüber hinaus ist auf das eigene Normalitätsverständnis als Lehrperson zu rekurrieren: Was ist für mich eine ‚normale Lehrperson‘? Was hat diese für Aufgaben? Welche Erwartungen sehe ich an mich (von der Universität, den Kollegen*innen, den Studierenden) gestellt? Wie individuell gestalte ich meine Rolle als Lehrperson? Fühle ich mich dabei frei oder sehe ich Grenzen? Wie nehme ich mich selbst im Unterschied zu meinen Kollegen*innen wahr? Beeinflussen die wahrgenommenen Unterschiede und/ oder Gemeinsamkeiten zwischen mir und meinen Kollegen*innen mein Handeln in der Lehre?

1.6.3 Genderkompetenz als ein Teilgebiet der Diversitätskompetenz

Im Folgenden soll eine Differenzlinie noch etwas genauer betrachtet werden, deren Diskurs eine lange Tradition hat: die des sozialen Geschlechts (gender).

Dabei unterscheiden wir innerhalb des Gender-Diskurses, initiiert 1990 durch die Schrift „Gender Trouble" der amerikanischen Philosophin Judith Butler (1991), zwischen dem biologischen (sex) und dem sozialen (gender) Geschlecht. An dieser Differenzlinie zwischen Mann und Frau können sich Unterscheidungskategorien bilden und binäre Zuschreibungen manifestieren; z.B.: Mann = stark/Frau = schwach; Mann = rational/Frau = emotional usw.

Das soziale Geschlecht besteht letztendlich nur aus Zuschreibungen und Konstruktionen einer Gesellschaft von Begriffen wie ‚Mann' und ‚Frau' und ‚Trans*gender'. Damit ist der Genderaspekt ein Teilaspekt der Diversität der Studierenden. Diesen Aspekt als didaktischen Ausgangspunkt zu nehmen, heißt dabei jedoch nicht, Unterschiede zu verleugnen, sondern sie in einem positiven Sinne bewusst wahrzunehmen und ihnen innerhalb des Lehr-Lern-Prozesses Raum zu geben, um Lernprozesse der Studierenden in Bezug auf dieses Thema überhaupt erst zu ermöglichen:

„Methoden und Techniken sind häufig nicht entscheidend, ob eine Seminarleitung aktivierende oder blockierende Lernräume schafft. Es ist vielmehr eine Frage der inneren Haltung gegenüber den Studierenden" (Auferkorte-Michaelis/Wegrzyn 2009, S. 21). Es geht immer auch „um die Vermittlung von Weltbildern, Lebensauffassungen, Interpretationen, Ideologien, um Konstrukte von Denkrichtungen und Fachkulturen" (ebd.).

Die Unterscheidungskategorie „Geschlecht" hat dabei eine sehr lange Geschichte, was die bewusste Wahrnehmung dieser Kategorie als auch die Formen ihrer Zuschreibungen angeht. In Bezug auf das Lehren und Lernen an der Universität spielen dabei Zugangsmöglichkeiten, gleichberechtigte Chancen in Karriere und Forschung sowie stereotype Vorstellungen der Berufswahl (Frauen studieren Pädagogik, Männer Jura) eine zentrale Rolle. Eine Lehre, die diversitätsgerecht sein möchte, muss im Zuge dessen auch gendersensibel und gendergerecht sein, um den Studierenden und den Lehrenden die Möglichkeit zu geben, Stereotypisierungen zu erkennen, ggf. zu dekonstruieren und eigene Formen der Konstruktion von Geschlechtsidentität entwickeln zu können.

Was bedeutet es für Lehrende, genderkompetent zu handeln und zu lehren?

Ausgangspunkt einer genderkompetenten Lehre ist das Bewusstsein des/der Lehrenden für die eigene Geschlechtlichkeit und die damit verbundene Konstruktion von Geschlechtsidentität (gender): Wie trete ich selbst als Lehrperson meinen Studierenden als Mann oder Frau oder * gegenüber? Welche eigenen Konstruktionen von Männlichkeit und Weiblichkeit liegen meinem Weltbild und meiner Wahrnehmung von Realität und Wirklichkeit zugrunde?

Hintergrund dieser Selbstreflexion ist die Annahme, dass unsere eigenen Überzeugungen unsere Wahrnehmung und Beurteilung der Wirklichkeit lenken und leiten. Das heißt, meine eigene Konstruktion von Mann/Frau/* steuert innerhalb von Lehr-Lern-Prozessen die Wahrnehmung meiner Studierenden und lässt ggf. (unbewusst) eigene Werturteile oder Ähnliches in meine Handlungen als auch Beurteilungen im Sinne einer Prüfungsleistung miteinfließen.

Verankerung der Genderthematik in Studium und Lehre

Frauen- und Geschlechterforschung stellen innerhalb der Hochschulforschung die Fragen nach dem Zugang zu Studiengängen und Studienfächern, betrachten Studienverläufe und wissenschaftliche Karrieren. In dieser offenbart sich ein kritischer Blick, der danach fragt, wie organisationale Strukturen und Schemata wirksam werden, wie bisherige Regeln und Selbstverständlichkeiten in den Beziehungen der Geschlechter untereinander ggf. infrage gestellt werden und sich verändern. Im Zentrum stehen dabei Einschluss- und Ausschlussprozesse, die innerhalb der unterschiedlichen Fachkulturen die Kommunikationsstrukturen und die Reproduktionsmechanismen in den Blick nehmen. Das Bemühen um eine gendergerechte und -sensible Lehre macht es zu einer hochschuldidaktischen Querschnittsaufgabe wissenschaftliches Wissen und Alltagswissen über Geschlechterverhältnisse zu problematisieren und zu diskutieren. Dies bedeutet, innerhalb der Lehre neben den fachlichen Inhalten eine zusätzliche Perspektive einzunehmen: von einer scheinbar geschlechtsneutralen zu einer Genderperspektive, die das Geschlechterverhältnis in den Blick nimmt (vgl. Auferkorte-Michaelis/Schönborn 2009).

Nach Auferkorte-Michaelis/Schönborn (2009) beinhaltet gendersensibles Handeln darauf aufbauend in der Hochschullehre vier zentrale Aspekte:

- Das Wissen über die Auswirkungen gesellschaftlicher Ungleichheiten für Männer und Frauen hinsichtlich z.B. Lernstrategien, Kommunikations- und Interaktionsmuster und Lebenssituationen
- Kenntnisse über Theorien, die das Thema Gender berücksichtigen
- Methoden und Erkenntnisse der Frauen- und Geschlechterforschung
- Aktive Vermeidung von Diskriminierungen jeglicher Art

Eine Implementierung der Genderthematik in die Hochschullehre stellt sich in diesem Sinne als eine herausfordernde Tätigkeit dar, ist sie doch abhängig vom „Wissen, Können und Wollen der Lehrenden" (Auferkorte-Michaelis/Wegrzyn 2013, S. 34).

1.7 Feedback geben und nehmen in der Lehre

Wir haben uns im bisherigen Verlauf des Buches vor Augen geführt, dass sich Lernen als ein individueller und konstruktiver Prozess vollzieht, der durch subjektimmanente Faktoren (Biographie, Sozialisation, Motive, situatives Befinden) und äußere Bedingungen (Lehrperson, Lehr-Lern-Setting) beeinflusst wird.

Dabei ist Lernen an sich von außen nicht beobachtbar. Verhalten ist uns dagegen durch Beobachtung zugänglich, wir können von gezeigten Verhaltensweisen auf interne Lernprozesse schließen – jedoch bedarf es für die Bestätigung dieses Schlusses einer Rückmeldung durch die Lernenden selbst.

In unseren Ausführungen zum Thema Lehrpersönlichkeit ist deutlich geworden, wie sehr unsere biographischen Erfahrungen sich in unseren Überzeugungen über uns selbst und die soziale Wirklichkeit niederschlagen und welche Anstrengungen wir unternehmen müssen, uns diese zu vergegenwärtigen, zu reflektieren und zu verändern.

Eine Bewusstheit für die Diversität aller Menschen und ein gendersensibler und -bewusster Umgang mit Kollegen*innen und Studierenden wurde dabei als eine zentrale Anforderung an Hochschullehrende formuliert, die es ermöglichen sollen, dass alle am Lernprozess beteiligten Personen in der Lage sind, ihre eigene Individualität entwickeln und ausdrücken zu können.

Als durch Sprache konstituierte Wesen sind wir gleichsam in unseren Identitätskonstruktionen auf diese verwiesen, als dass wir uns dieser bedienen (müssen), um uns mit anderen Menschen verständigen und austauschen zu können – oder, um es mit Humboldt zu sagen: um die Einsamkeit des Denkens verlassen zu können (siehe Kapitel 1).

Feedback in der Lehre stellt in Bezug dazu eine Form der Kommunikation dar, durch die Lehrende mit Studierenden in eine dialogische Verständigung kommen können, als auch dass Lehrende eine Rückmeldung dazu erhalten, wie sie von den Studierenden wahrgenommen werden. Innerhalb einer kollegialen Hospitation (siehe Kapitel 6.1) oder innerhalb eines Team Teachings (siehe Kapitel 6.2) können sich Lehrende untereinander Rückmeldung zum wahrgenommenen Lehrverhalten geben. Im Peer Learning auf Ebene der Studierenden geben sich Studierende über Feedbackprozesse

Rückmeldung und verständigen sich über ihren eigenen Lernprozess und die gemeinsame Arbeit. Dabei kann positives, konstruktives Feedback ermutigen, Lernprozesse zielgerichtet steuern, persönliche Lernprozesse fördern, Motivation erzeugen und beleben (siehe Kapitel 1.5.3). Es erzeugt darüber hinaus eine engere Verbindung mit der Aufgabe („Ich bin es, die mit ihrer Arbeitsleistung dies bewirkt hat"), unterstützt die Selbstwahrnehmung und stärkt die Identifikation mit der Arbeitsgruppe und dem Arbeitsergebnis (vgl. Fengler 2009).

Neben dem weit verbreiteten Leistungsfeedback, das Lehrende Studierenden geben (sei es in persönlichen Gesprächen zu Lernerfolgen und dem Ablauf von Lehr-Lern-Prozessen oder durch das Geben von Noten), können innerhalb der Hochschule Feedbackprozesse auf drei weiteren Ebenen ablaufen:

1. Ebene: Studierende geben Lehrenden Feedback
2. Ebene: Lehrende geben Lehrenden Feedback (vgl. auch Kapitel 6.1)
3. Ebene: Studierende geben Studierenden Feedback (vgl. auch Kapitel 2.1.2)

Allgemein lässt sich sagen, dass Rückmeldungen nur dann Sinn machen, wenn sie konstruktiv, sach- und zukunftsorientiert sind. Jemanden persönlich anzugreifen, auf Fehler der Vergangenheit zu fokussieren, ohne sich Gedanken um Verbesserungsmöglichkeiten für die Zukunft zu machen, führt zu Stagnation, Frustration und Verzweiflung. Dies lähmt alle Lernprozesse, blockiert die Informationsaufnahme und führt zu Resignation.

Studierende geben Lehrenden Feedback

Lehrpersonen erhalten über Prüfungsleistungen eine Rückmeldung darüber, ob die Studierenden die von ihnen intendierten Lernergebnisse durch das von ihnen gestaltete Lehr-Lern-Setting erreicht haben. Dabei können neben dieser Form des Leistungsfeedbacks in Form einer Prüfung weitere Feedbackformen innerhalb der Lehre zur Anwendung kommen.

Feedbackprozesse in der Lehre, die methodisch durch zahlreiche verschiedene Settings gestaltet werden können, ermöglichen es, sich mit Studierenden über den erlebten Lehr-Lern-Prozess auszutauschen. Dabei können durch die Fragestellungen und die Methodenwahl der Lehrperson verschiedene Ebenen und/oder Themen in diese Rückmeldung miteinbezogen werden: Verständlichkeit der Inhalte durch die Art ihrer Präsentationen, Rückmeldungen zum bereit gestellten Arbeitsmaterial, Fragen zu den Lehr-Lern-Prozessen innerhalb von Gruppenarbeiten oder Ähnlichem, Fragen zum erlebten Arbeitsaufwand, zur Arbeitsatmosphäre und zur Bereitstellung von Leistungsrückmeldungen und Feedback seitens der Lehrenden.

Zur Stärkung des gemeinsamen Arbeitsbündnisses zwischen Lehrenden und Studierenden und damit die Rückmeldungen der Studierenden Einfluss auf die laufenden Lehr-Lern-Prozesse nehmen können, ist es angeraten, sich als Lehrperson im Laufe des Semesters eine ausführliche Rückmeldung seitens der Studierenden einzuholen. So können die daraus gewonnenen Erkenntnisse in den weiteren Verlauf der Veranstaltung miteinfließen und Lehrende und Studierende können im Semester voneinander und miteinander lernen.

Die verbalen Rückmeldungen von Studierenden geben Lehrenden Hinweise darauf, wie die Veranstaltung und ich als Lehrperson von diesen wahrgenommen und erlebt werden. Es offenbaren sich darin Übereinstimmungen oder auch Differenzen hinsichtlich der eigenen Introspektion und der Außenwahrnehmung. Wahrnehmungsprozesse von uns selbst und von anderen sind stets selektiv und subjektiv, da unsere Erfahrungen, Haltungen, Glaubenssätze, situativen Empfindungen und Bedürfnisse als Filter wirken, die nach den Informationen in der Umwelt suchen, die dazu passen (Karnath/Thier 2012). Für mich als Lehrperson besteht durch die Informationen, die ich von den Studierenden erhalte, die Möglichkeit, mich selbst durch die Augen dieser zu betrachten. Dadurch können mir meine eigenen sogenannten ‚blinden Flecken' deutlich(er) werden – Dinge, die ich unbewusst tue und die mir gar nicht mehr auffallen oder Glaubenssätze, die ich über mich selber und meinen Lehrstil habe.

Lehrende geben Lehrenden Feedback

Eine Form des kollegialen Feedbacks besteht in der Rückmeldung zum beobachteten und erlebten Lehrverhalten. Dies kann z.B. im Rahmen einer kollegialen Hospitation (siehe Kapitel 6.1) oder im Rahmen des Team Teachings (siehe Kapitel 6.2) erfolgen.

Aufgrund der Gleichartigkeit der Rollen (beide Personen sind Lehrpersonen und mit den Anforderungen und Herausforderungen dieser Rolle vertraut) stellt dies eine Form der Peer-Kommunikation und des Peer Learnings – genauer: eines Peer-Supports – dar. Hierauf werden wir in Kapitel 2 differenzierter eingehen.

Dabei können sich Lehrende gegenseitig Anregungen zur Weiterentwicklung der eigenen Lehre geben und gemeinsam an der Lösung herausfordernder Situationen arbeiten.

Studierende geben Studierenden Feedback

Auch wenn Studierende anderen Studierenden Feedback geben, ist dies Peer-Support (vgl. Kapitel 2.1.3). Studierende sind innerhalb eines Seminars nicht nur Sitznachbarn*innen, sondern innerhalb der gemeinsamen Lernprozesse auch Lernbegleiter*innen und Berater*innen. Dabei können sich Studierende untereinander Rückmeldungen zum erlebten Lern- und Arbeitsverhalten geben. Wir haben in Kapitel 1.4 zum Thema Lehrpersönlichkeit ausführlich auf die Gewachsenheit der Denk- und Verhaltensstrukturen durch Erziehungs- und Sozialisationsprozesse hingewiesen, als auch die Chancen von Reflexionsprozessen für die eigene Persönlichkeitsentwicklung hervorgehoben. Dies Alles ist gleichermaßen für die Gruppe von Studierenden von Bedeutung: Auch sie sind geprägt von ihren biographischen Erfahrungen, die sich in ihren Lern-, Denk-, Wahrnehmungs- und Verhaltensmustern widerspiegeln. In Bezug auf ihre Lehr-Lern-Prozesse sind insbesondere alle Lebenserfahrungen, die mit Lernen, Bewerten und Prüfen zu tun haben, für den studentischen Lernprozess relevant.

Innerhalb der universitären Strukturen besteht hier für die Studierenden die Möglichkeit, sich die eigenen Lernverfahren bewusst zu machen und Emotionen, die im Lernprozess eine Rolle spielen, wahrzunehmen und zu reflektieren. Hierfür bietet die Gruppe der Peers eine sehr gute Möglichkeit. Als Außenstehende können sie unsere Eigenwahrnehmung ergänzen und stärken.

Damit dies gelingen kann, ist es notwendig, Studierenden mit den Regeln des Feedbacks vertraut zu machen (vgl. Kempen/Rohr 2009):

Feedback *Geben*
- Beschreiben, was wahrgenommen wurde, ohne zu interpretieren
- Auch Positives benennen
- Immer Positives an den Anfang des Feedbacks stellen und mit etwas Positivem enden
- Genau formulieren, was beobachtet wurde
- Auf konkrete Verhaltensweisen beziehen
- Subjektiv formulieren: „Ich habe ... wahrgenommen..." – „Mein Eindruck..."
- Konstruktiv sein

Feedback *Annehmen*
- Feedback als Chance auffassen und das Annehmen, was als nützlich empfunden wird
- Aufmerksam und ruhig zuhören
- Feedback auf sich wirken lassen
- Versuchen zu verstehen, worum es konkret geht
- Nachfragen, wenn etwas nicht verstanden wird
- Nicht rechtfertigen, argumentieren und verteidigen

1.8 Prüfen und Bewerten

Das Prüfen und Bewerten nimmt in der Hochschullehre einen sehr bedeutenden Stellenwert ein. Verstärkt durch die Modularisierung der Studiengänge im Rahmen der Bachelor- und Masterstudiengänge und der damit einhergehenden Bedeutung einzelner Noten in Lehrveranstaltungen für die Abschlussnote, fokussieren viele Studierende in ihrem Studium massiv die Prüfungen und die damit verbundenen Noten bzw. Prüfungsleistungen. Sie wählen Veranstaltungen häufig nicht mehr interessens- oder inhaltsbezogen, sondern wählen den vermeintlich einfachsten Weg zur guten Note. Selbstverständlich ist dies ein nachvollziehbarer Grund für die Veranstaltungswahl und auch mit Sicherheit nichts überraschend Neues im Hochschulkontext. Doch ist es auffällig, wie massiv die Rückmeldung der Lehrenden in hochschuldidaktischen Veranstaltungen seit der Einführung von Bachelor- und Masterstudiengängen zugenommen haben, wonach Studierende ein ‚Learning to the Test' bevorzugen und eine nachhaltige Auseinandersetzung mit den Inhalten nur noch selten außerhalb der Prüfungsanforderungen geschieht. Die deutlich angestiegene Anzahl von (Modul-)Abschlussnoten als relevante Prüfungsleistungen erschwert ein interessensgeleitetes Studium im Humboldt'schen Sinne ungemein, da die Studierenden nur selten einen individuellen thematischen Schwerpunkt setzen können und diesen mit entsprechendem studienrelevanten Credit- bzw. Leistungspunkteaufwand honoriert bekommen.

1.8.1 Formen und Funktionen von Prüfungen

Bevor wir zur Konstruktion von Prüfungen kommen, sollten wir uns zunächst vergegenwärtigen, welche Formen von Prüfungen es im Hochschulkontext gibt und welche Funktion sie einnehmen. Generell gibt es viele verschiedene Arten von Prüfungen an der Hochschule. Seien es

- schriftliche Prüfungen (z.B. Klausuren, Tests, Essayklausuren, Multiple-Choice-Tests, Portfolios),

- mündliche Prüfungen (z. B. im Zwiegespräch, (Kurz-)Referate, Präsentationen) oder
- praktische Prüfungen (z. B. Projektarbeit, Praktika im Labor, Vorspielen in der Musik).

Dubs (2003) unterscheidet zunächst unabhängig von der Art der Prüfung, also egal, ob mündlich, schriftlich oder praktisch, zwischen summativen Prüfungen und formativen Prüfungen (Lernkontrollen). Für ihn sind summative Prüfungen die herkömmlichen Zwischen-, Credit-Point- und Abschlussprüfungen. Diese haben vor allem eine Nachweisfunktion und auf Grundlage der Ergebnisse dieser Prüfungen werden Zugangsberechtigungen vergeben bzw. versagt. Sie finden in der Regel am Ende einer Lerneinheit statt.

Formative Prüfungen sind dagegen eher als Lernkontrollen zu verstehen, die fortlaufend als Begleitung und zur Unterstützung von Lernprozessen dienen. Die formativen Lernkontrollen haben keine Selektionsfunktion, sondern beziehen sich auf die Lehr- und Lernaktivitäten der Studierenden und nutzen verschiedene Arten der Rückmeldung, um den Studierenden ihren Lernfortschritt zu verdeutlichen. So ist es in medizinischen Studiengängen inzwischen weit verbreitet, dass die Studierende online Self-Assessments durchführen können (in der Regel über Multiple-Choice-Tests), um ihren Lernstand zu erfahren. Um ein selbstkontrolliertes Lernen zu fördern, das insbesondere von einem hohen Maß an intrinsischer Motivation getragen wird, sollten die formativen Prüfungen nicht in eine Endnote mit einfließen (vgl. Wildt/Wildt 2010).

Abb. 20: Summative und formative Prüfungselemente in Anlehnung an Dubs (2003, S. 3)

	Summative Prüfungen	Formative Lehrkontrollen
Einsatz/ Zweck	Am Ende eines Unterrichtsabschnittes zur Erhebung des Lernstandes (Selektion)	Fortlaufend als Begleitung und zur Unterstützung von Lernprozessen
Bewertung	Korrektur und Bewertung durch Dozierende (Credits, Noten)	Selbstkorrektur durch die Studierenden zur Selbststeuerung des Lernens
Umfang	Umfassende Stichprobe in längeren Prüfungen aus dem gesamten Lernbereich	Zeitlich und inhaltlich kurze Aufgaben zur Überprüfung eines Teilgebiets aus dem gesamten Lernbereich

Im weiteren Verlauf des Kapitels wird vor allem der Bereich der summativen Prüfungen näher betrachtet, da Lehrende sich häufig in der Vergabe von fairen und gerechtfertigten Noten unsicher, zum Teil sogar überfordert fühlen. Aber warum gibt es eigentlich eine solch große Anzahl von Prüfungen, insbesondere in den Bachelor- und Masterstudiengängen? Und ist es tatsächlich gerechter, dass die Noten (fast) aller Studienleistungen in den Bachelor- und Masterstudiengängen in die Endnote einfließen? In den Staatsexamina der Medizin und Jura, die nach wie vor Bestand haben, ist die Examensprüfung am Ende des Studiums *die* berufsentscheidende Prüfung.

Auch hier stellt sich wiederum die Frage: Wie selbstbestimmt sollte ein Studium sein? Ist es den Studierenden nicht selbst zu überlassen, wie sehr sie sich bis zur ihrer Abschlussprüfung einbringen? Es versteht sich von selbst, dass bestimmte sicherheitsrelevante Bereiche abgeprüft werden müssen, bevor ein Studium fortgesetzt werden kann (beispielsweise Umgang Gefahrenstoffe im Labor, Umgang mit Patient*innen, Bedienung bestimmter Gerätschaften). Aber müssen Studierende über die große Anzahl von Prüfungen extrinsisch zum Lernen angehalten werden? Als Gegenargumente lassen sich natürlich Fairness- und Belohnungsüberlegungen anbringen. Diejenigen Studierenden, die sich in die Lehre einbringen und so die Lehre mittragen, schneiden in Prüfungen wahrscheinlich besser ab und können auf diese Weise für ihr Engagement entlohnt werden. Auch ist eine Tagesform für eine Abschlussprüfung nicht mehr maßgeblich entscheidend, wenn der Großteil der Prüfungen bereits im Studiumsverlauf absolviert wurde. Zudem entspricht es eher der geltenden Kompetenzorientierung von Lehre, dass die Studierenden nicht erst in einer großen Abschlussprüfung ihre (überwiegend dann kognitive) Kompetenz unter Beweis stellen müssen, sondern unterschiedliche Kompetenzen in variablen Situationen als Problemlösekompetenzen angepasst an ihren jeweiligen Kompetenzstand im Verlauf des Studiums leisten mussten.

Es gibt also gute Argumente für eine Endnote, die sich nicht nur aus den Ergebnissen einiger weniger Prüfungen errechnen lässt. Jedoch bleibt eine zentrale Frage immer noch unbeantwortet: Warum benötigen wir überhaupt Prüfungen im Studium? Welche Funktionen erfüllen sie?

Die didaktische Funktion von Prüfung

Prüfungen können einen Lernprozess gliedern, wenn z.B. nach einem gewissen Zeitraum eine Prüfung ansteht (beispielsweise Semesterende) oder nach Abschluss einer inhaltlichen Einheit im Rahmen einer Veranstaltung. Die Prüfung kann dann dazu geeignet sein, den Lernenden als eine Form von Feedback eine Rückmeldung zu ihrem Leistungsstand in Bezug auf die Lernziele der Veranstaltung/Moduls/Studiengangs zu geben (vgl. Kapitel 1.7 Feedback). Diese Rückmeldung erfolgt allerdings nicht nur in eine Richtung, denn nicht nur die Studierenden bekommen eine Rückmeldung über ihre Leistungen und Lernerfolge. Auch die Lehrpersonen erhalten ein Feedback über ihre Leistungen, die anhand der studentischen Leistungen bedingt überprüfbar wird. Gleichzeitig bieten die Prüfungsergebnisse den Lehrpersonen die Möglichkeit, Anpassungen an der weiteren Lehre vorzunehmen, sei es für die nächste Lerngruppe im nächsten Semester oder, wenn die Prüfung im Semesterverlauf stattfindet, für die weitere gemeinsame Arbeit mit einer Lerngruppe. Das bedeutet: Prüfungen können auch Auskunft darüber geben, welches Vorwissen Studierende in die Lehre einbringen und welche Lernvoraussetzungen sie mitbringen.

Aber Prüfungen gliedern nicht nur den Lernprozess oder bieten Rückmeldung und Orientierung. Eine weitere didaktische Funktion von Prüfungen kann ihr motivationaler Charakter sein. Viele Studierende benötigen eine extrinsische Motivationshilfe und einen gewissen Druck zum effektiven Lernen. Insbesondere für Menschen, für die der Spruch „Ich habe so lange ein Motivationsproblem bis ich ein Zeitproblem habe" gilt, stellt dies ein Credo dar. Eine Rückmeldung durch die Prüfung zu bekommen, entweder durch eigenes Kompetenzerleben oder im Vergleich des eigenen Lernerfolgs zu den Ergebnissen der Kommiliton*innen, kann sich sehr positiv auf das Lernengagement auswirken.

Rekrutierungsfunktion

Prüfungen im Studium im Allgemeinen und die Abschlussprüfungen im Besonderen erfüllen neben der didaktischen Funktion auch eine Rekrutierungsfunktion. Neben dem Nachweis einer Qualifikation und der damit verbundenen Prognose über eine (vermeintliche) Eignung für die Berufsbefähigung, dienen insbesondere Abschlussnoten einer beruflichen Auslese. Die Noten sind in späteren beruflichen Bewerbungsverfahren ausschlaggebende Indikatoren, die darüber entscheiden können, wer z. B. zu einem Bewerbungsgespräch eingeladen wird und wer nicht. Natürlich macht es Sinn, für verantwortungsvolle Berufe eine Bestenauslese vorzunehmen, beispielsweise zum Schutz von Patienten*innen, Klienten*innen und letztlich auch Kunden*innen. Allerdings ist die Aussagekraft einer Abschlussnote in Bezug auf späteren beruflichen Erfolg in unterschiedlichen Fachdisziplinen sehr divergent gelagert. So ist die Liste der beruflich sehr erfolgreichen und prominenten Studienabbrecher*innen lang (beispielsweise Steve Jobs, Mark Zuckerberg, Bill Gates, Günther Jauch). Dies soll aber nicht darüber hinwegtäuschen, dass der Regelfall zu einem beruflichen Erfolg über eine gute Abschlussnote führt.

Herrschafts- und Sozialisationsfunktion

In der wissenschaftlichen Karriere haben Prüfungen darüber hinaus auch einen Initiationscharakter. Mit der Verleihung des Doktorgrads wird beispielsweise die Eignung zum selbstständigen wissenschaftlichen Arbeiten anerkannt. Neben einer Statusverleihung (Führen des Abschlusstitels im Namen) können Prüfungen aber auch zu einer Legitimation führen, überhaupt einen Beruf ausüben zu dürfen. Beispielhaft seien hier die Zulassungen für den Arztberuf oder den der Volljuristen genannt.

Nachdem nun die Funktionen von Prüfungen geklärt wurden, ergibt sich die Frage: Wie können Lehrende gerechte und qualitativ hochwertige Prüfungen gestalten, die der jeweiligen Funktion bestmöglich gerecht werden?

1.8.2 Prüfungsvorbereitung: Konstruktion von Prüfungen

Bevor in Kapitel 1.8.3 die Konstruktion kompetenzorientierter Prüfungen näher beschrieben wird, werden in diesem Abschnitt noch einmal die Grundlagen von Prüfungen allgemein thematisiert, die auch für kompetenzorientierte Prüfungen unerlässlich sind. Dazu zählen insbesondere die Beachtung von Bezugsnormen in der Notengebung und die korrekte Anwendung von Gütekriterien.

Bezugsnormen

In der Beurteilung von Leistungen werden klassischer Weise drei Bezugsnormen herangezogen: soziale, individuelle und kriteriumsorientierte Bezugsnorm (vgl. Rheinberg 2001). Dabei meint die soziale Bezugsnorm, dass die Leistungen einer einzelnen Person mit den Leistungen einer Referenzgruppe verglichen und vor diesem Hintergrund bewertet wird. Die Lehrperson ist durch die soziale Bezugsnorm in der Lage, die Lerner*innen in einer Rangreihe zu ordnen. Bei schriftlichen Prüfungen erfolgt dies beispielsweise durch die Punkteanzahl bzw. die Fehleranzahl. Gerade für eine Rekrutierungsfunktion von Noten und einer Auslese der Prüfungsbesten macht diese Bezugsnorm vordergründig Sinn.

Allerdings birgt die soziale Bezugsnorm ein gewisses Risiko. Viele Lehrende sind es aus ihrer Schulzeit gewohnt, dass die Notengebung im Sinne eines Quotenmodells in Bezug auf eine Gauß'sche Normalverteilung erfolgt. Dies würde implizieren, den besten 10 % der Prüfungsergebnisse die Note 1 zu geben, den schlechtesten 10 % die Note 5 (oder 6), den mittleren 34 % die Note 3 und rechts und links davon liegenden jeweiligen 23 % entweder die Note 2 bzw. 4 zu geben. Bei einer solchen Benotung würde jede Prüfung gleich gut ausfallen und zwar mit der Durchschnittsnote 3,0. Wengert (2008) führt dieses Bewertungssystem jedoch schnell ad absurdum, wenn er fragt, wie man 10 % der Lerngruppe eine 1 geben kann, wenn 20 % der Lerngruppe die maximale Punktzahl erreicht hat. Er verweist mit Recht darauf, dass ein solcher, in der Testtheorie durchaus üblicher, Einsatz der Normalverteilung (beispielsweise IQ Testung) dann Sinn machen kann, wenn die mit standardisierten Tests erhobene Normalverteilung sich auf große, unausgelesene Gruppen oder Populationen bezieht (ebd., S. 328). Wengert geht weiter davon aus, dass diese Einteilung von Testleistungen für viele Lehrpersonen jedoch etwas „Natürliches" (ebd.) hätte. Es entspräche der allgemeinen Beobachtung, dass es wenige gute Lerner*innen gebe, einen breiten Durchschnitt und wiederum einige wenige unterdurchschnittlich Lerner*innen. Also gilt die Schwierigkeitsbemessung einer Prüfung dann als gut, wenn sie diese Normalverteilung wiederspiegelt. Erklärungsbedürftig würde sie erst dann, wenn die Prüfungsergebnisse von der Normalverteilung deutlich abweichen und zwar sowohl, wenn sie zu schlecht, als auch als zu gut (!) anzusehen ist.

So gibt es an Hochschulen fachbereichsabhängig sehr unterschiedliche, zum Teil auch tradierte Bewertungen in Bezug zur sozialen Bezugsnorm. In einzelnen Studiengängen sind Vorlesungen mit einer Prüfungs-Durchfallquote von bis zu 80 % eher die Regel als eine Seltenheit und durchaus gewollt. Dagegen scheint sich die Notenskala in manchen Studiengängen zwischen 1,0 und 3,0 zu erschöpfen, sodass auch Absolvent*innen mit einem 2,0-Schnitt um eine Berufsanstellung fürchten müssen. Andererseits sind Abschlussprüfungen in Jura, die besser als 2,0 abschließen, eine wahre Rarität.

Anders als die soziale Bezugsnorm setzt die individuelle Bezugsnorm die aktuellen Leistungen eines*r Student*in in Beziehung zu ihren oder seinen früheren Leistungen. So sollen individuelle Lernfortschritte sichtbar gemacht werden. Dies bietet die Möglichkeit einer ausführlicheren Rückmeldung, auch wenn sich die Rangposition einer Person in einer Lerngruppe nicht verändert hat. So könnte eine Lehrperson über die soziale Bezugsnorm lediglich einem*r Studierenden zurückmelden: „Sie sind weiterhin unter den top 10 Prozent des Kurses". Durch die individuelle Bezugsnorm könnte die Lehrperson aber auch über Lernfortschritte, weiterhin bestehende Fehlermuster etc. informieren und so den individuellen Lernprozess unterstützen.

Eine besonders geeignete Form der Rückmeldung, die sich auf individuelle Lernfortschritte bezieht, sind lernzielorientierte Tests. Diese Tests beziehen sich auf eine kriteriumsorientierte Bezugsnorm und verzichten in der Reinform auf eine Notengebung. Bei der kriteriumsorientierten Bezugsnorm wird die Lernleistung des einzelnen Lerners bzw. der einzelnen Lernerin mit dem Lernziel (dem Kriterium) verglichen. „Die Distanz zum Lernziel gibt einerseits Rückmeldung über den Erfolg der bisherigen Lernbemühungen und andererseits Auskunft über noch zurückzulegende Lernschritte" (Wengert 2008, S. 329). Bei der Leistungskontrolle kann die Lehrperson dann nur unterscheiden zwischen „Lernziel erreicht" oder „Lernziel noch nicht erreicht". Sollte ein Lernziel noch nicht erreicht sein, müssen von der Lehrperson Impulse in der Unterstützung zur weiteren Erreichung des Lernziels ausgehen.

Als Lehrperson im Hochschulkontext hat man zumeist nicht die Wahl, ob Noten gegeben werden sollen oder nicht. Wird die Lehrveranstaltung einem Modul zugeordnet, wo die Prüfungsordnung eine benotete Leistung vorsieht, müssen auch Noten vergeben werden. Deshalb ist es wichtig, sich neben den Bezugsnormen auch die Gütekriterien einer Prüfung noch einmal zu vergegenwärtigen, um eine gerechte Prüfung zu ermöglichen.

Gütekriterien

In der psychologischen Testtheorie werden klassischer Weise drei Gütekriterien unterschieden: Objektivität, Reliabilität (oder Zuverlässigkeit) und Validität (oder Gültigkeit). Es lassen sich zwar grundsätzlich Überschneidungen bei der Entwicklung von psychologischen Tests und Prüfungen an der Hochschule feststellen, jedoch sollten einzelne Aspekte noch näher betrachtet werden:

Objektivität: Ein Test ist dann objektiv, wenn das Testergebnis unter gleichen Durchführungsbedingungen vom Beurteiler bzw. der Beurteilerin unabhängig ist. Bezogen auf den Hochschulkontext wäre dies der Fall, wenn zwei Prüfer*innen unabhängig voneinander bei ein- und derselben Klausur zu demselben Ergebnis in der Bewertung kommen. Je größer ein Beurteilungsspielraum ist, desto stärker leidet die Objektivität. Insbesondere bei mündlichen Prüfungen oder Klausuren mit Freitextantworten ist dies der Fall. Zur Einschränkung des Ermessensspielraums spielen die Formulierung von Erwartungshorizonten (Musterlösungen) sowie möglichst präzise formulierte Bewertungskriterien und -gewichtungen eine große Rolle. Als eine sehr objektive Form der Leistungsbeurteilung gelten geschlossene Frageformate (beispielsweise Multiple-Choice-Klausuren). Die Durchführungsobjektivität beinhaltet zudem, dass Studierende bei einer Prüfung möglichst standardisierte und immer gleiche Durchführungsbedingungen haben sollten. Ein Beispiel, wo dies nicht der Fall wäre, ist, wenn eine Mathematikklausur aufgrund der großen Studierendenzahl zeitgleich in zwei Hörsälen geschrieben würde und die eine Gruppe die Information bekommt, einen Taschenrechner verwenden zu dürfen, die andere Gruppe diese Information jedoch nicht erhält und ohne Taschenrechner arbeiten muss.

Reliabilität (Zuverlässigkeit): Die Reliabilität eines Tests gibt die Genauigkeit an, mit der gemessen wird. Leicht verallgemeinert könnte man für eine Prüfung an der Hochschule formulieren: Je mehr voneinander unabhängige Einzelaufgaben zu einem Lernziel oder Lernbereich gestellt werden, desto zuverlässiger ist das Testergebnis. So kann es zu einem Problem werden, wenn in einer Klausur zu viele ineinander geschachtelte bzw. aufeinander aufbauende Aufgaben gestellt werden. Insbesondere in naturwissenschaftlichen und wirtschaftswissenschaftlichen Klausuren werden Aufgaben gerne in drei oder mehr Teilaufgaben unterteilt, wobei die Ergebnisse aus den ersten beiden Teilen benötigt werden, um den dritten Teil lösen zu können. Möglicherweise ist es aber nicht möglich, dass die Prüflinge ihre Kompetenzen im dritten Aufgabenteil unter Beweis stellen können, wenn ihnen für die vorherigen Aufgaben keine korrekten Zwischenergebnisse geliefert werden.

Validität (Gültigkeit): Ein Test ist dann valide, wenn er das, was er zu messen vorgibt, auch tatsächlich misst. Als größte Einschränkung der Validität von Tests an der Hochschule ist wohl die zeitliche Einschränkung von Prüfungen zu sehen. Wenn die Bearbeitungszeit so knapp bemessen ist, dass ein erheblicher Teil der Studierenden manche Aufgaben gar nicht mehr in Angriff nehmen konnte, lassen die Prüfungsergebnisse natürlich auch keine Rückschlüsse auf den betreffenden Lernstand zu (vgl. Wengert 2008).

Die Validität spiegelt sich aber auch auf der inhaltlichen Ebene wieder. So sollte ein Test im Kontext des Hochschulstudiums auch nur das messen, was in der Studienordnung bzw. den Modulhandbüchern als Inhalt vermerkt ist. Bezogen auf die konkrete Lehrveranstaltung bedeutet das, dass die Lehrenden nur das valide prüfen können, was auch tatsächlich gelehrt bzw. inhaltlich behandelt wurde und in ihren Learning Outcomes im Vorfeld formuliert wurde.

Dubs (2003) ergänzt im Kontext der Hochschulprüfungen die *Ökonomie* als Grundanforderung an Prüfungen. Für ihn sollte der Aufwand der Konstruktion, Durchführung und Auswertung einer Prüfung so gering wie möglich sein, aber trotzdem gültige und verlässliche Ergebnisse erbringen. Eine Prüfung ist demnach umso ökonomischer, „je weniger Konstruktionsaufwand sie erfordert (Konstruktionsökonomie), je kürzer die Prüfungszeit ist und je mehr Kandidatinnen und Kandidaten gleichzeitig geprüft werden (Durchführungsökonomie) sowie je schneller und bequemer die Prüfungsergebnisse ermittelt und bewertet werden können (Auswertungsökonomie)" (ebd., S. 5). Die Ökonomie kann nach seiner Ansicht jedoch leicht mit den übrigen Gütekriterien in Konflikt geraten. Denn gültige (valide) und damit anspruchsvolle Prüfungsaufgaben sind wenig ökonomisch, da sie einen hohen Aufwand in der Konstruktion, der Durchführung und Auswertung benötigen. Ohne eine sorgfältige Arbeit würde sich zudem die Zuverlässigkeit (Reliabilität) verringern.

Zusammengefasst lassen sich die Gütekriterien für Prüfungen im Hochschulkontext folgendermaßen darstellen:

Eine Prüfung ist objektiv, wenn ...

- alle Prüflinge die gleichen Informationsquellen zur Prüfungsvorbereitung und dieselben Informationen über Ablauf und Bewertung der Prüfungen erhalten (Vorbereitungs-Objektivität).
- alle Prüflinge mit ähnlichen Ergebnissen, unabhängig von Prüfer*in und einer ggf. unterschiedlichen räumlichen Situation, vergleichbare Noten erhalten (Durchführungs-Objektivität).
- die Bewertung der Prüfungsleistung anhand von vorher definierten Kriterien in standardisierter Form erfolgt (Auswertungs-Objektivität).

Eine Prüfung ist reliabel, wenn ...

- eine zweite Prüfung mit ähnlichen Fragen ein ähnliches Prüfungsergebnis produziert, beispielsweise in zwei Gruppen (Paralleltest-Reliabilität).
- in einer Wiederholung der Prüfung mit vergleichbaren Fragen auf inhaltlichem Niveau und im vergleichbaren Schwierigkeitsgrad ein ähnliches Ergebnis zu Stande kommt (Retest-Reliabilität).

Eine Prüfung ist valide, wenn ...

- die gestellten Prüfungsfragen das Prüfungsthema repräsentieren (Inhalts-Validität).
- eine Aussagekraft zwischen der erreichten Note in der Prüfung und in der beruflichen Bewährung besteht (Prognostische Validität).
- unter Ausschluss von Störvariablen eine Passung zwischen der Einzelnote mit der Gesamtnote besteht (Übereinstimmungs-Validität).

1.8.3 Kompetenzorientierte Prüfungen

Wie bereits in Kapitel 1.1 zur Kompetenzorientierung in der Hochschulbildung beschrieben wurde, hat der Bologna-Prozess nicht nur zu einer Zunahme der Anzahl der Prüfungsleistungen geführt, sondern auch zu einer verstärkten Kompetenzorientierung in der Lehre. Durch den *Shift from Teaching to Learning* (Wildt 2004) und das Constructive Alignment (ausführliche Beschreibung siehe Kapitel 1.3) ist die Formulierung von Learning Outcomes der zentrale Ausgangspunkt für die Lehre und damit von Prüfungen geworden (zur Formulierung von Learning Outcomes siehe auch

Kapitel 1.2). Zusammengefasst meint das Konzept des Constructive Alignment (vgl. Biggs/Tang 2011):

In der Vorbereitung zur Lehrveranstaltung muss sich die Lehrperson darüber im Klaren sein, was ihre intendierten Learning Outcomes sind, also welchen Lernzielbereiche (kognitiv, affektiv, (psycho-)motorisch) sie wählt und diese über Taxonomiestufen (beispielsweise bezogen auf kognitive Lernziele unter Berücksichtigung von Bloom: Wissen, Verständnis, Anwendung, Analyse, Synthese oder Evaluation) näher explizieren. Dann muss die Lehrperson dazu passend die Aktivität der Studierenden zur Erreichung der Learning Outcomes wählen und schließlich eine damit übereinstimmende Prüfungsform zusammenstellen, die in ihrer Gewichtung adäquat die tatsächlich behandelten Themen berücksichtigt und den Studierenden ermöglicht, die erlernten Kompetenzen in realitätsnahen Settings zeigen zu können. Erst dann kann von einer inhaltlich validen und kompetenzorientierten Prüfung gesprochen werden.

Alleine die konsequente Anpassung der Lehre und Prüfung an das Constructive Alignment und die Verwendung von Learning Outcomes bedeutet für viele Hochschul-Fachbereiche einen massiven Einschnitt in bewährte Prüfungsabläufe. Durch den Bologna-Prozess wurde allerdings zusätzlich eine Modularisierung der Studiengänge vorangetrieben, die wiederum die Anzahl der Modulabschlussprüfungen deutlich erhöht hat.

Abb. 21: Komplexität von Modulabschlussprüfungen

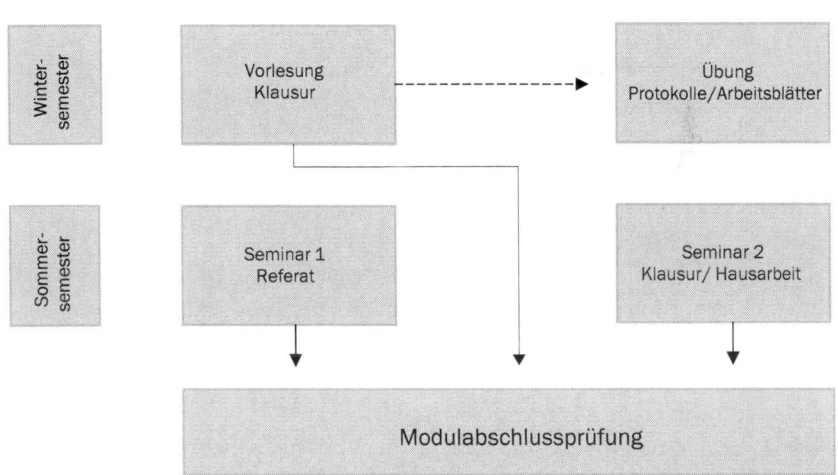

In den Modulabschlussprüfungen sollen die Studierenden ihren Kompetenzerwerb übergreifend auf alle Veranstaltungen eines Moduls unter Beweis stellen können. Die Herausforderung der Modulabschlussprüfungen liegt nun darin, dass sich Lehrende untereinander absprechen müssen, welche Inhalte in den einzelnen Lehrveranstaltungen angegangen wurden und welche Gewichtung die jeweiligen Veranstaltungen in der Modulabschlussprüfung erhalten. Die KMK-Rahmenvorgaben (2003, 2005) sind in diesem Kontext sehr deutlich, da sie festsetzen, dass die Qualifikationsziele der Studiengänge und Module als Kompetenzen zu formulieren sind. Die Lehrformen sollen zur Erreichung des Kompetenzerwerbs beitragen und in der Modulabschlussprüfung überprüft werden. Damit kompetenzorientierte Prüfungen einen effektiven Kompetenzerwerb unterstützen, müssen die Prüfungsaufgaben und -anforderungen sich daher eng an den angestrebten Learning Outcomes orientieren (vgl. Biggs/Tang 2011; vgl. auch Kapitel 1.2 Vom Lehrziel zum Learning Outcome). Das bedeutet, dass im optimalen Fall bereits bei der Formulierung der Modulhandbücher diejenigen Kompetenzen festgestellt wurden, die in der Modulabschlussprüfung gezeigt werden sollen und die gleichermaßen in den einzelnen Veranstaltungen des Moduls als Teilkompetenzen erworben und trainiert werden konnten.

Im Rahmen der (Re-)Akkreditierungen der Studiengänge wurde deshalb in den letzten Jahren das Augenmerk sehr stark auf die Modulhandbücher gelegt und in wie weit die darin enthaltenden Learning Outcomes zum einen kompetenzorientiert sind und zum anderen eine inhaltlich valide Modulabschlussprüfung ermöglichen. Wenn beispielsweise die Learning Outcomes auf den Erwerb von Fähigkeiten zur Lösung von komplexen fachlichen Problemstellungen abzielen, sollten entsprechende Problemlösungsanforderungen und -szenarien (beispielsweise in Projektarbeiten oder Problembasierten Lern-Settings) in den Prüfungen vorkommen und als Prüfungsleistungen in den Modulhandbüchern vermerkt sein. Wie wenig dieser Anspruch bisher konsequent umgesetzt wurde, zeigt ein Fachgutachten zur Kompetenzorientierung in Studium und Lehre, das von Schaper et al. (2012) für die HRK erstellt wurde. Sie bemängeln, dass viele Hochschulen weiterhin an althergebrachten Prüfungsformaten festhalten und die Prüfungen häufig abgekoppelt von den in den Modulhandbüchern formulierten Learning Outcomes seien. Sie kommen zu dem Schluss, dass für die Konzeption kompetenzorientierter Prüfungsverfahren „weniger wissensproduzierende Prüfformate, sondern vielmehr Formate zu wählen und zu gestalten sind, die die Anwendung von Wissen, dessen Umsetzung in Handlungszusammenhängen sowie die Beurteilung und Reflexion von realitätsnahen Problemstellungen fordern" (ebd., S. 62f.). Sie sehen hierfür besonders Prüfungsaufgaben bzw. -formate als geeignet an, die problem- oder handlungsorientierte Anforderungen stellen und komplexe kognitive Leistungen erfordern, die jeweils den Kompetenzanforderungen der angestrebten Learning Outcomes entsprechen (beispielsweise Durchführung von Experimenten, die Bearbeitung von ‚vollständigen' Handlungszusammenhängen in Fallklausuren, Konstruktionsaufgaben, Durchführung von komplexen Fällen und Projekten abhängig vom jeweiligen Studienfach). Sie geben einschränkend zu bedenken, dass es mitunter schwierig sein kann, Prüfungsszenarien so zu gestalten, dass sie die Kompetenzen in ihrer gesamten Komplexität abfordern bzw. prüfen. Trotzdem solle man versuchen, auch die Prüfung von Teilkompetenzen in realitätsnahe und Handlungs- und Problemlösungszusammenhänge zu betten (vgl. ebd.).

1.8.4 Qualitätssicherung von Prüfungen: mögliche Fehlerquellen vermeiden

Prüfungen abzunehmen ist nicht immer ganz leicht. Insbesondere mündliche Prüfungen sind sehr fehleranfällig im Sinne der Gütekriterien (vgl. Stary 2002). An dieser Stelle werden nur einige mögliche Fehlerquellen genannt, die Prüfer*innen im Hinterkopf haben sollten, um eine Prüfung, die den Gütekriterien einer Prüfung entspricht, gewährleisten zu können.

Recency- und Primacy-Effekte: Unser Gedächtnis speichert besonders gut Informationen, die zu Beginn (primacy) und am Ende (recency) einer Sequenz gegeben werden. Das bedeutet für Prüfungen, dass wir uns sehr gut an den Beginn der Prüfung erinnern können und an das Ende. Der übrige Verlauf der Prüfung wird unbewusst an das gefasste Urteil angepasst, da wir den eigentlichen Prüfungsverlauf nur schwer erinnern. Das bedeutet, dass entweder der erste Eindruck eine Prüfung dominieren kann oder aber die Abschlusssequenz der Prüfung den gesamten Verlauf korrigieren bzw. überlagern kann.

Reihenfolgeeffekte: Werden mehrere Prüfungen hintereinander abgenommen, können Reihenfolge und Positionseffekte auftreten. So kann es für die Note der Studierenden in mündlichen Prüfungen erhebliche Auswirkungen haben, wenn sie unmittelbar nach einem sehr guten oder sehr schwachen Prüfling geprüft werden, da die Prüfer*innen einen anderen Maßstab anlegen. Zudem geht Wengert (2008) davon aus, dass die erste Note in einer Reihe von mündlichen Prüfungen den Maßstab setzt, mit dem die nachfolgenden Prüfungsleistungen verglichen werden, sodass mindestens für die erste Prüfung ein anderer Maßstab gilt als für die übrigen Prüfungen.
   Bei schriftlichen Prüfungen passiert es, dass sich der Beurteilungsmaßstab der Lehrenden unbewusst langsam im Verlauf der Korrektur verändert,

da die Lehrperson zu Beginn nur ihre Ideallösung im Kopf hat. Mit fortschreitender Korrektur werden Prüfer*innen häufig nachsichtiger, da ihnen erst im Korrekturprozess die möglichen Fehlerquellen auffallen.

Kontrast- und Ähnlichkeitseffekte: Die Kontrasteffekte treten besonders häufig in mündlichen Prüfungen auf. Hier beurteilen Prüfer*innen Fähigkeiten, Eigenschaften, etc. die Prüflinge haben, die Prüfer*innen selbst aber nicht haben, als besonders positiv oder negativ, sodass diese sich auf die Prüfungsbeurteilung auswirken.

Wenn Prüfer*innen Fähigkeiten, Eigenschaften etc. bei einem Prüfling entdecken, über die sie auch selbst verfügen, wirkt sich dies in der Regel eher positiv auf die Beurteilung aus (Ähnlichkeitseffekt).

Dauereffekte: Wenn viele Prüfungen hintereinander abgenommen werden, leidet die Aufmerksamkeit der Prüfer*innen. Gerade in mündlichen Prüfungen, die zu einem ähnlichen Themenfeld verortet sind, neigen Prüfer*innen dazu, zum Ende hin nicht mehr konzentriert zuzuhören, oder schneller durch Frageblöcke zu gehen. Bei der Korrektur von schriftlichen Prüfungen wird bei nachlassender Konzentration schneller über Fehler hinweggelesen als dies zu Beginn der Korrekturphase der Fall war. Eine leichte Abwandlung findet sich beim *Ermüdungs-Effekt,* wonach Prüfer*innen dazu neigen, Prüflinge besser zu bewerten, wenn sie merken, dass die Prüflinge müde werden.

Halo-Effekt: Man spricht von dem sogenannten Halo-Effekt, wenn von einem hervorstechenden Merkmal oder von einem Gesamteindruck des Prüflings auf andere Merkmale geschlossen wird, die nicht direkt beobachtbar waren. Der vorherrschende Eindruck überstrahlt gewissermaßen die anderen Merkmale. Das bedeutet, dass das Auftreten, die Sprachfertigkeit oder Ausdrucksfähigkeit leicht über inhaltliche Schwächen hinwegtäuschen können, da Prüfer*innen gar nicht erst gewisse Punkte ansprechen, die sie als bekannt voraussetzen.

Verteilungsfehler: Unter dem Begriff Verteilungsfehler können verschiedene Fehlerquellen summiert werden. Der sogenannte *Zentralfehler* (Zentrale Tendenz) meint, dass Prüfer*innen dazu neigen, Bewertungen vor allem im mittleren Bereich (Note 3) anzusiedeln. Die extremen Bereiche (Note 1 bzw. 5/6) werden eher vermieden. Werden erwünschte Eigenschaften, Fähigkeiten oder richtige Antworten hoch gewichtet und falsche Antworten bzw. Fehler oder unerwünschte Eigenschaften vernachlässigt, spricht man vom *Milde-Effekt.* Dieser tritt auch zu Tage, wenn Prüfer*innen Angst davor haben, den Prüflingen ‚weh zu tun‘. Der umgekehrte Fall ist beim *Strenge-Ef-*

fekt der Fall, wenn also beispielsweise falsche Antworten dauerhaft stärker gewichtet werden als richtige Antworten.

Vorinformationen: Wenn Prüfer*innen Studierende bereits aus Lehrveranstaltungen kennen oder andere Vorinformationen (beispielsweise Vornoten, Leistungen im Praktikum/Projekten) über diese haben, beeinflusst dies die Wahrnehmung und die Beurteilung der Prüfungsleistung ebenso wie Sympathien und Antipathien der Prüfer*innen gegenüber den Prüflingen.

1.8.5 Gestaltung von mündlichen Prüfungen

Da dieses Buch einen umfassenden Blick auf Peer Beratungsformate im Hochschuldidaktischen Kontext geben soll, können die einzelnen Gestaltungsaspekte von mündlichen und schriftlichen Prüfungen nur angerissen werden. Eine ausführliche Darstellung mit Hilfen zur Formulierung von Aufgaben und praktischen Tipps zur Gestaltung von mündlichen Prüfungen finden sich bei Stary (2002) und Böss-Ostendorf/Senft (2005).

In der Gestaltung von mündlichen Prüfungen kommen durch die direkte Interaktion zwischen Prüfling und Prüfer*in andere Prüfungsmodalitäten zum Tragen, als dies bei einer schriftlichen Prüfung der Fall ist. Generell lässt sich festhalten, dass eine schriftliche Prüfung einer mündlichen Prüfung immer vorzuziehen ist, wenn es um das bloße Abfragen von Wissen geht. Denn gerade mündliche Prüfungen bieten im Bereich der Objektivität große Angriffspunkte, wie im Kapitel zu den Fehlerpotenzialen (Kapitel 1.8.4) gezeigt werden konnte. Das Potenzial von mündlichen Prüfungen liegt darin, dass Prüfer*in und Prüfling Wissen und Fakten reflektieren und kritisch diskutieren können. Hierbei unterscheidet Stary (2002) sechs mögliche Modelle im Prüfungsablauf (Abb. 22).

Die Modelle von Stary unterscheiden sich in dem Grad des Gestaltungsspielraums, den die Prüflinge in den Prüfungen haben. Insbesondere Modell 3 zeigt die Bemühungen um Objektivität in der Prüfung, indem ein Zettelkasten verwendet wird. Die Modelle mit besonders viel bzw. besonders wenig Gestaltungsspielraum für die Studierenden finden sich bei Modell 4 bis 6. Für kompetenzorientierte Prüfungen ist festzuhalten, dass, je größer der Gestaltungsspielraum der Studierenden in den Prüfungen ist, desto wahrscheinlicher ist es, dass die Studierenden auch ihre erworbenen Kompetenzen zeigen können. Das heißt: Ein klassischer Frage-Antwort-Format ist in den seltensten Fällen wirklich kompetenzorientiert.

Abb. 22: Modelle von mündlichen Prüfungen aus Stary (2002, S. 5)

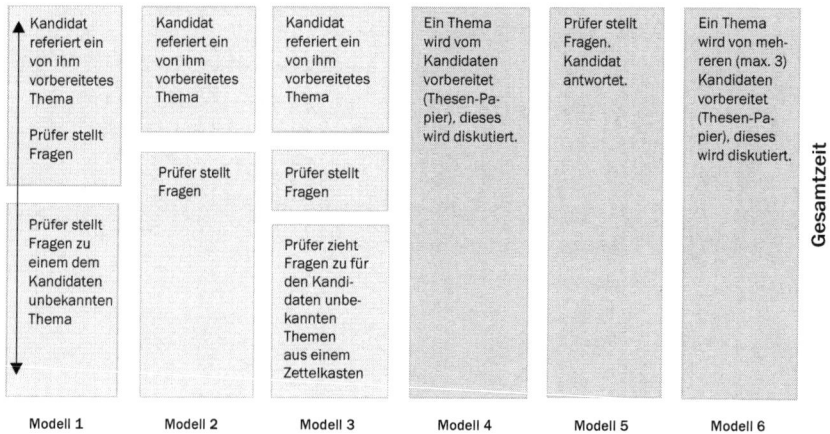

In Bezug zu Modell 6 muss festgehalten werden, dass Gruppenprüfungen generell im Hochschulkontext möglich und mitunter sinnvoll sein können, jedoch müssen in den Prüfungen individuelle Leistungen deutlich abgrenzbar und bewertbar sein, damit die Prüfung rechtlichen Rahmenbedingungen entspricht.

Natürlich gelten auch für mündliche Prüfungen, dass die Lehrenden sich im Vorfeld Gedanken über die Prüfungsgestaltung und die Formulierung von Fragen entsprechend den Learning Outcomes machen sollten. Sind diese wiederum an die Bloom'sche Taxonomie angepasst, dann könnten beispielhaft die Aufgaben sein:

Abb. 23: Klassifikation von kognitiven Prozessen in Anlehnung an Dubs (2003, S. 10)

Wissen	Wiedergeben von einzelnen Fakten und Begriffen, Einzelheiten erinnern, Aufzählen von Prinzipien oder Theorien
Verständnis	Erläutern von Daten aus einem Diagramm, die Ergebnisse eines Datensatzes verdeutlichen, aus gegebene Daten eine Prognose ableiten
Anwendung	Gelerntes auf neue Probleme anwenden, mathematische Funktionen berechnen, bestimmen auf welchen Fall ein Gesetz anwendbar ist
Analyse	Beziehungen zwischen einzelnen Elementen identifizieren und bestimmen, Strukturen von Organisationsprinzipien zuordnen
Synthese	Zusammensetzung von Elementen und Teilen zu einem Ganzen, Entwerfen eines Plans oder Programms für eine Reihe von Operationen
Beurteilen	Erkennen von Fehlern und Begründung des Fehlers, Bewerten im Hinblick auf innere Klarheit und äußere Kriterien

Für die eigentliche mündliche Prüfung müssen dann Fragen entwickelt und formuliert werden. Es bietet sich an, diese mit (ggf. erfahrenen) Kolleg*innen gemeinsam zu formulieren. Es ist auch möglich, im Rahmen der Lehre Fragen gemeinsam mit den Studierenden zu entwickeln, die dann einen Teil der Prüfungsfragen in der mündlichen Prüfung ausmachen. Eine Gewichtung der Prüfungsfragen nach Schwierigkeitsgrad sollte bereits im Vorfeld der Prüfung passieren.

Bei der Prüfungsdurchführung sollten Prüfer*innen darauf achten, welchen Gesprächsstil sie nutzen bzw. ob sie zu direkten oder indirekten Formulierungen neigen. Direkte Formulierungen schaffen Autorität im Gespräch, wohingegen indirekte Formulierungen häufig interpretierbar sind und die eigene Position schwächen können.

Abb. 24: Direkte und indirekte Formulierungen in Prüfungen

Direkte Formulierung	Indirekte Formulierung
Klare Zeit- und Ortsangaben, ein, kein, nie, klare Prozentangabe, falsch, eindeutige Zahlenmengen	Möglicherweise, ein paar, einige, viele, selten, ab und zu, Konjunktive, unbestimmte Zahlenmengen

Bei Prüfer*innen kann ein direkter Gesprächsstil ausufernde Prüflinge wieder zum Punkt zurückbringen, ein indirekter Sprachstil kann dagegen zurückhaltende Prüflinge ermutigen und stärken. Bei der Prüfungsdurchführung empfiehlt sich der Leitsatz: Keep it simple and stupid (KISS). Das bedeutet, dass nur eine Frage gleichzeitig gestellt werden sollte, die Prüfer*innen sollten kurze Sätze verwenden, nicht offene und geschlossene Fragen mischen und „man" durch eine direkte Ansprache ersetzen.

Beispiel: „Diskutieren Sie die Entscheidung der Bundesregierung, das Schengen-Abkommen kurzzeitig außer Kraft zu setzen."

In mündlichen Prüfungen werden Prüfer*innen immer wieder auf Antworten oder Aussagen von Studierenden stoßen, denen sie nicht vollständig zustimmen können oder die sie verneinen müssen. Auch bei einer negativen Rückmeldung geht es in der Prüfung letztlich darum, die Motivation der Prüflinge weiter aufrecht zu erhalten, und sie ggf. ein Stück weit zu führen. Aussagen, wie z. B.: „Das stimmt so nicht ganz …" oder „In ihren Ausführungen fehlt mir noch etwas …", dienen lediglich der Absicherung der Prüfer*innen und wirken auf die Prüflinge demotivierend bzw. nervositätssteigernd. Folgende Aussagen sind motivierender für die Prüflinge und können trotzdem zur Überprüfung genutzt werden: „Sie können bestimmt die Gründe noch präziser darstellen …" oder „Könnten Sie ihre Darstellung bitte noch um weitere Beispiele ergänzen …".

Worauf Prüfer*innen in der Durchführung der Prüfung verzichten sollten, sind zum einen rhetorische Fragen, da Prüflinge in der Stresssituation diese vielleicht nicht als rhetorische Fragen erkennen und sie als echte ‚nachdenkenswerte' Frage auffassen und verwirrt sind. Zum anderen sollte dringend auf die Ankündigung von leichten Fragen verzichtet werden, denn dies führt nur zu einer unnötigen Nervositätssteigerung bei den Prüflingen. Prüfer*innen, die sich mit herausfordernden Prüfungssituationen konfrontiert sehen, wie z.B. Gesprächsblockaden oder Blackouts bei Prüflingen, nicht antwortenden Prüflingen oder Prüflingen, die einen psychologisch labilen Eindruck machen, sollten versuchen, diesen kritischen Zustand zu durchbrechen. Entweder durch den Einsatz von geschlossenen Fragen, durch Gewähren von mehr Bedenkzeit, einem Wechsel der Darstellungsweise, der Wahl einer anderen Abstraktionsebene oder eine andere Aufgabenstellung wählen. Sollten Studierende bereits im Vorfeld der Prüfung auffällig nervös agieren, z.B. im Rahmen der Sprechstunde vor der Prüfung, können Knigge-Illner (1999) oder Metzge (2004) hilfreiche Literaturtipps sein.

1.8.6 Gestaltung von schriftlichen Prüfungen

Ähnlich wie bei den mündlichen Prüfungen können auch hier nur die wichtigsten Punkte umrissen werden und auf weiterführende Literatur verwiesen werden (beispielsweise Dubs 2003 oder Waffenschmidt 2013). Im Grunde lassen sich hier bereits viele Punkte summieren, die bereits mehrfach angesprochen wurden:

Durch die in der Vorbereitung zur Lehrveranstaltung bzw. im Modulhandbuch festgelegten Learning Outcomes wurden von der Lehrperson dazu passend die Aktivitäten der Studierenden zur Erreichung der Learning Outcomes ausgewählt. Nun stellt die Lehrperson eine damit übereinstimmende schriftliche Prüfungsform zusammen, die in ihrer Gewichtung adäquat die tatsächlich behandelten Themen berücksichtigt und den Studierenden ermöglicht, die erlernten Kompetenzen in möglichst realitätsnahen Settings zeigen zu können. Dabei ist es jedoch schwierig, in schriftlichen Prüfungsformaten Können im Sinne von psychomotorischen Handlungen zu bewerten. Die schriftlichen Prüfungsformate bieten sich vor allem an, um Wissen zu prüfen oder Haltungen bzw. Einstellungen auf einer affektiven Ebene zu erfassen.

Dubs (2003) hat eine Klassifikation von kognitiven Prozessen erstellt, die sich stark an Blooms Taxonomie von kognitiven Lernzielen orientiert und diese nur leicht verändert, indem Stufen zusammengefasst bzw. untergliedert werden.

Abb. 25: Klassifikation von kognitiven Prozessen in Anlehnung an Dubs (2003, S. 10)

Taxonomie nach Bloom	Prozessstufen	Untergliederung
Erinnern	1. Informationen erinnern	**Erinnern** 1.1 Wiedererkennen: Erlerntes in unveränderter Weise wiedererkennen. 1.2 Wiedergeben: Erlerntes in unveränderter Weise reproduzieren.
Verständnis Anwendung	2. Informationen verarbeiten	**Verstehen und Anwenden** 2.1 Sinn erfassen: Erlerntes sinngemäß abbilden. 2.2 Anwenden: Erlernte Strukturen in ähnlichen Situationen anwenden.
Umfang Synthese Beurteilen	3. Informationen erzeugen	**Probleme bearbeiten** 3.1 Analysieren: Einen Sachverhalt mit eigenen Kriterien systematisch und umfassend untersuchen. 3.2 Synthese: Aus erlernten Strukturen ein neuartiges Ganzes entwickeln. 3.3 Beurteilen: Einen Sachverhalt anhand eigener Kriterien systematisch bewerten.

Abb. 26: Reproduktions- und Transferaufgaben nach Dubs (2003, S. 11 f.)

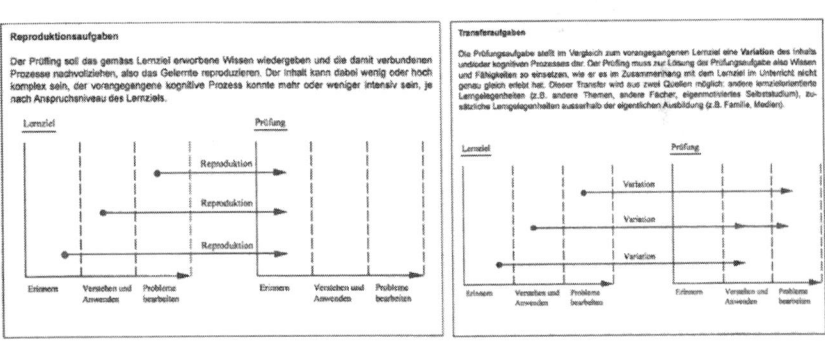

Dubs unterscheidet auf Grundlage dieser Klassifikation zwischen Reproduktions- und Transferaufgaben in Prüfungen (Abb. 26). Für ihn haben Reproduktionsaufgaben ein geringeres Anspruchsniveau, da dort Lerninhalte lediglich wiedergegeben werden. Jedoch sollten Prüfungen grundsätzlich sowohl Reproduktions- als auch Transferaufgaben enthalten. Er empfiehlt, dass Reproduktionsaufgaben verstärkt zu Studienbeginn, beispielsweise in

Bachelorprüfungen verlangt werden und Transferaufgaben eher für Abschlussprüfungen sinnvoll wären. Dubs hat eine Reihe von Empfehlungen zur Formulierung von Aufgaben zusammengestellt. Unter anderem finden sich in seinen Ausführungen auch Tipps zur Erstellung von Multiple-Choice-Aufgaben (ebd., S. 16f.), die an dieser Stelle nicht adäquat wiedergegeben werden können.

Bei der Konstruktion einer schriftlichen Prüfung gilt es für die Lehrenden zwischen verschiedenen Formaten zu wählen. Bei Klausuren, die in der Regel vor allem zur Überprüfung von Wissen eingesetzt werden, kann zwischen offenen Antwortformaten und Multiple Choice Aufgaben gewählt werden, hinzu kommen beispielsweise Essays oder Portfolios, die sich auch eignen, um Haltungen und Einstellungen zu erfassen. Egal, welche schriftliche Prüfungsform gewählt wird: für eine den Gütekriterien (Kapitel 1.8.2 Konstruktion von Prüfungen) entsprechende Prüfung muss im Vorfeld der Prüfungsbewertung ein Erwartungshorizont, eine Ideallösung oder ein Katalog von Bewertungskriterien erstellt werden. Dabei empfiehlt sich ebenfalls, mit der Durchführung eines Vortests zu arbeiten. Dies sollte in der Regel durch eine fachliche kompetente Person erfolgen, die nicht an der Erstellung der Aufgaben mitgewirkt hat. Abschließend noch einige wichtige Tipps zur Benotung von schriftlichen Prüfungen:

• Beim Entwurf der Musterlösung sind Bewertungskriterien samt Punktezuweisung (wie schwer fällt eine Aufgabe ins Notengewicht?) zu benennen

• Es sollte nicht Prüfungsarbeit nach Prüfungsarbeit korrigiert werden, sondern Aufgabe nach Aufgabe (zuerst Aufgabe 1 bei allen Prüflingen, dann Aufgabe 2 bei allen Prüflingen usw.)

• Vermeidung von typischen Korrekturfehlern (Kapitel 1.8.4), z.B. durch irrelevante Kriterien (Schrift, Darstellung, etc.)

• Bei der Benotung der Prüfungsleistung sollte auf die soziale Bezugsnorm geachtet werden (Kapitel 1.8.2).

Kapitel 2
Peer Learning

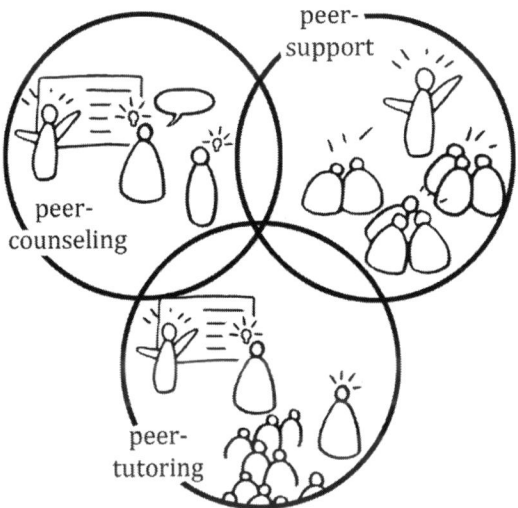

In diesem Kapitel soll es darum gehen, was Peer Learning ist (Kapitel 2.1), auf welchen Hintergrundtheorien es fußt (Kapitel 2.2) und welche Phasen es in der Regel beinhaltet (Kapitel 2.3). Zunächst wollen wir Peer Learning auf Ebene des gemeinsamen Lernens von Studierenden erläutern: Tutorien sowie Lernteams. Auf die Ebene des gemeinsamen Lernens von Lehrenden wird dann in den folgenden Kapiteln (Kapitel 6.1 bis 6.5) näher eingegangen.

2.1 Begriffsklärung Peer Learning

Der Begriff ‚Peer' entwickelte sich aus dem altfranzösischen ‚per', heutzutage ‚pair', und beschreibt ein ‚gleich sein' oder ‚gleichgesinnt sein' bzw. ‚von gleichem Rang' oder ‚von gleichem Status sein' (vgl. Rohr/Strauß 2010, S. 4). Ein Peer ist eine Person, die einer anderen Person(engruppe) bezüglich eines bestimmten Kriteriums gleicht oder ihr ähnlich ist. Der Begriff der Peergroup ist in diesem Kontext wohl der bekannteste, führt aber gleichzeitig ein bisschen in die Irre. Er wird oft assoziiert mit dem Kriterium der Gleichaltrigkeit; entscheidend sind aber Kriterien wie beispielsweise

Gleichgesinntheit, Status oder Rolle innerhalb der Gesellschaft, gleiche Interessen oder gleiche Erfahrungen.

In der Literatur und der Praxis werden unterschiedliche Definitionen bzw. unterschiedlich enge oder weite Definitionen innerhalb von Peer-Learning-Prozessen verwendet (vgl. Deutsch/Rohr 2016).

Im Kontext unseres Buches, also des Peer Learnings innerhalb der Hochschule bzw. der Hochschuldidaktik, erscheint es uns ratsam, eine weite Definition zu verwenden und Peer-Learning vor allem als kollegiales Lernen zu verstehen – in Abgrenzung und Ergänzung zu einem Meister-Schüler- oder Experte-Laien-Lernen. Das heißt, wir unterscheiden Peer-Learning auf zwei Ebenen: auf der Ebene des Lernens von Studierenden (vgl. Kapitel 2.1) und auf der Ebene des Lehrens sowie voneinander Lernens von Lehrenden, d.h. auf der kollegialen Ebene von Lehrenden (vgl. Kapitel 6).

Peer Learning im Hochschulkontext kann und soll nicht das Lehren von Expert*innen ersetzen, sondern ist in unserem Verständnis eine sinnvolle Ergänzung.

Als Ergänzung und Vertiefung ist es aber ein vielversprechender Ansatz, dessen Effektivität und Effizienz in anderen Kontexten – wie z.B. von Peer-Education-Projekten – bereits nachgewiesen wurde. Mellany, Rees und Tripp liefern eine Zusammenfassung von 13 randomisierten Studien. Demnach sind Peers in Bezug auf die Vermittlung von Wissen als auch auf die Einstellungsveränderung zu 85,7 % erfolgreicher als Lehrer*innen (Mellany/Rees/Tripp 2000). In 63,6 % der Studien, die sich auf Verhaltensänderungen bezogen, waren die Peer-Educators auch in beratenden Tätigkeiten effektiver (vgl. auch Rohr/Strauß et al. 2016).

Für den Kontext Hochschule werden in diesem Buch verschiedene Formate bzw. Modelle des Peer Learning systematisch vorgestellt. Abgesehen von einzelnen positiven Evaluationen liegt ein Nachweis ihrer Effizienz jedoch noch nicht vor – hierauf werden wir im Ausblick (vgl. Kapitel 7) kurz eingehen.

Innerhalb des Peer Learnings wird unterschieden zwischen Peer-Tutoring, Peer-Support, Peer-Counseling sowie Peer-Education und Peer-Involvement. Für den hochschulischen Kontext – und damit für dieses Buch – sind die drei erstgenannten am bedeutsamsten und werden nun kurz umrissen. Die/der interessierte Leser*in sei für ausführliche Beschreibungen auf Deutsch/Rohr verwiesen: „Handbuch Peer Learning" (2016).

2.1.1 Peer-Tutoring

„Qui docit, discit." (Comenius)[13]

Peer-Tutoring ist Lehre. Der Hauptfokus ist eine Wissensvermittlung und/ oder ein fachlicher Kompetenzerwerb (z. B. das Sezieren in der Biologie). Die Vermittlung von sozialen Kompetenzen, einer Haltung oder das Erarbeiten von konkreten Hilfestellungen für z. B. kommunikativem Verhalten ist – wenn überhaupt – implizit (im Unterschied zum Peer-Counseling).

Das Peer-Tutoring ist im Hochschulkontext wahrscheinlich das bekannteste und verbreitetste Peer Learning-Format: Studierende aus höheren Fachsemestern werden beispielsweise als Tutor*innen für Studienanfänger*innen eingesetzt. Im Idealtypus des Peer Learnings werden die Peer-Tutor*innen sowohl fachlich als auch methodisch auf ihre Tutorienarbeit vorbereitet.

Erfahrungsgemäß ist das in der Realität nicht oft der Fall – auch wenn an vielen Hochschulen inzwischen Tutor*innenschulungen angeboten werden, fußt die Auswahl von Tutor*innen meist ausschließlich auf Fachkompetenz und Methodenschulungen bzw. hochschuldidaktische Schulungen finden eher selten statt.

Grundsätzlich kann man das Peer-Tutoring so beschreiben, dass die Tutoren*innen in der entsprechenden Thematik (hier: der Fachthematik) in der Regel ‚etwas erfahrener‘ als die adressierte Zielgruppe, aber noch ‚nah dran‘ sind. Sie sind in ihrem Wissensstand als auch ihrer Entwicklung (in Bezug zur Thematik/Institution) etwas ‚weiter‘.

Beim Peer-Tutoring organisiert ein*e professionelle*r Lehrer*in oder Fachmann/-frau die Aktivitäten von ‚Laien‘, die dann für die Betreuung einer Peer Group zuständig sind und in der Gruppe unterrichtend tätig werden. Durch die Tätigkeit des Unterrichtens sollen sich beiderseitig Lernprozesse ereignen. Demnach soll ein Zuwachs an Wissen und Kompetenzen sowohl auf Seite der Tutor*innen (tutors), die den Lernstoff vermitteln, als

---

13 Deutsche Übersetzung: „Wer andere lehrt, lernt" (Flitner 2000, S. 117).

auch auf Seite der Unterrichteten (tutees) stattfinden (vgl. Goodlad/Hirst 1989 S. 13 ff.).

Die Genese des Peer-Tutoring lässt sich viele Jahrhunderte zurückverfolgen. Ersten Ansätzen von Peer-Tutoring begegnet man in der antiken griechischen und römischen Bildung, beginnend etwa im 1. Jahrhundert. Beispielsweise konnten in der Lehre des griechischen Philosophen Aristoteles Formen von Peer-Tutoring entdeckt werden. Insbesondere gegen Ende des 18. Jahrhunderts bzw. Beginn des 19. Jahrhunderts erfuhr die Methode des Peer-Tutoring in den Vereinigten Staaten eine Wiederbelebung und expansive Verbreitung durch die Pädagogen Andrew Bell und Joseph Lancaster.

Insbesondere in den letzten Jahrzehnten gewann die Methode des Peer-Tutoring erneut an Attraktivität und wurde vor allem in Schulen und Universitäten in Amerika und Großbritannien aufgegriffen, fortschreitend schematisiert und zum Teil theoretisch evaluiert. Mittlerweile wird sie auch in deutschen und anderen europäischen Ländern als effektives und effizientes – d.h. ökonomisches – Instrument zur Erziehung und Bildung von Kindern, Schüler*innen und Studierenden herangezogen.

In der Erwachsenenbildung wird synonym auch oft der Begriff des Peer-Mentoring benutzt (wobei hier eine Ähnlichkeit in Bezug zu Aufgaben/Tätigkeiten, aber ein Unterschied in Erfahrung/‚Dienstalter‘ bzw. Zugehörigkeit zur Institution vorliegt), in der Arbeit mit Kindern und Jugendlichen (z.B. in der Prävention) oft der Begriff der Peer-Education oder auch Peer-Involvement (vgl. auch Rohr/Strauß/Aschmann/Ritter 2016).

Tutorien

In der Hochschule gibt es unterschiedlichste Arten von Tutor*innen, die je nach Fachbereich unterschiedliche Bezeichnungen und Aufgaben haben. „Hinter dem Wort TutorIn verbergen sich ganz unterschiedliche Rollen" (Knauf 2005, S. 1). Eine kleine Auswahl von zehn unterschiedlichen Bezeichnungen bietet z.B. Kröpke (2015), wenn sie u.a. darstellt, wie an einer Hochschule Begriffe wie Studienpat*in, Vertrauenstutor*in oder Erstsemestertutor*in in verschiedenen Fachbereichen ein- und dieselbe Aufgabe beschreiben. Letztlich lassen sich vor allem zwei Arten von Tutorien unterscheiden: Orientierungstutorien (Erstsemestertutorien) und Fachtutorien.

Orientierungstutorien finden zu Studienbeginn in den jeweiligen Fachbereichen bzw. Fakultäten statt. Sie sind in der Regel ein freiwilliges Angebot, zu dem alle Studienanfänger*innen eingeladen werden. Dabei haben sie zum Ziel, die Studierenden an der jeweiligen Hochschule willkommen zu heißen, ihnen die Orientierung und soziale Einbindung an der Hochschule, im Fachbereich sowie am Hochschulort zu erleichtern und sie in fachübergreifende Studieneinstiegsthemen einzuführen. Das Kennenlernen der anderen Kommiliton*innen und vor allem der Abbau von Unsicherheiten sind dabei zentrale Punkte. Sie übernehmen somit eine sozial-organisatorische Funktion, die sich punktuell mit der ersten Vorlesungswoche erschöpfen kann oder als Beratungsangebot über das erste Semester bestehen bleibt. Die Orientierungstutor*innen sollen den Erstsemestler*innen den Start in das Studium erleichtern (vgl. Kröpke 2015, S. 22 f.). Diese eher auf soziale Betreuung und Unterstützung ausgerichteten tutoriellen Angebote gibt es auch verbreitet im Rahmen der internationalen Studienangebote, wenn ausländische Studierende (incomes) durch ‚Buddies‘ oder interkulturelle Peer-Tutor*innen unterstützt werden.

Fachtutorien bieten dagegen eine fachliche Unterstützung im Studienangebot. Je nach Fachkultur der Studienfächer sind sie sehr häufig (z.B. Naturwissenschaften) und obligatorisch oder aber sehr selten (Geisteswissenschaften). Meistens finden sie begleitend zu Vorlesungen statt oder sollen zum Einüben der wissenschaftlichen Praxis genutzt werden. Ein Fachtutorium ist eine von Studierenden gestaltete und geleitete Lehrveranstaltung, die meist in kleinen Lerngruppen ergänzend zu Hochschul-Lehrveranstaltungen angeboten wird. Ziel des Fachtutoriums ist es, bereits behandelte Inhalte erneut aufzugreifen und zu vertiefen.

Fachtutor*innen erfüllen im Komplex der Hochschule wichtige Funktionen, keineswegs nur deswegen, weil sie das akademische Personal in Lehre und Studium durch Übernahme bestimmter Tätigkeiten entlasten. Wenn Tutor*innen ihre Aufgaben ernst nehmen und Tutorien erfolgreich und motiviert durchführen, leisten sie sowohl auf Ebene des Tutoriums als auch in Bezug z.B. zur dazugehörigen Vorlesung oder zu anderen Veranstaltungen innerhalb des Moduls einen wichtigen Beitrag. Sie fördern die Lernautonomie und die wissenschaftliche Selbsttätigkeit der Studierenden, bieten Hilfestellung und Beratung für Studierende in unterschiedlichen Phasen des Lernprozesses, insbesondere bei Lernschwierigkeiten und Lernwiderständen, die sie mitunter leichter erkennen können als Lehrende. Sie helfen darüber hinaus, ihren Kommilitonen*innen bei der Integration ins studentische Leben und geben Überblick über universitäre Anlaufstellen. Unter Umständen tragen sie damit entscheidend zur Reduktion der Studienabbruchsquote, zur Verbesserung der Durchschnittsnoten und zur Erhöhung des Ansehens der Hochschule bei.

Viele Lehrende haben selbst als Tutor*innen angefangen zu lehren – d.h. Tutorien sind in gewisser Hinsicht auch eine ‚Erprobung‘ bzw. ein ‚Recruiting‘ für zukünftige Nachwuchswissenschaftler*innen.

2.1.2 Peer-Counseling

„Peer-Counseling is a movement complementing professional work and doing things that professionals cannot do." (Jensen/Maben 1973, S. 155)

Peer-Counseling ist Beratung. Der Hauptfokus ist nicht eine Wissensvermittlung (wie im Peer-Tutoring), sondern eine Kompetenzerweiterung oder ein konkretes Verhalten bzgl. einer konkreten Frage bzw. eines Anliegens – z. B. Studiengangwechsel in der Peer-Studienberatung oder die kollegiale Beratung in Bezug zu hochschuldidaktischen Ideen für Seminare.

Ein ausgewiesenes Fachwissen kann jedoch Grundlage eines Peer-Counselings sein; so müssen z. B. studentische Studienberater*innen das Fachwissen über die Studienordnungen besitzen, um die ratsuchenden Studierenden in ihrem konkreten Anliegen zu unterstützen.

Peer-Counseling-Programme werden in der Regel in einem Eins-zu-Eins-Kontext umgesetzt; d. h. die Peer-Counselors beraten einzelne Peers – im Unterschied zum Peer-Tutoring, bei dem die Tutor*innen eine Gruppe von Peers unterrichten. Eine Ausnahme ist hierbei die Kollegiale Fallberatung, in der eine Gruppe (von Peers) angeleitet wird, sich gegenseitig und abwechselnd zu beraten (vgl. Kapitel 6.5).

Beim Peer-Counseling können und sollen die Peer-Counselors die persönliche Situation der beratenden Peers mit einbeziehen; d. h. es kann und soll durchaus Formen eines Coachings annehmen.

In einem offenen Austausch soll es dann darum gehen, die persönliche Problemsituation zu besprechen, zu erläutern und zu reflektieren. Weitere Ziele von Peer-Counseling-Programmen sind die „Aufarbeitung von Wissensrückständen" und die „Aneignung alternativer Handlungsmöglichkeiten" (Kästner 2003, S. 56).

Alle Kommunikations- und Interaktionsprozesse sind bzw. sollten dabei stets vom Grundgedanken des Empowerments geleitet sein (vgl. Kapitel 2.2.4 Partizipation), d. h. in dem Gedanken, dass „professionelle Helfer nicht ‚für' ihre Adressaten zu handeln oder zu sorgen hätten, sondern dass es ihre Aufgabe sei, Betroffene bei der Bewältigung eigener Angelegenheiten fachlich zu unterstützen sowie konsultativ zu begleiten. Notwendig ist hierzu eine veränderte professionelle Haltung" (Theunissen 1997, S. 1).

Empowerment wird hier verstanden als ‚Hilfe zur Selbsthilfe' bzw. Hilfe zu Selbständigkeit und Selbstverantwortung – innerhalb der Lehre führt eben das zur Rollenveränderung: Von dem oder der ‚Besserwisser*in' hin zum oder zur Lernbegleiter*in bzw. Lernberater*in (vgl. Kapitel 4).

Beim Peer-Counseling wird davon ausgegangen, dass z. B. erfahrene Studierende bei Problemen und bestimmten Themen (z. B. Stundenplanerstellung, Wohnungssuche) Studienanfänger*innen besser beraten können als Lehrende oder Verwaltungsangestellte.

An Studienstandorten, an denen z. B. die Studienberatung auf ein Peer-Counseling umgestellt wurde, indem Studentische Hilfskräfte die Studiengangsberatung übernahmen, konnte sowohl Effektivität als auch Effizienz belegt werden (vgl. Rohr et al. 2016).

Ein anderes Beispiel wäre die kollegiale Unterstützung von erfahrenen Lehrenden für Berufsanfänger*innen – oft Studiengangs-Absolvent*innen, die keinerlei Erfahrung mit Lehre haben. Diese wird an verschiedenen Hochschulen in Form von Mentoring-Systemen realisiert.

Es werden also solche Personen als Peer-Counselors ausgewählt, die aus der adressierten Zielgruppe stammen oder schon selbst Erfahrungen im Problembereich des Peer-Programms gemacht und diese bewältigt haben (vgl. Kern-Scheffeldt 2005, S. 10).

In der Regel liegt dem Peer-Counseling die „face-to-face"-Methode (oder auch „one-to-one"-Methode genannt) zugrunde. Das bedeutet, dass die Kommunikation und Interaktion zwischen einer*m einzelnen kollegialen Berater*in und einem einzelnen Peer abläuft (vgl. Backes/Schönbach 2002, S. 7). Beteiligungen zusätzlicher Peers werden gleichwohl nicht kategorisch ausgeschlossen oder vermieden. Gray und Tindall fassen unter Peer-Counseling beispielsweise alle Methoden der interpersonellen Hilfe zusammen, bei denen Laien die Hilfs- und Beratungsfunktion für Peers übernehmen. Darunter fassen sie somit nicht nur auf der „one-to-one"-Methode basierende Arbeitsformen, sondern auch Arbeitsformen, in denen mehrere Personen oder Gruppen ohne professionelle Unterstützung aktiv sind (vgl. Gray/Tindall 1978, S. 5 und Kapitel 6.5 Kollegiale Fallberatung)

In sämtlichen schriftlichen Ausführungen zum Peer-Counseling-Ansatz werden die Kriterien der freiwilligen Teilnahme der Peers und die persönliche Eignung der Peers in Bezug auf Kommunikationsfertigkeiten und Problemstellung zu notwendigen Bedingungen erhoben (vgl. Kaestner 2003, S. 57).

Wie bereits erwähnt, werden in Peer-Counseling-Programmen die Peer-Counselors von Expert*innen geschult und führen dann die Beratungen selbständig durch (vgl. Kapitel 2.1.2).

Die Überzahl an Programmen führt angesichts des problemzentrierten Einsatzes in einer zweigeteilten Vorbereitungsphase spezielle Kommunikationstrainings bzw. Einführungen in Beratungshaltungen und -techniken sowie Schulungen zur Vermittlung von für die entsprechende Thematik nötiges Fachwissen an (sofern es nicht schon vorhanden ist). Die Peer-Counselors erwerben und vertiefen dort ihr Fachwissen und eignen sich nützliche Techniken der Gesprächsführung und Beratung an. Auf diese Weise werden sie für die praktische Arbeit qualifiziert (vgl. Koller 1999, S. 38).

Nichtsdestotrotz ist es Erfahrungen zufolge darüber hinaus unerlässlich, die Peers auch während ihrer Arbeit kompetent zu begleiten und zu unterstützen (vgl. Walter-Scheffeldt 2005, S. 10).

Empfohlen wird, die Teilnahme der Peer-Counselors an regelmäßigen Supervisionssitzungen zu ermöglichen oder regelmäßige Nachbesprechungen in der Gruppe zu organisieren (vgl. Gray/Tindall 1978, S. 30; Deutsch/Rohr 2016). In vielen Fällen ist dies aus Gründen der Finanzierbarkeit bedauerlicherweise nicht möglich, sodass geraten wird, zumindest eine*n kompetenten Fachmann/Fachfrau als permanenten Gesprächspartner*in zu rekrutieren, der bei Bedarf jederzeit zur Verfügung steht. Andernfalls können sich die Beratenden in Eigeninitiative zusammenschließen und ein eigenes Verfahren zur Auswertung und Optimierung ihrer Tätigkeit als Counselors entwickeln (vgl. Wagner/Smith 1979, S. 288 und Rothemund 1997, S. 52 ff., sowie Kapitel 6.5 Kollegiale Fallberatung).

Wagner und Smith prägten in diesem Zusammenhang die Begriffe „Peer-Supervision" und „Peer-Consulting" und definierten damit den Prozess, durch den Peer-Counselors sich gegenseitig unterstützend zur Seite stehen, um wirkungsvollere und kompetentere Helfer*innen zu werden. Dies soll in der Supervision erreicht werden, in der sie dazu angeregt werden, ihre Beziehungen, Erfahrungen und Fähigkeiten gemeinsamen zu reflektieren und gemeinsam alternative Handlungsmöglichkeiten zu entwickeln (vgl. Wagner/Smith 1979, S. 288–293).

Empirische Studien über die Effektivität der Supervision von Peer-Counselors gibt es in Deutschland bisher nicht. In den Vereinigten Staaten sind zu diesem Thema einige Veröffentlichungen erschienen, unter denen die empirischen Untersuchungen von Benshoff (1994) hervorzuheben sind. Benshoff gelangte zu den Erkenntnissen, dass zwei Formen der Peer-Supervision besonders effektiv sind: zum einen Modelle, bei denen die erreichten Peers ein Feedback über die Beratungsleistung und -technik an die Counselors abgeben und zum anderen die Modelle, in denen sich Counselors wechselseitig unterstützen und beraten. Eine Peer-Supervision wäre bereits eine Form eines Peer-Supports.

2.1.3 Peer-Support

Der Begriff ‚support‘ bedeutet im Deutschen so viel wie ‚unterstützen‘. Peer-Support unterscheidet sich von den anderen Peer-Ansätzen in einem wesentlichen Merkmal: Hierbei handelt es sich ursprünglich nicht um eine Methode, die von außen initiiert ist, sondern sie ist eigenständig innerhalb, beziehungsweise aus der Gruppe der ‚Gleichgesinnten‘ entstanden und verfolgt das Ziel, gegenseitige Unterstützung zu leisten (Schmidt 2002, S. 129 ff.).

Das heißt, die Rolle von Expert*innen entfällt hier gänzlich – es sei denn, die Gruppe der Peers lädt Expert*innen punktuell ein.

Im Unterschied zu Peer-Tutoring und Peer-Counseling wird also nicht eine Gruppe von Personen ausgesucht und geschult, die das Wissen dann ‚weitervermitteln‘, sondern eine Gruppe unterstützt sich gegenseitig. In der Hochschule sind dies z. B. Fachschaften, Lernteams auf Studierendenseite sowie kollegiale Hospitationen und kollegiale Fallberatungen bei Lehrenden, wenn diese nicht von Mitarbeiter*innen einer hochschuldidaktischen Einrichtung angeleitet werden.

Miles-Paul weist darauf hin, dass sich das Prinzip des Peer-Supports historisch durch alle geschichtlichen Stadien der Menschheit zieht und Menschen mit ähnlichen Schwierigkeiten oder in ähnlichen Situationen sich immer wieder zusammengeschlossen und sich gegenseitig unterstützt haben (1992, S. 23 f.). Allerdings geht es bei Peer-Support nicht im engeren Sinne nur um Selbsthilfe, also um die Zentrierung auf ein bestimmtes Problem, sondern vielmehr um die Selbstorganisation einer Gruppierung und ihrer Interessenvertretung (Schmidt 2002, S. 130). Unverkennbar sind beim Peer-Support Parallelen zum Empowermentgedanken zu finden (vgl. dazu Kap. 2.2.4 Partizipation), denn unter anderem geht es beim Peer-Support um die Ermächtigung von Menschen und in vielen Kontexten auch um eine Veränderung der politischen und sozialen Rahmenbedingungen (Miles-Paul 1992, S. 110). Beim Peer-Support wird davon ausgegangen, dass das Wissen und das Potenzial zur Verbesserung und Veränderung der eigenen Situation bereits komplett in der jeweiligen Gruppe vorhanden ist und diese ihre Absichten und Ziele selbst festlegen und bestimmen können, ohne, dass diese von außen auferlegt werden.

Personen, die sich innerhalb eines Peer-Support engagieren, werden oft als positives Rollenmodell gesehen (Miles-Paul 1992, S. 97).

Lernteams

Das Arbeiten in Lernteams kann in unterschiedlichsten Kontexten eingesetzt werden und verschiedenen Zwecken dienen: In Lernteams können die Lernenden beispielsweise gemeinsame Arbeitsaufträge umsetzen oder sie können das Lernteam als Prüfungsvorbereitungsgruppe oder Reflexionsinstanz (z.B. innerhalb von Portfolioarbeit) nutzen. Ein festes Lernteam kann als Ort dienen, um Probleme und Herausforderungen zu bewältigen bzw. die weiteren Lernteammitglieder an den eigenen Erfahrungen teilhaben zu lassen. Auch kann das Lernteam zur Vorbereitung auf Projekt- und Hausarbeiten, Recherchen, zu gegenseitigen Inputs oder kollegialer Supervision/Hospitation dienlich sein. Insgesamt wird die Möglichkeit gegeben, im Studium die eigene Kooperations- und Kommunikationskompetenz zu erweitern und gleichzeitig zu stärken (vgl. Kricke/Wulfert 2013).

Die optimale Größe eines Lernteams umfasst drei bis fünf Studierende (ungerade Anzahl von Lerner*innen bilden nicht so leicht Koalitionen; vgl. Reich 2009, S. 98). Reich (ebd.) schlägt zur Bildung von Lernteams die sogenannte Marktplatzübung vor: Nach dem Motto „Ich suche, ich biete" können sich die Lernenden zusammenfinden. Im Sinne des Nutzens von Heterogenität und je nach Einsatz von Lernteamarbeit können alternativ auch gemeinsame Kriterien gefunden werden, nach denen sich die Lernenden zusammenschließen, wie z.B.: Semesteranzahl, Studiengänge, Alter, Geschlecht, Profession, Vorerfahrungen/Vorwissen etc. Den Prozess der Lernteamarbeit können die Lernenden in verschiedenen Dokumentationsmöglichkeiten festhalten, wie z.B. in Logbüchern.

Gestaltet sich eine kontinuierliche Lernteamarbeit über einen längeren Zeitraum, kann sich nach Kricke/Reich (2013) eine „Gesprächskultur" entwickeln, „die von gegenseitiger Wertschätzung gekennzeichnet ist und ein Klima des Vertrauens schafft" (Brunner 2009, S. 73). Dies bietet eine optimale Grundlage für einen Austausch und für die Reflexion der eigenen Erfahrungen in Theorie und Praxis sowie in Bezug auf die sich entwickelnde „professionelle Rolle" des späteren Berufswunsches. Gerade zu Beginn des Studiums und an einer „Massenuniversität" kann dieser Aspekt eine Entlastung für Studierende z.B. in Bezug auf Studienorganisation darstellen (vgl. Kricke/Reich 2013, S. 21). Auch um übergreifende Kompetenzen wie Zeitmanagement oder Selbstorganisation zu trainieren, können stabile Lernteams eine gute Grundlage bieten.

Im Zuge der Umstellung auf ein Bachelor-/Masterstudiensystem wurden viele Studierende stark in ihre Seminarstrukturen eingebunden, sodass sich kaum Zeiträume finden, in denen sie sich außerhalb dieser festen Zeiten treffen können. Es wäre deshalb wünschenswert, eine Seminar- bzw. Vorlesungsstruktur zu entwickeln, die die Lernteamarbeit fest verankert: Seminaraufgaben könnten in freien Lernteams unabhängig von Ort und Zeit bearbeitet werden. Tutor*innensysteme wären hier ebenfalls eine gute Unterstützung – auch, um Konflikte zu begleiten oder als kollegiale Berater*innen zu agieren. Denn die Lernteamarbeit benötigt feste Anlaufstellen der Beratung und Unterstützung in ‚Raum und Zeit': Schwierigkeiten stellen zudem die Raumkapazitäten dar: Optimal wären offene Lernräume, die für die Lernteamarbeit zu nutzen wären.

2.2 Hintergrundtheorien von Peer Learning

Auch bezüglich der Hintergrundtheorien können wir hier nur einige ausgewählte kurz darstellen. Ausführliche Begründungen finden sich in Deutsch/ Rohr 2016. Hier wollen wir das Modelllernen, die Diffusionstheorie, die Two-step-flow-of-communication-Theorie sowie den Partizipationsansatz exemplarisch erläutern.

2.2.1 Das Modelllernen

Ein theoretischer Ansatz, der häufig zur Erklärung von Peer Learning herangezogen wird, ist die Soziale Lerntheorie, beziehungsweise das Lernen am Modell (Bandura 1979). Die Peers sollen vor diesem Hintergrund als Rollenmodell für andere dienen und so dazu beitragen, dass im Sinne des jeweiligen Themenfeldes Wissen sowie Haltungen und Kompetenzen vermittelt werden. Das Modelllernen bezieht sich hierbei eher auf Haltungen und Kompetenzen bzw. auf Verhaltensweisen. Für das Thema Hochschuldidaktik kann es sich z.B. um das Erlernen projektbezogener und lernendenzentrierter Lehre handeln. Grundsätzlich orientieren sich Berufs- bzw. Lehr-Anfänger*innen an den ‚positiven Modellen' ihres eigenen Studiums. Es könnte auch eine Motivation oder ein Modell sein, es gerade nicht so zu machen wie die Lehrenden, die man selber kennengelernt hat.

Albert Bandura entwickelte die Soziale Lerntheorie, nach der bei der Entwicklung sozialer und anderer Kompetenzen das Modelllernen eine entscheidende Rolle spielt. Wesentlicher Gedanke für Peer Learning ist, dass soziales Lernen über Beobachtung und Imitation des Verhaltens von anderen geschieht. Das Modell kann hierbei real als Person vorhanden sein oder symbolisch, z. B. durch Bilder oder Text repräsentiert werden. Die Beobachtung und die Imitation von anderen ermöglicht das Erlernen und die Stabilisierung von Verhalten, ohne eigene Erfahrungen sammeln zu müssen. Verhaltensmöglichkeiten können allein per Beobachtung erworben, d. h., kognitiv gespeichert werden. Es werden hierbei vier Prozesse des Beobachtungslernens unterschieden:

1. Aufmerksamkeitsprozesse (auf das Modell-Verhalten),
2. Behaltensprozesse (Speicherung des Verhaltensschemas),
3. Reproduktionsprozesse (das Verhalten wird praktiziert) und
4. Motivationalsprozesse (der Effekt des Verhaltens wird ausgewertet und die Bereitschaft entwickelt, das Verhalten zu wiederholen oder nicht zu wiederholen) (Bandura 1979, S. 32).

Die Aufmerksamkeit des Beobachters/der Beobachterin und die Frage, ob das beobachtete Verhalten nach der Beobachtung ausgeführt wird, hängen von verschiedenen Bedingungen ab. Interessant für Peer Learning ist vor allem die Frage, unter welchen Bedingungen das Verhalten tatsächlich übernommen und selbst ausgeführt wird und welche Eigenschaften des Modells dabei wichtig sind. Ausschlaggebend sind die kognitiven Fähigkeiten und Eigenschaften des Beobachters/der Beobachterin und die Beziehung zwischen Beobachter*in und Modell (Appel 2001, S. 61). Dabei spielen insbesondere die Wirksamkeitserwartungen für das beobachtete Verhalten sowie als wirksame Modellmerkmale die Attraktivität, die wahrgenommene Ähnlichkeit, die Identifikation mit dem Modell, eine positive Beziehung und die Einschätzung des Modells als kompetent eine wichtige Rolle. Die Merkmale eines Modells können dem Beobachter/der Beobachterin Aufschluss darüber geben, welche Konsequenzen mit dem gezeigten Verhalten verbunden sind.

Nawratil beschäftigt sich ausführlich mit der Glaubwürdigkeit einer Quelle und dem Zusammenhang zur Meinungs- und Einstellungsveränderung (1997). Sie definiert Glaubwürdigkeit dabei als „eine Eigenschaft, die eine Quelle nicht von sich aus besitzt, sondern die ihr von ihren Rezipienten zugeschrieben wird" und aus verschiedenen Dimensionen besteht (Nawratil 1997, S. 130). Hierzu zählen die wahrgenommene Kompetenz, die Vertrauenswürdigkeit, die Dynamik (dargestellt z. B. durch Aspekte des Sprechverhaltens), die wahrgenommene Ähnlichkeit, die Sympathie oder die physische Attraktivität (ebd., S. 130 ff.). Diese Aspekte können ergänzend Hinweise für eine glaubwürdige Vermittlung von Inhalten in Peer-Learning-Ansätzen liefern.

Gleichgesinnte fungieren im Alltag in vielen Bereichen als Modelle füreinander. Sie stellen im Alltag eine wesentliche Bezugs- und Vergleichsgröße dar, weshalb sie als Modelle besonders wirksam sind. Dieser grundlegende Prozess soll im Rahmen von Peer Learning genutzt werden. Bezogen auf berufliche Situationen – und vor allem in Krisensituationen – fühlen wir uns in der Regel von Gleichgesinnten bzw. Personen in ähnlichen Situationen besser verstanden als von z. B. hierarchisch höhergestellten oder (wesentlich) älteren Personen. Für Lehrende sind deshalb Formate wie Lehrcoaching, Kollegiale Hospitation oder Kollegiale Fallberatung (vgl. hierzu Kapitel 6) besonders hilfreich, wenn sie versuchen, kritische Lehrsituationen zu verstehen und zu bearbeiten.

Das gilt im besonderen Maße für Meinungsführer*innen unter den Peers; in der Hochschule könnten dies z. B. Tutor*innen sein. So werden sie aufgrund eines ähnlichen Entwicklungsstandes und einem vergleichbaren Alter eben noch als ‚ähnlich' – und damit ‚erreichbar' – erlebt. Darüber hinaus werden Meinungsführer*innen von anderen als ‚erfolgreich' und ‚kompetent' empfunden. Die gute Stellung dieser Peers in der Gruppe zeigt anderen, dass das bei den Meinungsführern beobachtete Verhalten positive Konsequenzen nach sich zieht.

Insgesamt stellt das Modelllernen – im Gegensatz zu aktiven Beeinflussungsversuchen der Gleichaltrigen- bzw. Gleichgesinntengruppe wie Konformitätsdruck – eine eher passive Form der Einflussnahme dar (Appel 2001, S. 66).

2.2.2 Die Diffusionstheorie

Die Diffusionstheorie beziehungsweise ‚The Theory of Diffusion of Innovations' ist eine von Everett M. Rogers (2010) entwickelte Theorie über die Diffusion von Innovationen und erklärt die Informationsverbreitung innerhalb sozialer Netze. Diffusion versteht er dabei als „process by which an innovation is communicated through certain channels over time among the members of a social system" (Rogers 2010, S. 35). Die wesentlichen Merkmale der Verbreitung (Diffusion) sind dabei (a) eine Innovation, die über (b) verschiedene Kanäle im (c) Verlauf der Zeit von (d) Mitgliedern sozialer Systeme verbreitet wird (ebd., S. 36). Der zentrale Verbreitungsmechanismus liegt in der Kommunikation, d. h., neue Ideen, neues Wissen oder Meinungen müssen kommuniziert werden, damit sie sich ausbreiten. Wesentlich für die Verbreitung sind dabei die Personen, von denen Informationen gestreut werden. Hier betont Rogers die Rolle von Meinungsführern*innen: „Opinion leaders are individuals who lead in influencing others' opinions. The behavior of opinion leaders is important in determining the rate of adoption of an innovation in a system" (ebd., S. 300). Bedeutsam für Peer Learning ist die von ihm hervorgehobene Bedeutung der Meinungsführerschaft. Rogers geht dabei intensiv auf die Merkmale von Meinungsführer*innen ein, z.B. welchen Einfluss die (Un-)Ähnlichkeit von Kommunikationspartner*innen hat. Dabei kommt er u.a. zu dem Ergebnis, dass „a fundamental principle of human communication is that the exchange of ideas occurs most frequently between individuals who are alike, or homophilous" (ebd., S. 305).

Durch den Einsatz von Meinungsführer*innen soll in Peer Learning-Ansätzen die formale sowie informelle Kommunikation unter Peers genutzt werden. Neben der gezielten Verbreitung von Informationen an speziell ausgewählte Zielgruppen wird sich erhofft, dass diese in ihrem Umfeld und ihrer ‚Peergroup' über ihre Erfahrungen sprechen und sich austauschen und so auf informellem Wege erworbenes Wissen weitervermitteln. So kann es auch informell zu einer Verbreitung von vorhandenem – z.B. hochschuldidaktischem – Wissen kommen. Mit der Nutzung bestehender sozialer Systeme und bestehender Kommunikationswege (Svenson 1998, S. 25) – z.B. in einer Studierenden-Clique oder in einer Forschergruppe oder einem Institut – wird die Hoffnung verbunden, Informationen möglichst schnell und effektiv zu verbreiten und Zielgruppen zu erreichen, die durch andere Kommunikationswege – wie die Teilnahme an hochschuldidaktischen Workshops – schwer oder gar nicht erreicht werden. Der große Einfluss von Gleichgesinnten aufeinander und besonders von so genannten Trendsettern auf andere Mitglieder einer Peergroup soll so genutzt werden, dass sich Informationen durch ‚normale' Gespräche unter Peers immer weiter verbreiten.

Im Bereich der Hochschuldidaktik wird dies meist nicht strategisch genutzt (wie z.B. bei Peer-Education-Projekten); durch eine ‚Mund-zu-Mund-Propaganda' werden Hochschuldidaktik-Workshops aber oft in den eigenen Instituten dann von den Teilnehmer*innen ‚beworben' – im besten Falle nicht nur die Workshops, sondern auch die Inhalte wie z.B. der Shift from Teaching to Learning. Dies ist dann in gewisser Weise eine informelle Peer-Kommunikation von Meinungsführer*innen.

Als Schwierigkeit erweist sich die Überprüfbarkeit der Wirksamkeit, da die Zielgruppe kaum definierbar oder eingrenzbar ist und somit auch eine Messung der Effektivität schwierig wird (Appel 2001, S. 78). Der Auswahl der Peers kommt vor dem Hintergrund der Diffusionstheorie ein bedeutsamer Stellenwert zu. Damit die Information bzw. Haltung – wie z.B. der genannte Shift from Teaching to Learning – wirksam an andere weitergegeben werden kann, müssen zuerst einmal die Peers selber von dieser überzeugt sein und sie glaubhaft vertreten. Als weiterer Schritt müssen die Peers in den Augen der Adressat*innen tatsächlich die Rolle von Meinungsführer*innen einnehmen, damit die Informationen weitergegen werden – „wobei dies Personen sein müssen, die von einer sozialen Gruppe als vertrauenswürdig, glaubwürdig und innovativ wahrgenommen werden, und an die sich Ratsuchende wenden" (Svenson 1998, S. 12).

In der Hochschuldidaktik könnten dies also z.B. Lehrende sein, die durch Workshops oder individuelle Lehrberatungen etc. peer-basierte Lehre kennen gelernt haben und nun ,als Peers' auf informellen Kommunikationswegen ihren Kolleg*Innen im Institut von ihrer Lehre berichten, ggf. kollegiale Hospitationen oder Team Teaching vorschlagen und so zur Verbreitung von peer-basierter Lehre beitragen.

2.2.3 Two step flow of communication

Neben der Diffusionstheorie stellt das „Two Step Flow of Communication"-Modell (dt.: Modell des Zweistufenflusses der Kommunikation) eine weitere Theorie über die Verbreitung von Informationen dar, die zur Erklärung von Peer Learning herangezogen wird. Steht im Zentrum des Diffusionsmodells die Verbreitung von Innovationen, besonders auch über den Faktor Zeit, so fokussiert das Two-Step-Flow-Modell den Einfluss der Massenmedien. Gemeinsam ist in beiden Ansätzen die zentrale Rolle von Meinungsführer*innen, welche damit den Brückenschlag zum Peer Involvement liefern.

Das Two-Step-Flow-Modell nach Paul Lazarsfeld et al. basiert auf einer Untersuchung zum Wahlverhalten und dem Einfluss der Massenmedien auf die Wählerschaft (1944; 1948). Dabei kommen Lazarsfeld et al. zu dem Ergebnis, dass der Kommunikationsfluss auf zwei Stufen verläuft. Zuerst werden über die Massenmedien Informationen verbreitet, wobei von den Empfängern besonders die Informationen aufgenommen werden, die der eigenen Meinung bereits entsprechen, beziehungsweise, dass diejenigen, die am Thema interessiert sind und bereits über eine feste Meinung verfügen, ebendiese sind, die sich am meisten durch Massenmedien informieren (lassen). In einem zweiten Schritt wird von diesen gut informierten Personen die Information durch direkte Kommunikation an andere weitergegeben. Der Einfluss durch diese Meinungsführer*innen (,Opinionleader') wird dabei größer eingeschätzt als der Einfluss durch die Medien selbst, da die Medien nur eine bestimmte Gruppe – in der Untersuchung von Lazarsfeld die Wähler*innen mit einer bereits festen Meinung – erreichen. Personen, die noch unsicher in ihrer Meinung sind, erwerben Wissen und verändern Meinungen insbesondere im Austausch mit Meinungsführer*innen aus ihrem sozialen Umfeld, also ihren Peers.

Die Theorie ist heute so nicht mehr eins zu eins übertragbar und fasst in einigen Bereichen zu kurz. Kritikpunkte sind z.B. die Erkenntnis, dass sich Meinungsführer*innen ebenfalls von anderen Meinungsführer*innen mehr beeinflussen lassen als durch Medien oder dass es sich bei der Weitergabe von Informationen mehr um einen wechselseitigen als einen ausschließlich einseitigen Prozess handelt, der von dem/der Meinungsführer*in ausgeht. Zudem werden wenig in soziale Netze eingebundene Personen besser durch Medien erreicht und der Einfluss von nicht persönlich bekannten Meinungsführer*innen (wie z. B. Musikern*innen, Filmstars oder Politikern*innen) über die Medien selbst wird nicht beachtet.

Zudem haben sich die Massenmedien in Form und Nutzung in den letzten 60 Jahren dramatisch verändert. Opinion Leader können durch Social Media heutzutage selbst ein Massenmedium sein. Gleichzeitig sind inzwischen durch die Social Media Meinungsführer*innen nicht nur in der ‚realen' Peergroup relevant, sondern auch im Netz (z. B. Follower und Youtuber).

Die Ansicht von Lazarsfeld/Menzel, dass die Fähigkeit, Meinungen zu prägen, nicht eine allgemeine Charaktereigenschaft ist, sondern sich immer auf ein bestimmtes Themenfeld oder bestimmte Fragen bezieht (1973, S. 121), eröffnet theoretisch für Peer Learning die Möglichkeit, tatsächlich interessierte Peers (z. B. ‚gute' Studierende oder ‚gute' Nachwuchswissenschaftler*innen) als spätere Meinungsführer zu gewinnen. Eine kritische Betrachtung zum Einsatz und zur Definition von Meinungsführerschaft findet sich in Deutsch/Rohr 2016.

2.2.4 Partizipation

Partizipation sowohl im unmittelbaren Lebensumfeld als auch in institutionellen Systemen stellt einen wesentlichen Bestandteil der Demokratie – und damit auch der hochschulischen Bildung – dar.

Peer Learning kann eine Möglichkeit zur Partizipation darstellen. Peer-Counselors und Peer-Tutor*innen wird die Möglichkeit gegeben, in eigenen Angelegenheiten Kompetenzen zu erwerben, sich mit Gleichgesinnten auszutauschen und angeeignetes Wissen an andere weiterzugeben. Durch die Einbeziehung der Vorschläge und Wünsche bei der Entwicklung von Peer Learning können Bedürfnisse und Meinungen der beteiligten ‚Gleichgesinnten' mit berücksichtigt werden. Basieren Peer Learning-Ansätze auf einem gleichberechtigten partnerschaftlichen Miteinander zwischen allen Beteiligten und beinhalten Partizipationsmöglichkeiten, können sich für alle positive Effekte ergeben. So weist Keupp darauf hin, dass Personen, die sich für andere engagieren, eine höhere Lebenszufriedenheit und einen positiveren Zukunftsbezug entwickeln (2000, S. 51).

Die Partizipation von Studierenden in Peer-Tutoring-Programmen z. B. kann eine Art Konflikt-Prävention darstellen, da bestimmte Problembereiche oder Interessen benannt werden und dadurch die Möglichkeit der Vorbeugung von Problemen und Schwierigkeiten besteht. Durch Partizipation z. B. in Form von Peer Learning findet eine Erweiterung von Kompetenzen und Spielräumen statt, in denen studentische Angelegenheiten vermehrt selbständig und möglicherweise letztendlich ohne Lehrende geregelt werden können.

Hierbei geht es auch um die Einbindung von Studierenden in alltägliche Entscheidungen innerhalb ihrer Lernsettings. Auch hier gilt, dass Studierende Experten*innen in eigener Sache sind und in vielen Bereichen an Entscheidungen beteiligt werden müssen, damit sie sich als vollwertige Mitglieder der Hochschule empfinden und an ihr teilhaben, sowie eine größere Hinwendung zu studierendenspezifischen Bedürfnissen stattfindet. Eine wesentliche Voraussetzung ist die Abgabe von Verantwortung an Studierende, besonders in Bereichen, die sie selbst betreffen. Eine andere Machtverteilung beziehungsweise einer Abgabe von Macht an Studierende ist dabei ebenso wichtig wie ein Einfordern von Beteiligungsmöglichkeiten vonseiten der Studierenden. Empfehlenswert scheint, den Begriff der Partizipation klar zu operationalisieren, also klare Strukturen und Bedingungen zu beschreiben, die bei Erfüllung im Sinne von Partizipation verstanden werden können, um so verschiedene Peer-Learning-Ansätze und -Programme miteinander vergleichbar zu machen.

Schlussendlich ist Partizipation ein wesentlicher Bestandteil von Empowerment und kann zugleich Empowermentprozesse fördern und initiieren.

2.3   Phasen des Peer Learning

Im Allgemeinen haben Peer-Learning-Programme vier Phasen (vgl. Deutsch/ Rohr 2016); diese sind hier für den Kontext Hochschule leicht modifiziert.

Aufgrund der Eigeninitiative innerhalb des Peer-Support müssen wir bzgl. der Phasen – zumindest in den Formulierungen – unterscheiden:

Im Peer-Tutoring und im Peer-Counseling wird in Bezug zu einer bestimmten Thematik:
1. eine Gruppe von Freiwilligen gesucht,
2. diese wird von Expert*innen (bei Tutorien z. B. Fachexpert*innen/Lehrende; bei hochschuldidaktischen Formaten z. B. die Hochschuldidaktiker*innen) in Hinblick auf die Sachebene (Informationen zu der entsprechenden Thematik) geschult
3. das Vermittlungskonzept (z. B. Ablauf der Tutorien oder Ablauf der kollegialen Hospitationen) wird dargestellt,

4. die geschulten Peers führen dieses Vermittlungskonzept (z. B. die Tutorien oder die kollegialen Hospitationen) durch. Die Expert*innen werden punktuell mit einbezogen bzw. sind in einer beratenden Rolle.

Im Peer-Support
1. findet sich eine Gruppe in Bezug zu einer bestimmten Thematik zusammen (z. B. Unzufriedenheit der Lehrenden in einem Modul),
2. diese Gruppe informiert sich/holt sich ggf. Rat von Expert*innen (in diesem Beispiel von Hochschuldidaktiker*innen) und lässt sich schulen im Hinblick auf die Sachebene (Informationen zu der entsprechenden Thematik),
3. ein Konzept, wie das neue Wissen konkret umgesetzt werden kann (z. B. neue, kreativere Prüfungsformen), wird selbständig erarbeitet,
4. alle Beteiligten führen dieses Konzept durch. Die Expert*innen werden ggf. punktuell mit einbezogen bzw. sind in einer beratenden Rolle.

Diese Phasen sind jedoch nicht in allen Peer Learning-Formaten expliziert.

Kapitel 3
Beratung und Beratungshaltung – auch für die Hochschuldidaktik

Beratung und Beratungshaltung ist für die Hochschuldidaktik – und im Besonderen für dieses Buch – von dreifacher Bedeutung:

1. Einmal in Bezug zu formalen und inhaltlichen Fragen – meist in Sprechstunden (vgl. Kap. 3.3)
2. dann in Bezug zu den Lehr-Lern-Settings, die auf ‚erfahrungsorientierten Ansätzen‘ beruhen und bei denen sich die Rolle der Lehrenden vom ‚Besserwisser*in‘ und reinem*r Wissens-Vermittler*in hin zu Lernbegleiter*innen bzw. Lernberater*innen verändert (vgl. Kapitel 4). Somit versuchen wir den in *der* Hochschuldidaktik geforderten „Shift from Teaching to Learning" radikal umzusetzen, d. h. eine Lehrpraxis, die weniger auf Wissens- und Stoffvermittlung und rezeptivem Lernen beruht, als auf selbstorganisiertem, aktiven Lernen, dem Erwerb von Kenntnissen und der Entwicklung von Kompetenzen. Dieser ‚Shift‘ wirkt sich auch nachhaltig auf die Lehrendenrolle aus, also weg vom Stoffvermittler*in oder Vortragende*n hin zum Arrangeur*in lernförderlicher Lernsituationen, zum*r Lernbegleiter*in, Lerncoach und -berater*in (vgl. Kempen/Rohr 2011, S. 3).
3. Und zum anderen sollte sich dieser „Shift from Teaching to Learning" ‚natürlich‘ auch auf die Hochschuldidaktik selbst beziehen; d. h. auf die Vermittlung der hochschuldidaktischen Themen. Auch hier ändert sich die Rolle des/der Hochschuldidaktik-Experten*in: hin zum/zur Lernbegleiter*in bzw. Lernberater*innen; somit rückt die Beratung/Begleitung von Lehrenden untereinander in den Fokus (vgl. Kapitel 6).

Letztlich hat Beratung und Beratungshaltung für die Hochschuldidaktik noch eine vierte Bedeutung, die in diesem Buch jedoch nicht dargestellt werden kann: Die Lehre von Beratungskompetenzen der Studierenden. Beratung hat innerhalb fast aller Tätigkeiten von Hochschulabsolvent*innen (aller Fächer) einen großen Anteil – und gewinnt in der Hochschullehre immer mehr an Bedeutung.

Hier verweisen wir auf das Buch „Beratung lehren – Erfahrungen, Geschichten, Reflexionen aus der Praxis von 30 Lehrenden" (Rohr/Hummelsheim/Höcker 2016).

Grundsätzlich liegt Beratung in Hochschulen in einer Schnittmenge von ‚Guidance' (Fach-Beratung in Bildung und Beruf) und ‚Counseling' (Prozess-Beratung/Coaching). Diese Schnittmenge macht die Beratung komplex und herausfordernd.

Bei der *Fachberatung* ist die Expertise für das Thema und ein großer Teil der Verantwortung für die Lösung der Fragestellung bei der beratenden Person. Die zu beratende Person bekommt vor diesem Hintergrund Hilfestellungen und Informationen, um ihre Problematik lösen zu können.

Im Rahmen der *Prozessberatung* steht der Entwicklungsprozess der zu beratenden Person im Mittelpunkt. Diese ist Expert*in für ihr/sein eigenes Thema und trägt alle notwendigen Ressourcen zur Lösung ihrer/seiner Frage-/Problemstellung bereits in sich. Die Rolle der beratenden Person besteht folglich in einer (Prozess-)Begleitung. Seine/Ihre Aufgabe besteht vorwiegend darin, Fragen zu stellen und Prozesse anzustoßen, die Verantwortung für die Lösung bleibt bei der zu beratenden Person.

Synonym mit der Prozessberatung und Prozessbegleitung verwenden wir im Folgenden die Begriffe des Coachings und Counselings (vgl. Kapitel 6.3 Lehrcoaching); auch wenn sie z. B. in der Beziehung von Lehrenden zu Studierenden bislang selten benutzt wurde.

Da eine gute, lösungsorientierte Fachberatung selbstredend sehr fachspezifisch ist und sein muss, wollen wir in diesem fachübergreifenden Buch den Fokus auf ‚Counseling' legen – d. h. den Aspekten von psychosozialer Beratung und Coaching, die Beratung im Kontext Hochschule einnehmen sollte.

Counseling bzw. Coaching wiederum zeigt sich zwar in (Gesprächs-) Techniken, fußt in erster Linie aber auf einer bestimmten Haltung. Letztlich ist es eine Haltung, die für die Beratung erforscht und formuliert wurde, gleichermaßen aber auch für Peer Learning als auch für den „Shift from Teaching to Learning" (also erfahrungs- und projektorientierter, studierendenzentrierter Lehre) eben ‚Grundhaltung' ist. Deswegen wollen wir sie hier ausführlich beschreiben. Hierbei beziehen wir uns in erster Linie auf den sogenannten Gesprächsansatz nach Carl Rogers.

Dessen Prinzipien etablieren sich in der Beratungswissenschaft immer mehr als übergreifende Grundhaltungen (vgl. Nestmann 2011).

3.1 Theoretischer Hintergrund: Beratungswissenschaft

Innerhalb der Beratungswissenschaften werden vier sogenannte ‚Schulen‘ unterschieden, d. h. unterschiedliche theoretische Ansätze, die sich paradigmatisch gegenüberstehen. Auch wenn durch verschiedene Autor*innen integrierende oder synergetische Versuche unternommen wurden, so ist bis jetzt keine systematische und theoretisch fundierte Zusammenführung gelungen. Dies liegt in der Unvereinbarkeit von erkenntnistheoretischen Hintergründen – wie z. B. der Phänomenologie und dem Konstruktivismus oder dem Behaviorismus. In der Praxis jedoch scheint dies manchmal ‚kein Problem‘ zu sein: Auf der Ebene konkreter Methoden und Interventionen werden zirkuläre Fragen verbunden mit kognitiv-behavioralen und analytischen Interpretationen, Projektionen und Gegenübertragungen mit paradoxen Interventionen, ‚Hausaufgaben‘ mit ehrlichem und offenem Feedback.

Ob dies ein rein theoretisches Dilemma ist, wollen wir an dieser Stelle nicht erörtern, wohl aber, inwiefern diese oder jene Theorie im Coaching im Kontext Hochschule von Bedeutung ist. Da die Beratungswissenschaft sich wiederum aus der Theorie und Praxis der Therapie entwickelt hat, sind die Oberbegriffe der vier Schulen therapeutisch geprägt: Psychoanalyse (bzw. analytisch oder tiefenpsychologisch), Verhaltenstherapie (bzw. kognitiv-behavioral), Systemische Therapie und Beratung, Humanistische Psychologie.

Für das Lehrcoaching erscheint es auf den ersten Blick naheliegend, dass die Psychoanalyse mit langwierigen Auseinandersetzungen der eigenen frühen Kindheit keine allzu große Rolle spielen sollte. Kämen Kolleg*innen in ein hochschuldidaktisches Lehrcoaching (vgl. Kapitel 6.3 Lehrcoaching) und würden dort mit Fragen zu Vater und Mutter konfrontiert, wäre dies wohl ‚unangemessen ungewöhnlich‘ und eben nicht „angemessen ungewöhnlich“, wie es der Systemiker Tom Andersen immer propagierte. Und dennoch kann innerhalb eines Lehrcoachings deutlich werden, dass bei der Betrachtung des eigenverantwortlichen Handelns – und damit auch der eigenen ‚Anteile‘ – durchaus festgefahrene Verhaltensweisen eine Rolle spielen, die sich nicht nur im System ‚Hochschullehre‘ zeigen, sondern eben auch in anderen Kontexten bzw. Systemen wie Kollegium, Freundeskreis, Nachbarschaft, Familie oder eben Ursprungsfamilie. So könnte innerhalb eines Lehrcoachings durchaus eine Anregung erfolgen bzw. die Idee ausgesprochen werden, z. B. eine analytisch-systemischen (Einzel-)Supervision anzuschließen.

Der Verhaltenstherapie – oder kognitiv-behavioralen Beratung – können wir die Verschreibung kleinschrittiger Hausaufgaben entnehmen: Es ist durchaus sinnvoll, im Coaching ganz konkrete Änderungen im Lehrverhalten zu besprechen und dann – etwas provokant formuliert: zu verschreiben! Das bedeutet in unserem Kontext: die Coachee zum Ausprobieren ermutigen! Selbstredend ist das Lernen am Modell ebenfalls von Bedeutung (vgl. Kapitel 2 Peer Learning): Der Coach sollte z. B. durch ehrliches, offenes und sehr direktes Feedback dem/der Kollegen*in ein Modell sein.

Und eben dies ist inhaltlich betrachtet bereits eine Domäne der Humanistischen Psychologie: Der Berater/die Beraterin bringt sich selbst ein! Er/sie nimmt wahr, wie der/die Coachee auf ihn/sie wirkt, was er/sie auslöst und verbalisiert genau das: er/sie gibt Rückmeldung: „Das, was Sie hier vortragen, wirkt sehr strukturiert, durchdacht bis ins kleinste Detail, sehr fachlich versiert. Ein kleines bisschen wirkt es aber auch auf mich, als ob es Ihnen dadurch schwerer fällt, sich auf mich einzulassen, wirklich dem zuzuhören und offen zu begegnen, was ich gerade sage oder frage. Könnte es sein, dass dies ihren Studierenden auch so geht?" Fritz Perls nannte dies „Im-Hier-und-Jetzt-Sein" (natürlich immer mit Blick auf die Lehr-Situation bzw. dem System ‚Lehre'). Es geht um die Gratwanderung zwischen Empathie (vgl. Rogers) und Stellung beziehen – eben angemessen ungewöhnlich zu konfrontieren.

Der Systemiker Klaus Mücke nannte es die „Nutzung des eigenen Erlebens als Berater", denn trotz größtmöglicher Empathiefähigkeit bleibt die „Unmöglichkeit des direkten Zugangs zu fremdem Erleben" (Mücke 2009). Aus diesem Grund wird im Coaching das eigene Erleben des Coaches fokussiert. Was ggf. wie ein Umweg aussieht, führt uns meist direkt zu zentralen Aspekten. Der Coach gibt uns Feedback, wie wir auf sie/ihn wirken – sodass wir Selbst- und Fremdbild miteinander vergleichen können (vgl. Kapitel 1.7 Feedback geben und nehmen).

Und damit sind wir auch schon bei der *systemischen Perspektive*, die wir – ‚last but not least' – für das Coaching fokussieren wollen: Auch wenn es eine individuelle Beratung ist, kann und sollte die Lehre nicht ohne ausführliche Betrachtung des Kontextes reflektiert werden. Coaches sollten den Coachee ‚spiegeln' (vgl. Rogers) und konfrontieren – eben neben den hochschuldidaktischen Fachinformationen, die wir auch in diesem Kapitel nicht aus dem Auge verlieren sollten, da ja auch sie im systemischen Kontexten zu betrachten sind.

Wohlwissend, dass wir nie wissen können, welche Bedeutung der Coachee dem Gesagten gibt: Die Coaches können sie/ihn in ihrem/seinem Lehrsystem lediglich ‚verstören', wie die Systemiker*innen sagen. Aus diesem Grunde sollte der Coach der Problematik sowie der möglichen Lösungen gegenüber neutral sein.

Um das systemische Denken aber zu verstehen, doch noch einmal paradigmatisch:

„Die systemische Psychotherapie bzw. Beratung basiert auf dem Paradigma, dass Phänomene, welcher Art auch immer, nicht isoliert betrachtet werden können, sollen sie verstanden bzw. verändert werden. Nur wenn die spezifischen Wechselwirkungen und Rückkopplungsmechanismen in komplexen Systemen (Paarbeziehungen, Familien, Gruppen, Arbeitsteams, Organisationen und anderen Beziehungssystemen), die in der Regel nach einem Gleichgewichtszustand mit den umgebenden Umweltsystemen streben, begriffen werden, können neue Entwicklungsmöglichkeiten, Handlungsalternativen, neue Perspektiven und grundsätzliche Veränderungen entwickelt und erzielt werden." (Mücke 1998, S. 17)

Im Coaching geht es also erst einmal darum, das System zu erfassen, in dem Lehre stattfindet, das sind z.B.: Anzahl, Semester, Vorerfahrungen, Freiwilligkeit etc. der Studierenden, das Eingebettet-Sein der Veranstaltung in einen Studiengang (oder mehrere), in das Gesamtcurriculum, das Modulhandbuch, die Räumlichkeiten sowie Wochen- und Tageszeit, die Arbeitsweise der direkten Kolleg*innen und/oder Vorgesetzten etc. Und hier gilt es nun die Wechselwirkungen und Rückkopplungsmechanismen zu erforschen.

Systemisch denken heißt aber auch: die Lehrperson als System zu begreifen (vgl. Rohr 2004): Als Lehrperson hat man immer Ambivalenzen, also verschiedene Bedürfnisse in sich: Man will Lehrinhalte vermitteln (unser Fachwissen anwenden), will Sicherheit z.B. durch Struktur; man will Flexibilität und Spontanität, die Studierenden einbinden, aber auch selbst Wissen ‚an den Mann/die Frau bringen', man will, dass die Studierenden pünktlich sind, will (sie aber nicht) erziehen, man will Vorbild sein, respektiert werden, die Studierenden zu kritischen (aber nicht ‚zu' kritischen) Mitdenker*innen ‚machen', man will, dass die Studierenden die Texte lesen (aber wie?), etc.

Letztlich will man Anerkennung – aber natürlich nicht um jeden Preis. Und eben dies ist – systemisch als auch humanistisch betrachtet – ein Dilemma.

Im Coaching ist als erster Schritt eine klare Zielsetzung zu formulieren: „Was will ich in diesem Coaching erreichen?" bzw. als Coach: „Was wollen Sie in diesem Coaching erreichen?" Denn sonst besteht immer die Gefahr, dass das Coaching orientierungslos und nicht zielgerichtet verläuft.

Und es macht durchaus Sinn, sich etwaige Gegenwillen bewusst zu machen: „Gibt es Innere Stimmen, die eine Verbesserung der Lehrsituation boykottieren würden; gibt es Innere Saboteure?" Denn selbst, wenn diese Fragen auf den ersten Blick abwegig erscheinen, ist es in jedem Beratungsprozess von großer Bedeutung, neben dem Preis der Ist-Situation auch den Gewinn der Ist-Situation zu erkennen.

Ein Coach sollte sich auf keinen Fall ausschließlich auf die Seite einer Veränderung ‚schlagen' – und damit seine Neutralität verlieren. Es gibt gute Gründe, warum sich der Coachee bis jetzt so oder so verhalten hat.

Letztlich geht es im Coaching ‚lediglich‘ darum, mit dem Coachee konkrete Verhaltensalternativen zu überlegen. Im systemischen Denken spricht man davon, ‚den Möglichkeitsspielraum zu vergrößern‘. Heinz von Foersters ethischer Imperativ hat besonders im Coaching Relevanz: „Handle stets so, dass du die Anzahl der Möglichkeiten vergrößerst" (zit. n. von Schlippe/ Schweitzer 2007, S. 116).

Denn lediglich, wenn man sich alternativlos fühlt, wenn man keine Idee von anderen (realistischen) Verhaltensmöglichkeiten hat, wenn man sich ‚getrieben‘ fühlt, dann ist man auch machtlos, passiv und unzufrieden.

Oft sind es auch Umdeutungen – systemisch „Reframing" genannt – von bereits gezeigten Verhaltensweisen, die Lehrsituationen ‚entschärfen‘. Neben den praktischen Konsequenzen des Reframing lohnt hier ein kurzer Exkurs in die konstruktivistischen Wurzeln der Systemtheorie, die kausale Zusammenhänge negiert: „Die Logik ist ein armseliges Modell von Ursache und Wirkung" (Bateson 1987, S. 77). Es gibt Rückkopplungen und eine Zirkularität von Ereignissen, denen jeweils Bedeutungen zugeschrieben werden. Allgemein bezeichnet man im systemischen Denken mit ‚Zirkularität‘ eine „Folge von Ursachen und Wirkungen, die zur Ausgangsursache zurückführt und diese bestätigt oder verändert" (Simon/Stierlin 1992, S. 393). Von Ursache und Wirkung zu sprechen, ist eine Frage der Setzung eines Anfangspunktes, der dann Ursache genannt wird. ‚Die Studierenden lesen die Texte nicht, die Lehrperson geht auf die Texte nicht ein, die Studierenden lesen die Texte nicht…‘ oder ‚Die Lehrperson geht auf die Texte nicht ein, die Studierenden lesen die Texte nicht, die Lehrperson …‘. Diese Setzung ist aber nicht zwingend. Genauso könnte ich diese Ursache schon als Wirkung betrachten, wenn ich einen früheren Erklärungsansatz/Anfangspunkt wähle (vgl. Watzlawick/Beavin/Jackson 2000, S. 57 ff.).

3.2 Beratungshaltung

Für die Beratungshaltung steht – inzwischen empirisch belegt (vgl. Grawe 2005) und schulübergreifend anerkannt – der sogenannte Gesprächsansatz ‚Pate‘. Seit den 1960er-Jahren gehört der Gesprächsansatz zu den etablierten Beratungsmethoden in Deutschland (vgl. Rogers 1977, S. 9; Straumann 2007, S. 641). Carl Rogers ist sein Begründer. Er betitelte seine Methode zunächst als nichtdirektive Beratung, später nannte er sie „klientenzentriert". Nicht das Problem, sondern die Person und ihre Persönlichkeitsentwicklung stehen dabei im Mittelpunkt (vgl. Boeger 2009, S. 67 f.; Christen 1976, S. 46; Rogers 1977, S. 15). Der Gesprächsansatz ist – neben dem Gestaltansatz, dem Psychodrama, der Transaktionsanalyse sowie der Themenzentrierten Interaktion – einer der zentralen Ansätze der Humanistischen Psychologie. Doch schon Rogers selbst erkannte im Laufe seiner Praxis und Forschung, dass er sich nicht nur „auf eine neue Methode eingelassen hatte, sondern auf eine andere Lebens- und Beziehungsphilosophie" (Rogers/Rosenberg 1980, S. 192). Der Gesprächsansatz ist mehr eine grundlegende Einstellung, eine Philosophie, ein Menschenbild als eine Methode oder ein Ansatz.

So ist Empathie z. B. keine Technik – und Rogers ärgerte sich darüber, wenn sie so verstanden wurde – sondern eine Einstellung. Reinhard und Annemarie Tausch, die Rogers' Konzept in Deutschland bekannt machten, sprechen von Empathie als „einfühlendes nicht-wertendes Verstehen der inneren Welt des anderen" (zit. n. Quitmann 1991, S. 134). Dies geht nur dann, wenn man ‚echt' ist, wenn man ‚kongruent' und ohne Fassade ist.

Doch bevor wir uns näher mit ebendiesen Aspekten von Beratung befassen, erscheint ein kurzer Blick auf die Genese des Ansatzes lohnenswert. Als Entstehungsgeschichte und ‚Hintergrund' des Gesprächsansatzes – und letztlich auch der anderen Ansätze der Humanistischen Psychologie – lässt sich die Willenstherapie nennen. An dieser Stelle nur ein kurzer, aphoristischer Abriss:

Prägendster Vordenker von Rogers ist Otto Rank. Rank (1884–1939) gehörte mit Carl-Gustav Jung, Alfred Adler und Wilhelm Reich zu dem Kreis der Schüler Freuds, die aus eben diesem ausgeschlossen wurden, weil sie sich von elementaren Aspekten der Psychoanalyse und hier vor allem von Freuds biologischem Determinismus abwendeten. Rank beschrieb schon 1929 das Grund-Paradoxon von Therapie (und letztlich auch von Beratung), in dem die therapeutische Situation dadurch charakterisiert ist, weswegen Menschen in Therapie gehen: Passivität, Abhängigkeit und Willensschwäche (vgl. Rank 1929). Therapie und Beratung müsse aber gekennzeichnet sein von Aktivität, Unabhängigkeit und Willensstärke. Der zu beratende Mensch „ist nicht ein krankes Individuum, das darum kämpft, ‚normal' zu werden, sondern ein rebellierendes Individuum, das darum kämpft, frei – und ungebunden zugleich – zu sein. Der sogenannte ‚normale' Mensch kommt um viele dieser oft sehr schmerzvollen Kämpfe herum, aber der Preis ist hoch: Es ist Stillstand von Entwicklung und psychisches Sterben" (Quitmann 1991, S. 145). Rank begreift den rein innerlichen Willenskonflikt grundsätzlich positiv – als menschliche Fähigkeit, Willen und Gegenwillen zu gleicher Zeit zu mobilisieren. „Damit wird nicht nur das ganze Problem, von allen vergangenen und gegenwärtigen Inhalten befreit, in das Individuum selbst verlegt, sondern auch die einzige Lösung und Erlösung vom Individuum und in ihm selbst gefunden" (Rank 1929, S. 88 f.). Im Sinne Ranks ist der Gesprächsansatz eine Hilfe des Bewusstwerdens. Rank unterscheidet „zwischen dem ‚Bewusstmachen', das eigentlich ein Erklären, ein Deuten ist, und dem Bewusstwerden als einem im Individuum selbst sich vollziehenden Prozess, der mittels der Verbalisierung erfolgt" (Rank 1929, S. 34); hier werden auch Parallelen zu den hochschuldidaktischen Ansätzen wie ,selbstgesteuertes Lernen', eigenständiges Lernen etc. (vgl. Kapitel 1.5) sichtbar.

Im Sinne der hier beschriebenen Grundhaltung ist es wichtig, dass die Lösung im Individuum selbst liegt und es sowohl als Coach, aber eben auch als Lehrende*r, darum geht, dass keine Abhängigkeit zum Coach oder auch zum*r Lehrenden entsteht: Die Studierenden, die durch Beratung selber befähigt werden, zu lernen als auch, dass sie sich gegenseitig – durch Peer-Counseling – zum Lernen befähigen können. Und eben nicht die Dozierenden ,Lösungen' präsentieren, die die Studierenden ,auswendig' lernen sollen.

Für Rogers ist das tragende Element in der Beratung die zwischenmenschliche Beziehung. „Wirksame Beratung besteht aus einer eindeutig strukturierten, gewährenden Beziehung, die es dem Klienten ermöglicht, zu einem Verständnis seiner selbst in einem Ausmaß zu gelangen, das ihn befähigt, aufgrund dieser neuen Orientierung positive Schritte zu unternehmen" (Rogers 1972, S. 28).

Die Berater-Grundhaltungen, die eine solche Beziehung ermöglichen, sind nach Rogers Empathie, Kongruenz und Wertschätzung.

3.2.1 Empathie

Empathie meint einfühlendes Verstehen: Der Coach (z.B. die Lehrende) versucht, sich in die Welt des Coachee (z.B. der Studierenden) hineinzuversetzen und den inneren Bezugsrahmen, also die Gesamtheit seiner Gefühle, Kognitionen und Bewertungen, zu erfassen. Der Coach – oder besser: die beratende Person – fühlt, als ob sie in der Haut des Klienten stecken würde, ohne sich jedoch zu identifizieren (vgl. Rogers 1977, S. 20f., S. 184).

Empathie meint auch, das ausgedrückte Gefühl des Coachee anzuerkennen. Es ist eine Art Brücke, die aus der Wirklichkeit des Anderen in die Wirklichkeit des Beraters hineinführt und es ermöglicht, eine gemeinsame Wirklichkeit zu finden, wodurch es gelingt, auch scheinbar inadäquate Verhaltensweisen und Reaktionen des zu Beratenden als aus seiner/ihrer Sicht durchaus adäquat und folgerichtig zu verstehen. Empathie ist nicht nur ,Spiegeln' – wie es manchmal in Lehrbüchern und Ratgebern behauptet wird.

Dem persischen Dichter Hafis aus dem 14 Jahrhundert wird folgende Weisheit nachgesagt: „Wenn jeder alles von dem anderen wüsste, / Es würde jeder gern und leicht verzeihen, / Es gäbe keinen Stolz mehr, keinen Hochmut."

An dieser Stelle soll nur auf das für die Beratungspraxis sehr relevante Empathiemodell Rogers' eingegangen werden. Für die Theorie der Empathie sind z.B. auch neuere Studien zur Bedeutung der Spiegelneuronen in Verbindung mit emotionaler Empathie sehr interessant (vgl. Tsoory-Shamay 2009).

Aber in wieweit können Lehrende mit ihren Studierenden Empathie haben/zeigen, wenn sie später die Klausur und/oder Hausarbeit von ihnen bewerten müssen?

Im Kontext Hochschule gibt es also immer auch systemrelevante bzw. systemische Gegebenheiten (wie z.B. Abhängigkeiten), die die hier beschriebenen Beratungshaltungen ,relativieren'; d.h. dem Kontext entsprechend modifiziert werden sollten (vgl. Kapitel 3.3 Studierende beraten). Letztlich können folgende Fragen nicht allgemein gültig beantwortet werden und bleiben im Ermessen jedes*r Einzelnen:

Wie empathisch möchte ich in welcher Lehr-Lern-Situation sein? Was bedeutet das jetzt für mich als Lehrende*n? Welche Herausforderungen sehe ich durch das Prinzip der Empathie in meinem Lehralltag an mich gestellt? Wann kann/muss ich vielleicht auch nicht empathisch sein, weil es sonst mit dem System in Widerspruch geraten würde?

3.2.2 Kongruenz (Echtheit)

Ein weiteres Prinzip nach Rogers ist die Kongruenz bzw. Echtheit oder Authentizität. Eine Person ist authentisch bzw. selbstkongruent, wenn ihre inneren Empfindungen mit ihrem geäußerten Verhalten übereinstimmen. Der/die Berater*in täuscht nichts vor, verhält sich transparent und lässt eigene Gefühle durchscheinen. Auch wenn alles Gesagte echt sein sollte, muss nicht alles Echte auch gesagt werden. Selbstredend müssen nicht alle Gedanken und Gefühle ausgesprochen werden. Diese Einschränkung wird „selektive Echtheit" bzw. „selektive Authentizität" genannt (vgl. Boeger 2009, S. 84f.; Rogers 1977, S. 26f., S. 181ff.).

Mit Kongruenz ist also gemeint, dass die Gedanken und Gefühle mit dem Gesagten kongruent sind – also nicht widersprüchlich. „Mitunter dachte ich, das Wort Transparenz helfe, dieses Element persönlicher Kongruenz zu beschreiben. Wenn all das, was sich in mir abspielt und was für die Beziehung maßgeblich ist, von meinem Klienten deutlich gesehen werden kann, er mich also klar durchschauen kann, und wenn ich willens bin, diese Echtheit in der Beziehung durchscheinen zu lassen, dann kann ich mir nahezu sicher sein, dass daraus eine Begegnung wird, welche tatsächlich etwas bedeutet und in der wir beide hinzulernen und uns weiterentwickeln" (Rogers 1981, S. 183f.). An dieser Stelle wird deutlich, dass eine Beratung auch immer wechselseitige Folgen hat – und dies selbstverständlich auch für die Beratung in Lehrkontexten gilt.

Rogers selbst hat Kongruenz sogar als „grundlegendste Bedingung" herausgestellt (Rogers 1981, S. 26). Im Gesprächsansatz geht es darum, dass der/die Berater*in sich und seine/ihre Emotionen einbringt, wenn es dem Anliegen der oder des zu Beratenden dient, wenn sich die oder der Berater*in nicht hinter einer Fassade oder hinter einem Konzept (z.B. analytisch oder behavioral) oder Professionalität bzw. ‚professioneller Distanz' versteckt. Es geht darum, dass die oder der Berater*in sich als offener und ehrlicher Feedback-Geber*in zeigt, was das Verhalten der oder des zu Beratenden bei ihr oder ihm auslöst. Sinnvoll ist dann etwa eine Frage, ob andere Beteiligte in einem dargestellten Problemkontext sich ähnlich fühlen könnten. Ebenfalls sinnvoll ist hier aus unserer Erfahrung eine Kombination von Kongruenz und systemischen Fragetechniken wie sogenannten „zirkulären Fragen": „Was glauben Sie, wie sehen das Ihre Kommiliton*innen, Kolleg*innen, Ihre Vorgesetzten, Ihre Studierenden in der Situation?"

Fritz Perls, der Begründer eines weiteren humanistischen Ansatzes (Gestaltansatz), hat ein ähnliches Prinzip formuliert. Er fordert von der oder dem Berater*in (wie letztlich auch von der oder dem Klienten*in) im Kontext der Beratung ein „Im-Hier-und-Jetzt-Sein". Das heißt, die oder der Berater*in solle eine echte, direkte, personale, symmetrische Beziehung eingehen. Das beschriebene Problem (z.B. ein Autortiätsthema) zeigt sich zumeist auch in der Beziehung zwischen Berater*in und Klient*in – Systemiker*innen würden das als Verhaltens-Muster der oder des Klient*in bezeichnen. Das Kenntlichmachen bzw. Erkennen und Verbalisieren solcher Muster bewirkt oftmals ein ‚Aha-Erlebnis'. Auch hier ist es wichtig, offenes und ehrliches Feedback im Sinne von „Wenn Sie XY tun, dann löst das YZ bei mir aus" oder: „Wenn Sie aus dem Fenster schauen, dann verunsichert mich das." zu geben (vgl. Kapitel 1.7 Feedback geben und nehmen in der Lehre). Damit drückt die oder der Berater*in auch ein ehrliches Interesse am Anderen aus. Systemiker*innen sprechen in diesem Zusammenhang von Neugier und Neutralität der oder des Beraters*in. Dies erfordert „zu aller erst ein wirkliches Offensein für das eigene Erleben bzw. die Bereitschaft, sich um diese Offenheit zu bemühen" (Weinberger 1998, S. 40).

Gleichzeitig wird an diesem Prinzip deutlich, wie wichtig eine eigene Supervision für Berater*innen ist, um den Klient*innen nicht eigene blinde Flecken, Muster oder Themen ‚als Spiegel zu verkaufen'. Auch kann es in konkreten Beratungssituationen für Berater*innen schwierig sein, zwischen Kongruenz und Empathie abzuwägen; ein Innerer Dialog der oder des Beraters*in könnte sein: „Will ich noch mehr über die Situation der Studierenden wissen? Oder soll ich ihr/ihm/ihnen mitteilen, was meine Ideen dazu sind, was das Gehörte und Gesehene bei mir auslöst?"

Es geht hier immer auch um eine Gratwanderung zwischen Kongruenz und Empathie.

Abb. 27: Gratwanderung zwischen Kongruenz und Empathie

Kongruent zu sein heißt nach Rogers, in Übereinstimmung mit sich selbst zu sein. „Je mehr der Berater imstande ist, akzeptierend auf das zu achten, was in ihm selbst vor sich geht, und je besser er es fertig bringt, ohne Furcht das zu sein, was die Vielschichtigkeit seiner Gefühle ausmacht, umso größer ist seine Übereinstimmung mit sich selbst" (Rogers 1981, S. 182).

3.2.3 Wertschätzung

Wertschätzung bedeutet, dass der innere Bezugsrahmen der oder des zu Beratenden von der oder dem Berater*in angenommen wird. Eine wertschätzende Haltung bedeutet eine bedingungslose Akzeptanz einer Person und ist frei von Bewertungen und Beurteilungen. Die oder der Berater*in achtet und schätzt die oder den Klient*in ungeachtet ihres oder seines augenblicklichen Verhaltens. Es ist eine positive Zuwendung (vgl. Boeger 2009, S. 78 f.; Rogers 1977, S. 23 f., S. 186).

Wertschätzung könnte auch umschrieben werden als ‚unbedingte' Beachtung, emotionale Wärme, Würdigung der Person, auch als Nächstenliebe (wenn die eigene Sozialisation diese positiv konnotiert).

Die Beziehung zum/zur zu Beratenden ist nicht neutral und auch nicht distanziert, sie ist durch emotionales Engagement gekennzeichnet. Es ist eine „Art von Zuneigung, die Kraft hat und die nicht fordert […] Das Gefühl, das ich beschreibe, ist weder patriarchalisch noch sentimental, auch ist es nicht von einer oberflächlich-liebenswürdigen Zuwendung. Es achtet den anderen Menschen als eigenständiges Individuum und ergreift nicht Besitz von ihm" (Rogers 1980, S. 186).

Es geht also nicht darum, jedes Verhalten wertzuschätzen, aber jede Person. Nach den Grundhaltungen und Grundprinzipien des Gesprächsansatzes ist folgende Verbalisierung der Gedanken und Gefühle des/der Berater*in denkbar: „Es ärgert mich regelrecht, wenn ich eine so schlechte Hausarbeit von Ihnen lesen muss. Ich weiß (oder glaube), dass Sie es besser können. Und umso mehr möchte ich verstehen, wieso diese Arbeit so schlecht war." Der zu Beratene erklärt sich, lernt so sich selbst zu verstehen und kann sich selbst wertschätzen, selbst kongruent sein – und empathisch. Wichtig ist, dass jeder „in seinem jeweiligen So-Sein ohne Vorurteil und Wertung angenommen wird" (Quitmann 1991, S. 139) – und jeder sich selbst anzunehmen lernt (vgl. Kapitel 1.6 Diversität).

Keine Methode

Wie beschrieben, handelt es sich beim Gesprächsansatz um einen nicht-direktiven Ansatz, der eher eine Haltung als eine Methode ist (vgl. Kapitel 1.4 Lehrpersönlichkeit). Insofern möchten wir an dieser Stelle der Verlockung widerstehen, Techniken und Methoden zu beschreiben.

Es gibt Lehrbücher zum Gesprächsansatz (vgl. Boeger 2009, Weinberger 1998) die dies tun – und z.B. aktives Zuhören durch Paraphrasieren als Übungen vorschlagen.

Die Relativierung von Empathie, Kongruenz und Wertschätzung – bzw. deren Einordnung in den systemischen Kontext ‚Hochschule' – kann nicht oft genug betont werden – aber eben auch nicht ihre Wichtigkeit.

3.3   Studierende beraten

Innerhalb dieses Buches wird das Thema Beratung an unterschiedlichsten Stellen immer wieder thematisiert. Hier wollen wir uns konkret auf die Situation, dass Lehrende Studierende beraten, konzentrieren.

Lehrende sind in unterschiedlichsten Situationen direkt oder indirekt für Studierende in einer ‚beratenden Rolle'. In diesem Kapitel werden neben der ‚klassischen' Beratung in Sprechstunden auch implizite Beratungssituationen thematisiert.

In lernendenzentrierter Lehre – wie sie in diesem Buch vielfach beschrieben wird – sind Lehrende in ihrer Rolle als Lernbegleiter*in sehr häufig in ‚impliziten‘ Beratungssituationen. Dies bringt notwendigerweise auch eine Veränderung in der Thematisierung und Vermittlung von Studierendenberatung mit sich.

Das Thema Beratung in der Hochschuldidaktik hat sich verändert, genau wie die Beratungswissenschaft ‚an sich‘: Lange Zeit hatte sie sich auf ‚klassische‘ Beratungssettings fokussiert: Ein ratsuchendes Individuum kommt in Beratung zu einem/einer neutralen, unabhängigen Berater*in.

Erst neuere Veröffentlichungen bezüglich Forschung und Lehre (in Aus- und Weiterbildung) von Beratung erweitern diese enge Definition von Beratung und formulieren Beratungshaltungen und -kompetenzen z.B. als notwendige Teilkompetenzen aller akademischen Berufe (vgl. Rohr/Hummelsheim/Höcker 2016).

Wenn wir nun die Beratung von Studierenden fokussieren, müssen wir noch einmal auf die Unterscheidung zwischen informationsgebender Beratung (Fachberatung) – die im Kontext von Beratung in Bildung und Beruf im englischsprachigen Raum ‚Guidance‘ genannt wird – und auf Prozess-Beratung/Coaching (Counseling) Bezug nehmen. Diese beiden Ansätze wurden „seit Beginn des 20. Jahrhunderts zunächst in enger Nachbarschaft entwickelt, um dann Schritt für Schritt voneinander getrennte konzeptionelle und praktische Wege zu gehen" (Nestmann 2011, S. 2). Wir verstehen unser Buch als Plädoyer für eine „Wiedervereinigung", die seit einiger Zeit sowohl in der nationalen (vgl. ebd.) als auch internationalen Scientific Community (vgl. Krumboltz/Levin 2010) wieder diskutiert wird.

Und gleichzeitig wollen wir eine weitere Unterscheidung vornehmen: Diejenige zwischen einer formalen Beratung von Studierenden (z.B. in Bezug zu (Modulabschluss-)Prüfungen und der Reihenfolge von Studienleistungen) und einer inhaltlichen (z.B. Fachfragen, Literaturtipps, Themenabsprachen, Vor- und Nachbesprechungen von Referaten).

Auch wenn die Anliegen der Studierenden oftmals sowohl inhaltliche als auch formale Aspekte beinhalten, zeigt sich diese Unterscheidung als hilfreich – auch für die institutionelle Ebene.

3.3.1 Beratung in formalen Studienangelegenheiten

Wie bereits kurz erwähnt und in Rohr et al. (2016) ausführlicher beschrieben, erscheint es ratsam, eine gute Studienberatung zu etablieren, die nicht von den Lehrenden selbst durchgeführt werden muss und die einen Großteil der formalen Anliegen klären kann.

Grundsätzlich zeigen Untersuchungen, dass die Studieneingangsphase die beratungsintensivste Phase ist (Rohr/Strauß et al. 2016). Und gerade hier zeigt sich, dass Studienberatung von Studierenden durch Studierende (im Sinnes des Peer-Counselings) effektiver ist als ‚reguläre‘ universitäre Beratungsangebote z.B. durch Lehrende. Darüber hinaus wird diese Form der Beratung als hochwertiger und gewinnbringender angesehen. Voraussetzung für eine gute Peer-Studienberatung ist hierbei eine kontinuierliche Schulung und Fortbildung der beratenden studentischen Hilfskräfte und eine regelmäßige Supervision (vgl. ebd. und Deutsch/Rohr 2016).

Die Ergebnisse der Studien (zusammengefasst in Rohr/Strauß et al., 2016) machen aber auch deutlich, dass gerade in der Studieneingangsphase eine Kombination aus Peer-Counseling und Peer-Education (Erstsemestergruppen) sowie Prüfungsamtsberatung sehr sinnvoll ist.

Dies zeigt sich auch durch einen weiteren, hier nur in aller Kürze erwähnten Aspekt, der bisher von vielen Studienberatungen nicht in ausreichendem Maße bedacht wird: Die Bedeutung und Wirkmächtigkeit von (digitalen) sozialen Netzwerken. Auf diesen digitalen Kommunikationswegen findet – beispielsweise in zahlreichen Nutzer*innengruppen bei Facebook[14] – de facto eine Peer-Beratung von Studierenden durch Studierende statt. Hier könnten geschulte (Peer-)Berater*innen ebenfalls aktiv werden, da auf diesen Kanälen erwartungsgemäß sehr viele Studierende erreicht werden können.

Aus unserer Sicht ist es bei den hier dargestellten Ergebnissen nicht von Bedeutung, ob es sich um zentrale, Fakultäts- oder Instituts-Studienberatungsstellen handelt. Wie insgesamt in diesem Buch dargestellt und belegt, gibt es bei Peer-Projekten eine Korrelation: je ähnlicher sich Peer-Educator und Peer sind, desto erfolgreicher das Projekt (vgl. auch Deutsch/Rohr 2016). Dies würde dafür sprechen, eben solche Studierende als SHKs einzusetzen, die z.B. ähnliche Studiengänge studieren.

Für die Implementierung des Peer-Ansatzes in die Studienberatung ist es hilfreich, die von Charles Deutsch an der Harvard University entwickelten und inzwischen angepassten Standards für Peer-Projekte, die sogenannten ‚S.T.E.P.P.s‘ („Standards Towards Excellent Peer Programms"), zu beachten. Peer-Ansätze benötigen eine besondere und besonders gute Organisation (vgl. Deutsch/Swartz 2002 und Deutsch/Rohr 2016).

Dass eine Implementierung des Peer-Ansatzes sich in naher Zukunft an vielen Hochschulen vollziehen wird, liegt aus den genannten Gründen ‚auf der Hand‘: Die Effektivität des Peer-Ansatzes konnte belegt werden. Für uns

---

14 Die Facebook-Gruppe „Sonderpäda und andere Examen: Hilfe zur Selbsthilfe" hat fast 1 700 Mitglieder, „Sonderpädagogik BA/MA Uni Köln" über 2 900, Stand 29.2.2016.

nicht das zentrale, jedoch ein gewichtiges Argument ist selbstverständlich auch die Effizienz, d. h. die Kosten-Nutzen-Relation.

Studentische Hilfskräfte sind für die Hochschulen billiger als Verwaltungsangestellte und allemal als wissenschaftliche Angestellte oder Professor*innen.

Neben den Sprechstunden der Studienberatung kommen wir nun wieder auf die Sprechstunde der Lehrenden zu sprechen:

3.3.2 Beratung in inhaltlichen Studierendenangelegenheiten

Die vielleicht ‚klassischste' Beratung von Studierenden findet in der Sprechstunde statt. Die Lehrenden halten sich in der Regel einmal pro Woche ein Zeitfenster von 1 bis 2 Zeitstunden für die Anliegen von Studierenden frei. Selbstverständlich finden auch hier Klärungen von formalen Anliegen der Studierenden statt.

So können z. B. das Einhalten von Abgabefristen von Studierenden thematisiert werden, sodass die Lehrenden vielleicht in einen Inneren Dialog kommen zwischen Empathie und Verständnis (z. B. für schwierige Lebenssituationen) als auch Gerechtigkeit und ‚Gleichbehandlung' abzuwägen. Auch bei vermeintlich eindeutig ‚inhaltlichen' Studierendenangelegenheiten geht die Studierendenberatung in der Regel über eine reine Fachberatung/‚Guidance' hinaus und es werden Counseling-Aspekte (und damit die eigenen Haltung) eine Rolle spielen: Gibt die/der Lehrende Literaturtipps oder fördert sie/er die Selbständigkeit der Studierenden, indem sie/er (wenn überhaupt) Recherchetipps gibt? Gibt die/der Lehrende Themen für Hausarbeiten, Referate oder Abschlussarbeiten vor oder berät sie/er die Studierenden dabei eigene Interessen/Themen zu finden? Wie gestalten Lehrenden die Vor- und Nachbesprechungen von Referaten (oder machen sie keine!)?

An dieser Stelle möchten wir noch einmal auf die Selbstverantwortung (und Entwicklung von) Eigenständigkeit im Sinne des Humboldt'schen Bildungsideals (vgl. Einleitung) erinnern. Dabei erscheint es hierbei grundsätzlich sinnvoll, eine Lern-Atmosphäre – und eben keine Prüfungs-Atmosphäre – zu schaffen; d. h. die/der Lehrende begegnet den Studierenden mit Empathie, Wertschätzung und Kongruenz und unterstützt sie in ihrer konstruktiven, aber eigenständigen Lösungssuche.

Wie bereits im Kapitel bzgl. der Grundhaltungen (vgl. Kapitel 3.2) erläutert, sind ebendiese im Kontext Hochschule – und hier im Besonderen der Sprechstunde – zu relativieren bzw. zu kontextualisieren: Es ist im Zusammenspiel von Beratung und Prüfung sowie grundsätzlich in nicht-freiwilligen Beratungskontexten bedeutsam, welche Interessen auf beiden Seiten vorliegen und welche Aufträge dem Lehrenden explizit oder implizit vonseiten der Institution, der Fachkultur, aber auch des Selbstverständnisses ‚vorliegen'. Dies könnte z. B. eine mehr oder weniger klar formulierte ‚Durchfallerquote' sein, aber auch – positiver formuliert – ein Qualitätsanspruch bzw. nicht erreichte Prüfungskriterien (vgl. Kapitel 1.8 Prüfen und Bewerten).

In den Beratungswissenschaften wird die Schwierigkeit von ‚beraten und gleichzeitigem bewerten' intensiv diskutiert (vgl. Rohr/Hummelsheim/Höcker 2016) – letztlich ist sie für den Hochschulkontext im Dreieck der humanistischen Grundhaltungen in Korrelation zu *Constructive Alignment* (vgl. Kapitel 1.8.3 Kompetenzorientierte Prüfungen) und systemischen Gegebenheiten (vgl. Kapitel 3.1 Theoretischer Hintergrund: Beratungswissenschaft) zu beantworten.

Die Quantität als auch die Qualität von Sprechstunden hängt hierbei also von vielen Kontexten ab: Handelt es sich um eine so genannte ‚Massenuniversität' oder um eine kleine Fachhochschule, um kleine, so genannte ‚Orchideen-Fächer' mit wenigen Studierenden oder um ‚große' Fächer mit vielen Studierenden. Ebenso hängt es von Fachkulturen ab sowie von persönlichem Engagement, das wiederum aufgrund persönlicher Erfahrungen und Haltungen variiert.

Interessant ist hierbei auch, dass die inhaltliche Beratung in Sprechstunden insgesamt abnimmt, da Studierende inzwischen viele Fragen per Email stellen. Ohne auf das weite (und eigene) Thema der Online-Beratung an dieser Stelle eingehen zu können, ist klar, dass bei schriftlicher Kommunikation Aspekte von Empathie, Wertschätzung und Kongruenz reduziert und vereinfacht übermittelt werden (können) (vgl. Rohr et al. 2016).

Neben den ‚klassischen' Sprechstunden und der Email-Beratung sind auch inhaltliche Beratungen vor und nach Veranstaltungen zu nennen – gerade hier ist es für die Lehrenden wichtig, die Mini-Beratungen so zu gestalten, dass sie zu beidseitiger Zufriedenheit geführt werden können. Dies kann auch bedeuten, die Studierenden ‚freundlich aber bestimmt' auf die Sprechstunden hinzuweisen. Andererseits können gerade solche nicht-formalen bzw. nicht-formalisierten Beratungssituationen zu einer Art ‚Mentoring' – und damit auch zu wissenschaftlichem Nachwuchs – führen.

Nach einigen, kürzeren Ausführungen zu Beratung von Studierenden, in formalen, inhaltlichen Anliegen, in Sprechstunden, per Email sowie vor und nach Veranstaltungen, wollen wir nun die Beratung während einer Veranstaltung thematisieren. Dies wird vor allem in Veranstaltungen relevant, die den beschriebenen Shift vollziehen; d. h. projektorientierte Veranstaltungen, in denen die Studierenden viel Zeit in eigenständiger Recherche, Erarbeitung, Diskussion, Ergebnissicherung, Präsentation etc. verbringen.

Die Lehrenden haben nun die Aufgabe, die Studierenden hierin – und damit in ihrer Selbständigkeit – im Sinne eines Coachings zu unterstützen, zu begleiten und zu beraten.

Im Planspiel z. B. sind die Lehrenden in einer Beobachtungsrolle und gehen erst im Nachhinein – in der Reflexionsphase – wieder in eine aktive Rolle: Hier in der Beratungsrolle bzw. der Gestalter*in und Moderator*in eben der Reflexionsphase.

Im Service Learning sind Lehrende andauernde Coaches der Studierenden.

Kapitel 4
Zwischenfazit: die Lehrperson als Lernbegleitung

In den vorangegangenen Kapiteln ist deutlich geworden wie sehr ein konsequenter ‚Shift from Teaching to Learning' das Lernen und Lehren an Hochschulen verändert. Die Veränderung trifft sowohl die Studierenden in ihrem Lernverhalten, wie die Lehrenden in ihrem Lehrverhalten als auch die Institution Hochschule in den benötigten Rahmenbedingungen. In diesem Dreieck stellt die Lehrperson in der Regel die zentrale Position dar, denn der Shift kann nur gelingen, wenn sie den Studierenden überhaupt erst die Möglichkeit zu einem kompetenzorientierten Lernverhalten eröffnet. Die Rahmenbedingungen durch die Hochschule können dabei förderlich oder abträglich sein, aber letztlich kann eine Lehrperson auch die besten Rahmenbedingungen ignorieren und vermeintlich ‚schlechte' Lehre machen. Oder sie kann auch bei widrigsten Rahmenbedingungen vermeintlich ‚gut' lehren.

Wir haben in Kapitel 1 ein vereinfachtes Kompetenzmodell zur Lehrkompetenz an der Hochschule vorgestellt (Abb. 28).

Denkt man dieses Modell nun als Grundlage für die Formulierung einer Rolle als Lernbegleitung und verbindet dies mit den zentralen Aspekten der vorangegangenen Kapitel lassen sich folgende Aussagen treffen:

Eine Lehrperson als Lernbegleiter*in benötigt sowohl ein prozedurales als auch deklaratives Fachwissen in dem Fachbereich in dem sie lehrt. Nur weil sie nicht mehr im Mittelpunkt der Lehre steht spricht sie dies keinesfalls von Fachkompetenz frei. Eine Lehrperson kann Studierende nur dann erfolgreich in deren Kompetenzentwicklung begleiten und beraten, wenn sie weiß, ob die Studierenden fachlich korrekte Inhalte lernen und wie der nächste inhaltliche Schritt aussehen wird bzw. aussehen kann. Darüber hinaus muss eine Lehrperson über prozedurales und deklarativen Wissen im

Bereich des Lernens verfügen, das sich zum einen auf generelles Lernverhalten (vgl. Kapitel 1.5 Lernen) bezieht als auch auf spezielle Lernanforderungen in den jeweiligen Fächern. Denn es ist auch Aufgabe einer aufmerksamen Lernbegleitung festgefahrene oder umständliche Lernverhaltensweisen offenzulegen und Alternativen aufzuzeigen.

Abb. 28: Handlungskompetenz von Lehrpersonen an der Hochschule

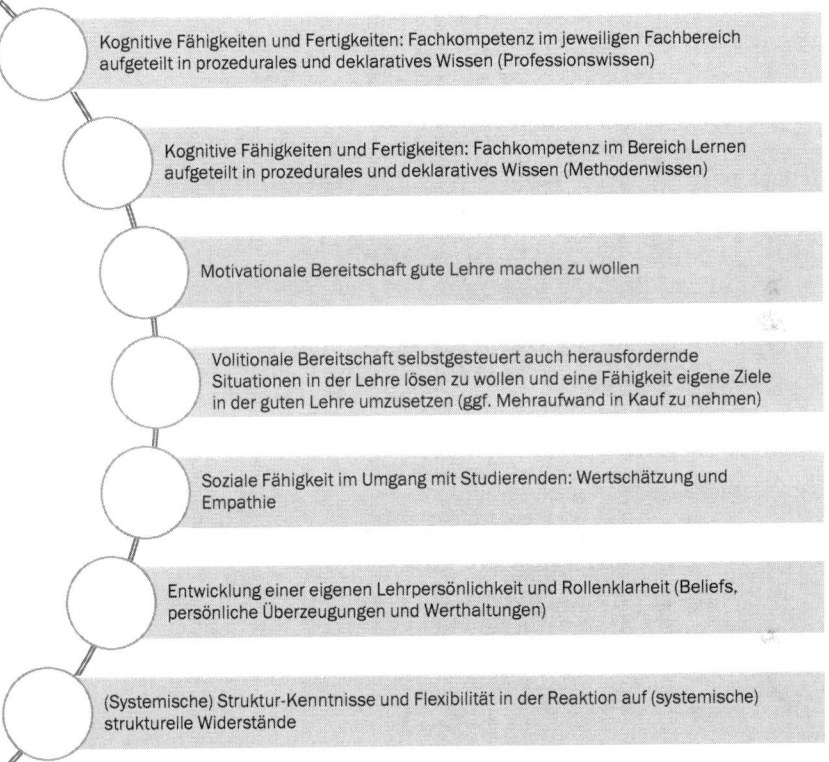

Die Lernbegleitung zielt auf eine größtmögliche Kompetenzentwicklung der Studierenden in Ausrichtung auf die jeweiligen Learning Outcomes (vgl. Kapitel 1.3 Constructive Alignment), Prüfungen dienen dabei nur als (ggf. selbstgesteuerte) Überprüfung der Erreichung der Learning Outcomes (vgl. Kapitel 1.8 Prüfen und Bewerten). Das erfordert von der Lehrperson zum Teil eine gewisse Ambiguitätstoleranz, aber vor allem eine Bereitschaft die Studierenden in ihrem individuellen Lernprozess unterstützen zu wollen. Damit geht eine Individualisierung des Lernens einher, die für Lehrpersonen mitunter anstrengender und aufwendiger sein kann, als eine traditionelle frontal ausgerichtete Lehre. Allerdings ermöglicht die Lernbegleitung im Gegensatz zur frontalen Lehre nicht nur breitere Motivierungsmöglichkeiten der Studierenden (vgl. Kapitel 1.5.3 Die Motivierung von Lernenden), sondern sie fördert auch die Wahrnehmung der Studierenden als Individuum, die jeweils eigene Stärken und Besonderheiten in die Lehre einbringen können. Dies führt dazu, dass Diversität in einer Lerngruppe eher als Chance wahrgenommen wird und nicht mehr beängstigend wirkt (vgl. Kapitel 1.6 Diversität). Die Lehrperson bemüht sich auch darum systemische Widerstände im Studium oder dem System Hochschule zu erkennen, die ihre Lernbegleitung beeinflussen könnte. Dies reicht von Prüfungsanforderungen in einzelnen Studiengängen bis hin zur gewährten Selbstständigkeit und Offenheit in den Lehrveranstaltungen.

Hier deutet sich bereits eine Wandlung der Haltung in der Rolle als Lehrperson an. Für eine*n erfolgreiche Lernbegleiter*in ist die konsequente Reflexion ihrer oder seiner Rolle (vgl. Kapitel 1.4 Lehrpersönlichkeit) und eine klare Kommunikation ihrer oder seiner Aufgaben genauso unabdingbar wie eine unbedingte Wertschätzung und Empathie gegenüber den Studierenden (vgl. Kapitel 3 Beratung und Beratungshaltung). Die Lehrperson akzeptiert, dass sie nicht den Lernprozess für die Studierenden übernehmen kann (vgl. Kapitel 1.5 Lernen) und dass ggf. die Kommilitonen*innen die besseren Lehrpersonen sind (vgl. Kapitel 2 Peer Learning).

Wir haben aufgezeigt, dass die Lehrperson als Lernbegleitung den Studierenden mit Empathie, Wertschätzung und Kongruenz ‚begegnen' soll (vgl. Kapitel 3.2). Eben diese (Beratungs-)Haltungen fördern die Selbständigkeit und Dialogfähigkeit – und damit auch die eigenständige und kritische Auseinandersetzung mit den Inhalten.

Als Lernbegleitung unterstützen wir Lehrende in projektorientierter Lehre bzw. durch den *Shift from Teaching to Learning* den Peer-Support der Studierenden (vgl. Kap. 2.1.3).

Kapitel 5
Peer Learning und Beratung von Studierenden: projektorientierte Lehr-Lern-Formate

In diesem Kapitel werden wir zwei projektorientierte Lernformate exemplarisch vorstellen: Planspiele und Service-Learning. Gleich zu Beginn wollen wir aber auch die Unterschiede sowie die Einordnung in die genannten hochschuldidaktischen Konzepte relativieren, denn letztlich scheint der entscheidende, gemeinsame Nenner vor allem ein ‚Learning by doing‘ zu sein.

Die Grundannahme, dass Lernen in Verbindung mit praktischer Betätigung effektiver ist als traditioneller Frontalunterricht, konnte inzwischen von zwei Meta-Analysen zu erfahrungs- bzw. problemorientiertem Lehrformen (Dochy et al. 2003; Preckel 2004) als auch mit neurowissenschaftlichem Fokus von Furco (2004, S. 18), Sliwka/Frank (2004, S. 14) und Bohnsack (2005, S. 104 f.) vielfach bestätigt werden.

Unsere Empfehlung ist also ein Ausprobieren, ein ‚Learning by doing‘ von ‚Learning by doing‘-Methoden – in der jeweils angepassten Form auf Ihre Situation und Möglichkeiten. Hauptsache „erfahrungsorientiertes" Lernen (vgl. Dewey 1938), reales Lernen, dass sinnstiftend und bedeutungsgebend ist.

5.1 Planspiele in der Lehre

In diesem Buch wurde bereits mehrfach die Bedeutung des Shift from Teaching to Learning (vgl. Wildt 2004) und die verstärkte Kompetenzorientierung in Studium und Lehre (vgl. Kapitel 1.1 Kompetenzorientierung in der Hochschulbildung) im Rahmen des Bologna-Prozess betont. Wenn Hochschulbildung durch die Definition von Kompetenzen und zu erreichenden Qualifikationen bestimmt wird, treten Methoden wie das Planspiel, in denen die Beteiligten durch eigene Handlungen zur Lösung von inhaltlichen wie prozessualen Problemen aufgerufen sind, in den Fokus der Lehre. Das Planspiel wird dabei auch den Forderungen nach einer individualisierten Lehre gerecht – denn durch das Planspiel können beispielsweise Studierende unter Berücksichtigung ihres Vorwissens die Komplexität von Handlungssituationen und Entscheidungsstrukturen kennenlernen.

Ein Planspiel funktioniert, indem für ein gemeinsames Thema (z.B. eine Schulgründung oder die neue Energieversorgung einer Stadt) die Teilnehmer*innen in Spielgruppen mit je 4–6 Personen eingeteilt werden. Jede Spielgruppe stellt eine Interessensvertretung dar (im Schulgründungsbeispiel: Schulleitung, Lehrer*innenkollegium, Elternvertretung, Schüler*innenvertretung, Landschaftsverband usw.; im Beispiel Energieversorgung: Firmenvertreter*innen aus den Bereichen Kohle, Atomenergie, erneuerbare Energien oder Fernwärme, Anwohnervertretung, Stadtverwaltung, usw.). Das Planspiel besteht dann aus der Strategieentwicklung der einzelnen Spielgruppen und im Gegensatz zur Simulation bzw. Rollenspiel aus Spielzügen, die von den einzelnen Spielgruppen entwickelt und bei der Spielleitung eingereicht werden. Die Spielleitung leitet nach einer eingehenden Prüfung die Spielzüge an die betroffenen anderen Spielgruppen weiter, die wiederum ihrerseits auf die Spielzüge mit eigenen Spielzügen an die anderen Spielgruppen reagieren. Innerhalb des Spiels entwickelt sich auf diese Weise eine Gruppendynamik, für die insbesondere Reflexionsphasen von großer Bedeutung sind (vgl. Rohr/den Ouden/Zepp 2013).

Planspiele sind kooperative Lernformen und können dazu beitragen, dass die Studierenden ihre gegenseitigen Vorkenntnisse nutzen, neue Wissens-, Entscheidungs- und Handlungszusammenhänge gemeinsam zu erschließen. Gleichzeitig kommen Studierende im Planspiel als Peers immer wieder in eine Berater*innenrolle. Denn das Planspiel ist auch eine Simulationsmethode und bietet die Möglichkeit, soziale Konflikte und Entscheidungen von Interessensgruppen zu simulieren. Durch das Planspiel können Studierende in einem geschützten Raum die Komplexität von Handlungssituationen und Entscheidungsstrukturen kennenlernen und ihre eigene Handlungs-, Entscheidungs- und Reflexionsfähigkeit weiter ausbauen.

Dabei fördert insbesondere die enge und handlungsbasierte Verknüpfung von Theorie (konkrete fachspezifische Kenntnisse und Fähigkeiten) und Praxis im Sinne einer selbstverantwortlichen reflektierten Handlung innerhalb eines Gruppengefüges die grundlegenden sozialen und kommunikativen Kompetenzen der Beteiligten. Setzt man diese Methode in der Hochschullehre ein, wird das Problembewusstsein der Studierenden für Konflikte und Entscheidungen geschärft und sie werden zu einem aktiven und ganzheitlichen Lernen angeregt, da ihnen die Auswirkungen eigener Entscheidungen zeitnah sichtbar und erlebbar gemacht werden (vgl. Klippert 2002). Insbesondere mit Blick auf eine spätere institutionelle oder politische Arbeit der Studierenden ist dies von unschätzbarem Wert.

Dabei sind Planspiele keine Erfindung des 20. Jahrhunderts, die ältesten Planspiele wurden in China vor rund 5 000 Jahren nachgewiesen. In der neueren Geschichte dienten sie im 18. und 19. Jahrhundert vor allem der militärischen Ausbildung. Mithilfe der „Sandkastenspiele" konnten taktische und strategische Alternativen der Kriegsführung erprobt werden, ohne die eigenen Soldaten zu gefährden. Erst am Anfang des 20. Jahrhunderts hielten sie auch Einzug in Hochschulen. Die Harvard Business School begann damit, neue Lehr- und Unterrichtsmethoden für die wirtschaftswissenschaftliche Ausbildung zu entwickeln. Die dort üblichen ‚case-studies' wurden zur ‚problem-method' weiterentwickelt. Im Gegensatz zur Komplexität des heutigen Planspiels umreißen die ‚case-studies' eine sehr realitätsnahe Beschreibung einer typischen Handlungssituation in einer für einzelne Lernende erfassbaren Komplexität. Zudem haben ‚case-studies' eine klare Aufgabenstellung mit einem relativ konkreten Ergebnis. In der ‚problem-method' dagegen gibt es eine überschaubare Fallstudie im Umfang, die allerdings keine Problemdefinition aufweist. In dieser Methode suchen Gruppen in klar strukturierten Arbeitsschritten Lösungen oder Verhaltensweisen in Bezug zur Fallstudie. Die Weiterentwicklung stellte dann das Planspiel mit einer (ergebnis-)offenen Gestaltung und großen Flexibilität in der Bearbeitung durch Gruppen dar. Mitte der 1960er-Jahre wurde das Potenzial von Planspielen auch außerhalb des engen ökonomischen Einsatzgebiets innerhalb von Europa entdeckt. Nach der politischen Bildung entdeckte auch die Hochschuldidaktik in den späten 1970er-Jahren das Planspiel und seine Möglichkeiten. Ein Schwerpunkt lag hierbei beispielsweise in der Lehrer*innenbildung (vgl. Vagt 1983).

Es ist wichtig, das Planspiel von anderen Methoden, wie Simulationen oder Rollenspielen, abzugrenzen. Insbesondere die (Computer-)Simulation als technisch orientierte und geregelten Prozessen unterworfene Methode soll in diesem Kontext so verstanden werden, dass sie die Realität „mit Hilfe einer vorproduzierten Modellwirklichkeit erklären soll" (Vagt 1983, S. 32 f.). Ein Planspiel basiert zwar – wie die Simulation – auf einem Modell. Im Gegensatz zur Simulation im oben definierten Sinn liegt dem Geschehen hier ein verbales Modell zu Grunde. Regeln, die auch in der Realität Gültigkeit haben (Gesetze, Konventionen, empirisch belegte Zusammenhänge, etc.) und Spielregeln bestimmen die Aktionsmöglichkeiten der in Gruppen zusammen agierenden Teilnehmer*innen. Die Initiative der Mitspieler*innen bestimmt in diesem Rahmen, der während des Spiels von der Spielleitung überwacht wird, die Simulation, sodass auch überraschende Lösungen möglich sind.

In einem Rollenspiel übernehmen die Teilnehmenden im Gegensatz zum Planspiel individuelle Rollen, in denen sie, nur durch eine Rollenbeschreibung festgelegt, Alltags- oder Konfliktsituationen, frei interpretieren können. Die Rollen werden meist von einer sehr kleinen Gruppe von 2 bis 4 Studierenden übernommen. Die übrigen Gruppenmitglieder übernehmen die Rolle von Beobachtenden. Es gibt kein von der Spielleitung festgelegtes Modell, an dem sich ihre Handlung ausrichten muss.

Planspiele sind also offener, dynamischer und flexibler anpassbar auf Kontexte als Simulationen und können gleichzeitig mehr Studierende in eine aktive und authentische Handlungsrolle in einem realistisch abgesteckten Setting bringen als Rollenspiele. Insgesamt lässt sich also festhalten, dass in Planspielen Teilnehmer*innen durch Simulation einer (in der Regel vereinfachten) Praxissituation einen möglichst realistischen und praxisbezogenen Einblick in Probleme und Zusammenhänge gewinnen sollen, eigene Entscheidungen treffen und Konsequenzen ihres Handelns erfahren können. Eine gemeinsame Reflexion soll helfen, verschiedene Beobachter*innenpositionen einzunehmen und Vor- und Nachteile inhaltlicher als auch verhaltensbezogener Handlungen zu diskutieren.

Planspiele sollen möglichst realistisch mit einer Praxissituation konfrontieren. Dabei sollen Möglichkeiten zum kreativen, weitgehend autonomen und selbstorganisierten Handeln in Bezug auf konkrete Probleme und deren Lösung gegeben sein. Planspiele im hier verstandenen Sinn zeichnen sich also durch einen konstruktiven Möglichkeitsraum aus, in dem verschiedene Rollen und Perspektiven eingenommen werden können, um durch Perspektivwechsel und in Entscheidungssituationen einen Zuwachs an Handlungskompetenzen zu erfahren und zu reflektieren. Solche Simulationen werden durchgeführt, um auf die Komplexität einer praktischen Situation vorzubereiten, die in der Ausbildung nicht in einer Realsituation oder nur mit unabsehbaren Folgen in der Praxis erlebt werden kann. Sie bieten Raum für Re-/De-/Konstruktionen und ein prinzipiell experimentelles Handeln. Mit ihnen können sowohl Fach-, Methoden- und Sozialkompetenz erlebnisnah, zeitlich dicht und diskussionsintensiv erfahren werden. Sie regen zu Dialogen und Nachdenklichkeit an (vgl. Klippert 2002, S. 31).

Ablauf eines Planspiels

Grundsätzlich lässt sich jedes Thema als Planspiel durchführen, in dem sich kontroverse Positionen (aus der Wissenschaft oder der Gesellschaft) in der Weise differenzieren lassen, dass daraus je eigene Positionen erarbeitet und später diskutiert werden können. Ein Planspiel sollte, damit es von einer Person organisatorisch bewältigt werden kann, nur für Seminare einer Größe zwischen 25 und 50 Studierenden geplant werden. Diese Begrenzung lässt sich damit begründen, dass eine (Spiel-)Realität mit 5 bis 7 Spielgruppen noch handhabbar ist. Um ein Planspiel durchzuführen, reicht es nicht aus, nur einen Seminarraum zu belegen. Es ist notwendig, dass jede Spielgruppe für sich einen genügend großen, vor allem auch geschützten Raum hat, in dem sie ungestört diskutieren und arbeiten kann. Außerdem muss ein Seminarraum vorhanden sein, in dem Plenarsitzungen der Gesamtgruppe durchgeführt werden können. Der Platz für die Spielleitung sollte möglichst zentral vorgesehen werden.

Im Rahmen des Planspiels werden dann verschiedene Rollen vergeben, die die Studierenden einnehmen und im Verlauf des Planspiels durchhalten sollen. Größere Gruppen versucht man durch einen thematischen Zusammenschluss einer Spielgruppe von 4 bis 7 Studierenden zu erreichen. Die Lehrenden sind in der Regel als Spielleitung am Planspiel beteiligt. Ein Planspiel lebt von der durch den Spielverlauf entstehenden Gruppendynamik und davon, dass es den TN gelingt, möglichst schnell und dauerhaft in ihre Gruppen- und Einzelrollen hineinzukommen. Daher eignet sich besonders ein Kompaktseminar mit vorgestellter Einführungsphase im Wochenrhythmus und nachgeschalteter Reflexionsphase. Das Planspiel durchläuft sodann verschiedene Phasen (vgl. Klippert 2008), die an dieser Stelle nur überblickartig dargestellt werden können (Abb. 29).

Abb. 29: Phasen eines Planspiels

	Praxisbezug	Externe Partner	Relevanz des Outputs
Wochen-rhytmus	Spieleinführung	2	Das Planspiel wird methodisch und inhaltlich vorgestellt, die Gruppen werden eingeteilt, bzw. bilden sich; Verteilung der Materialien.
	Informations- und Lesephase	4	Die Gruppen konstituieren sich, lesen ihre Gruppenausgangslage und machen sich mit ihrer Aufgabe im Planspiel vertraut.
	Strategiephase	2	Die Gruppen entwickeln auf der Basis der Materialien und weiterer Informationen, die sie selbständig erschlossen haben, ihre Strategie für die Spielphase.
Kompakt-phase 2 Tage je 8	Interaktionsphase/ Spielphase	16	Die Gruppen erarbeiten Vorlagen für Gespräche mit anderen Gruppen, recherchieren und diskutieren untereinander und in Treffen mit anderen Gruppen.
Stunden Spielzeit			Lösungsmöglichkeiten; Spielzüge werden (überwiegend schriftlich) ausgetauscht und Plenumssitzungen vorbereitet.
	Plenumssitzungen		Mindestens eine am Ende des Planspiels, in der die verschiedenen Standpunkte vorgetragen und diskursiv gemeinsam eine Lösung des Problems gefunden wird. Sollte sich keine Lösung finden, endet das Spiel durch Zeitablauf und den Hinweis auf die folgende Reflexionsphase.
	Erste Reflexions-phase		Sehr wichtig für die Durchführung eines Planspiels ist eine erste Auswertungsrunde unmittelbar im Anschluss an das Spiel, da die Teilnahme an einem Planspiel wegen der ihm innewohnenden Dynamik und der starken Identifikation der Teilnehmenden mit ihrer Spielrolle bei der Rückkehr in die Realität unterstützt werden müssen.
Wochen-rhytmus	Zweite Reflexions-phase	4	In dieser Phase wird anhand der im Laufe des Planspiels erarbeiteten Papiere (Expertisen, Strategien, Protokolle) der Bogen zur Realität geschlagen (wenn das Spielszenario einen reduzierten Ausschnitt aus der Realität zum Gegenstand hätte), das Spielergebnis mit den verwendeten bzw. weggelassenen wissenschaftlichen Positionen in Beziehung gebracht.

Die Rolle der Lehrperson im Planspiel

Wie bereits eingangs betont wurde, werden Studierende im Planspiel in eine größtmögliche autarke Handlungssituation versetzt. Die Studierenden als Peers im Planspiel entscheiden gemeinsam über Spielzüge und Strategien. Sie beraten sich gegenseitig und gehen gemeinsam (wenn nötig) in Konfliktsituationen. Der Lehrperson kommt dabei mehr als in den meisten anderen Lehrmethoden die Rolle der Lernbegleitung zu (vgl. Kapitel 1.4, Kapitel 4). Sie kann zwar als Spielleitung auch in das Spiel eingreifen, jedoch kann sie nicht das Spielgeschehen und die bearbeiteten Inhalte in dem Maße bestimmen, wie sie es beispielsweise in einer frontalen Lehrsituation vermeintlich könnte. Die Rolle der Lehrperson in einem Planspiel durchläuft parallel zum Ablauf des Planspiels verschiedene Phasen:

Vor der Spielphase des Planspiels ist es eine sehr aktive und durchaus direktive Rolle. Hier – in der Spieleinführungsphase – wird das Spiel in seiner Struktur vorgestellt, die Gruppeneinteilung vollzogen und die Lehrperson stellt sicher, dass die Studierenden die notwendige Literatur vor Spielbeginn erarbeitet haben bzw. weiterführende Literatur im Spielverlauf zur Verfügung haben. Die Lehrperson sollte in dieser Phase sehr präsent, klar und deutlich sein in dem, was er/sie erwartet und was dann auch während des Planspiels in Eigenregie der Studierenden stattzufinden hat.

So sollten von der Lehrperson Lernziele formuliert werden – und zwar auf zwei Ebenen:

- Inhaltsbezogen: Um was geht es in dem Planspiel? Welcher Wissenszuwachs soll erreicht werden? Welche Theorien sollen gelernt werden? Welche Literatur soll gelesen werden? Was soll nachher verstanden sein?
- Prozess- bzw. kompetenzbezogen: im Sinne der sogenannten ‚Soft skills‘ (beispielsweise: Wie kommuniziere ich mit Gleichgesinnten/Autoritäten/…? Wie vollziehen die Studierenden einen Perspektivwechsel?).

Während des Planspiels hält sich die Lehrperson in der Regel zurück und überlässt die Gestaltung und den Verlauf den Studierenden. Es ist von zentraler Bedeutung, dass die Studierenden das Spiel auf der Basis des vorher festgelegten Settings eigenverantwortlich durchführen. Die Lehrperson ist zwar Spielleitung, ihre Eingriffsmöglichkeiten bleiben aber auf die auch in der realen Situation vorhandenen Instanzen beschränkt. Die Spielleitung kann z. B. als Gericht eingreifen, wenn Rechte verletzt werden, kann externe Gutachterrollen einnehmen, nie aber Spielteilnehmende ‚belehren‘ oder außerhalb einer Rolle ‚eingreifen‘. Letzteres wäre lediglich in absoluten Ausnahmefällen denkbar und käme einem Spielabbruch gleich. Also mehr als in fast jeder anderen Methode übergibt die Lehrperson die Führung des Seminars in die Hände der Studierenden und fungiert als, zum Teil sogar passive*r, Lernbegleiter*in.

Eine der entscheidenden Phasen des Planspiels, wenn nicht sogar die entscheidende Phase, ist die Reflexionsphase, wo es gelingen muss, die abgelaufenen Phasen und Prozesse sowie deren Bedeutung für die einzelnen Teilnehmer*innen zu reflektieren. Die Studierenden müssen aktiv aus der

Rolle des Planspiels wieder austreten und den Perspektivwechsel in die Sichtweisen der anderen Spielgruppen leisten. In den Reflexionsphasen übernimmt die Lehrperson eine aktive, moderierende und steuernde Rolle – bis hin zu der eines Supervisors und ‚Mehrwissers'. Der Begriff des Mehrwissers stammt aus der konstruktivistischen Didaktik und ist als Gegensatz zum ‚Besserwisser' zu verstehen (vgl. Reich 2012, S. 118). Können Lehrende in anderen, rein theoretischen Lehrseminaren noch behaupten, sie wüssten es besser, ist es im Planspiel immer nur so, dass sie mehr Erfahrung haben, über ein größeres Theoriewissen und ggf. auch andere Kompetenzen verfügen – was aber in der tatsächlichen Planspielsituation ‚das Beste' gewesen wäre, können sie nicht wissen. Und ein Mehrwissen bezieht sich letztlich auch auf den neutralen Überblick über das gesamte Spielgeschehen aus der Rolle der Spielleitung heraus, die alle Spielzüge gesehen und weitergeleitet hat.

Grundsätzlich ist die Rolle des Lehrenden während des Planspiels die eines Wahrnehmenden, der/die im Nachhinein konstruktives und offenes Feedback gibt und zur Reflexion (und Übertragung des Erlebten auf etwaige tatsächliche Berufssituationen) anregt. Die Studierenden werden sehr eigenständig arbeiten, d. h. der/die Lehrende darf nur im Sinne ‚realer Möglichkeiten' einschreiten – und sollte dies auch nur sehr begrenzt tun. In gewisser Weise entspricht ein Planspiel dem Empowerment-Ansatz: die Studierenden zu bevollmächtigen – und es ihnen zuzutrauen – ihre etwaigen späteren Berufs-Rollen aktiv auszufüllen und somit zu erproben. Wenn ich als Lehrperson während eines Planspiels merke, dass mir die Zurückhaltung schwerfällt, kann es durchaus sinnvoll sein, dies im Nachhinein (in der Reflexionsphase) anzusprechen. Es ist wahrscheinlich, dass dann eine Atmosphäre entsteht, in der sich auch die Studierenden trauen, offen über ihr Rollenverhalten zu sprechen.

5.2 Service-Learning

Das hier vorgestellte Lehrkonzept des Service Learning reagierte mit der Entwicklung und Erprobung neuer Lehr- und Lernmethoden insbesondere auf die seit vielen Jahren monierte Praxisferne vieler Studiengänge. Kritisiert wird in dieser Debatte insbesondere, dass die wenig anwendungsbezogene Vermittlung von Theoriewissen oftmals lediglich „träges Wissen" (Gruber/ Renkl 2000) erzeuge, das von Absolvent*innen nicht auf Situationen und Probleme im Berufsalltag angewendet werden könne.

Service Learning orientierte sich daher an den in der Literatur benannten Lösungsansätzen, die sich vor allem auf

1. eine aktive Konstruktion und Anwendung von Wissen in konkreten, komplexen Situationen beziehen („Situiertes Lernen"),
2. eine Übernahme verschiedener Rollen und interdisziplinärer Perspektiven einschließen und
3. die Reflexion von Wissenserwerb und Auseinandersetzung mit wissenschaftlichen und subjektiven Theorien berücksichtigen (z. B. Gruber et al. 2000, Blömecke 2002).

Um die Theorie-Praxis-Verzahnung zu verbessern, werden im Service Learning spezifische Lehr- und Lerninstrumente eingesetzt und erprobt. Als theoretische Grundlage für praktisches Handeln in konkreten Situationen werden ausgewählte wissenschaftliche Theorien und Konzepte vermittelt und erarbeitet. Da sich Handlungskompetenz erst auf der Basis dieses Wissens herausbilden kann, werden darüber hinaus konkrete Lernsituationen geschaffen, die praktische und handlungsorientierte Bezüge zum erworbenen Wissen ermöglichen: Anders als z. B. bei einem Planspiel, bei dem eine realitätsnahe Situation simuliert wird (vgl. Kapitel 5.1 sowie Rohr, den Ouden, Zepp 2013), wird beim Service Learning eine Realsituation geschaffen.

Service-Learning meint – frei übersetzt – so etwas wie ‚Verantwortungslernen' bzw. ‚Lernen durch Engagement': Wenn wir gängige Definitionen betrachten, wird deutlich, dass beim Service-Learning der Fokus auf ehrenamtlichen Tätigkeiten, die dem Gemeinwohl dienen, liegt: Es wird als „Lernen durch Handeln und reflektierte Erfahrung bezeichnet, bei dem ehrenamtliche Tätigkeiten mit der Lehrtätigkeit einer Bildungseinrichtung verbunden werden. Auf diese Weise sollen theoretische Erkenntnisse und praktische Tätigkeiten einander wechselseitig begünstigen, und so soll ein Nutzen für die Lernenden, die Lehrenden und die umgebende Gemeinschaft entstehen" (Jaeger, Smitten, Grützmacher 2009, S. 35).

In der folgenden Abbildung 30 wird Service-Learning von der Feldforschung, zum Praktikum und zum Community Service abgegrenzt:

Abb. 30: Abgrenzung Service Learning (Santini/Falbo 2001)

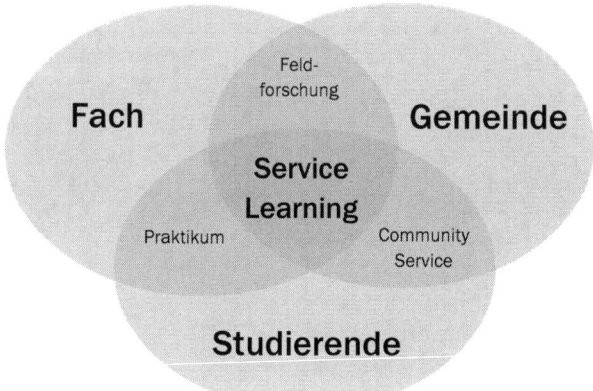

In der praktischen Ausgestaltung handelt es sich bei Service-Learning um eine besondere Form projektförmigen Lernens, das hinsichtlich seines didaktischen Ansatzes problemorientiert und sozial-konstruktiv ausgerichtet ist und in mehrere Phasen untergliedert werden kann (vgl. Kapitel 1.5 Lernen):

1. Idealtypisch steht am Anfang eine Recherchephase, in der wichtige Herausforderungen und Probleme in der Stadt oder Gemeinde identifiziert werden sollen. „Die Herausforderung in der Planung von Service-Learning-Projekten liegt […] darin, die globalen Themen dort aufzugreifen, wo sie im lokalen Leben ihren Niederschlag finden" (Sliwka/Frank 2004, S. 13)[15]. Die Lernenden sollen schon in diese Phase aktiv einbezogen werden. Bei Service-Learning-Projekten sollen dabei stets tatsächliche Anliegen, beispielsweise von Non-Profit-Organisationen oder gemeinnützigen Einrichtungen, bearbeitet werden. Die Projekte werden also nicht eigens von Pädagogen*innen konstruiert.
2. In der zweiten Phase entwickeln die Lernenden in Teams und unter der Begleitung von Lehrenden Ideen für die Lösung konkret beobachteter Probleme und Anliegen. Dabei sollen möglichst Elemente theoretischer, fachlicher Lehre integriert werden.
3. Daran schließt sich eine Phase der praktischen Umsetzung der Ideen vor Ort an.

---

15 Auf der HRK-Tagung „Service-Learning – lernen durch Engagement" am 27./28. Mai 2014 in Köln wurde deutlich, dass viele Projekte – wohl aus pragmatischen Gründen – auf diese Phase verzichten. Sie scheint sehr normativ.

4. Am Ende kann dann noch eine öffentliche Präsentation und Feier der Projektergebnisse und der Leistungen der Lernenden organisiert werden (vgl. Sliwka/Frank 2004).

Abb. 31: Phasen eines Service-Learning-Projekts (Jaeger/Smitten/Grützmacher 2009, S. 35)

Reflexion und Auswertung	Phase I	Recherche Herausforderungen/Probleme in der Stadt/Gemeinde identifizieren	Regelmäßige Evaluation
	Phase II	Entwicklung Ideen für die Lösung konkret beobachteter Probleme und Anliegen	
	Phase III	Umsetzung Praktische Umsetzung der Ideen vor Ort	
	Phase IV	Präsentation Öffentliche Präsentation und Feier der Projektergebnisse und Leistungen der Lernenden	

Service Learning fokussiert „die gesellschaftliche Öffnung des Bildungs- und Wissenschaftssystems. Schülerinnen und Schüler, Studierende, Lehrende und Forschende sollen ihr schulisches und akademisches Wissen auf konkrete (gesellschaftliche) Fragen und Probleme anwenden und durch Reflexion fortlaufend überprüfen: Im konkreten gesellschaftlichen Tun (Engagement) von Studierenden soll durch die Reflexion gesellschaftlicher Praxis einerseits erfahrungsbasiertes Wissen generiert werden (Learning) und andererseits ein ‚nützlicher' Beitrag zur Verbesserung gesellschaftlicher Aufgabenstellungen und Probleme geleistet werden (Service)" (Backhaus-Maul/ Roth 2013, S. 7). Ähnlich wie wir das Peer Learning als ‚partizipativen Ansatz' beschrieben haben (vgl. Kapitel 2.2.4), steht auch hier die „Vermeidung bloßer Imitation, keine bloßen Routinen oder Reproduktionen, sondern Versuche eines gewollten gesellschaftlichen Wandels, der Partizipation aller Beteiligten ermöglicht" (Reich 2005, S. 52) im Vordergrund.

5.2.1 Theoretisch-didaktische Einordnung

Der Ansatz des Service Learning ist ‚erfahrungs- und problemorientiert': ein ‚Lernen durch Problemlösen'.

Als Vater der erfahrungsorientierten Theorien kann John Dewey bezeichnet werden (z. B. Dewey 1938). Dessen zentrale Begriffe seiner Lehr-Lern-Philosophie sind ‚Experience' und ‚Inquiry'. ‚Experience' kann mit ‚Erfahrung' übersetzt werden. ‚Inquiry' kann als ‚Untersuchung' aber auch ‚Forschung' verstanden werden. Sie „ist die kontrollierte oder gelenkte Umwandlung einer unbestimmten Situation in eine, die in ihren einzelnen Unterscheidungen und Relationen so bestimmt ist, dass die Elemente der ursprünglichen Situation sich in ein einheitliches Ganzes verwandeln" (ebd., S. 108, im Orig. kursiv).

Die erfahrungsorientierten Theorien haben Bezüge zur antiken Philosophie (beginnend mit Sokrates), zum Konstruktivismus, zum situierten Lernen (inkl. der Instruktionsansätze) als auch zur Kognitionspsychologie und verschiedenen Lerntheorien – um nur einige zu nennen. Diese Grundlagentheorien können an dieser Stelle nicht erläutert, verglichen und diskutiert werden – stellvertretend verweisen wir auf Reusser 2005 sowie Reich 2006 in seinem Buch „Konstruktivistische Didaktik" sowie das Kapitel „1.5 Lernen". Vielmehr soll im Folgenden der Schwerpunkt auf die hochschuldidaktischen Konzepte gelegt werden, die sich aus eben diesen Grundlagentheorien herauskristallisiert haben und die wir zusammenfassend dem problemorientierten Lernen (Problem Based Learning) zuordnen.

Zudem soll Service Learning auch in seiner Abgrenzung und seinen Gemeinsamkeiten mit einer Public Private Partnership (im Folgenden: PPP) definiert und diskutiert werden (Budäus/Grüb 2007) – während es gleichzeitig einige Kriterien von Planspiel als auch dem Problembasierten Lernen (PBL) erfüllt (Abb. 32).

Abb. 32: Erfahrungs- und problemorientiertes Lernen

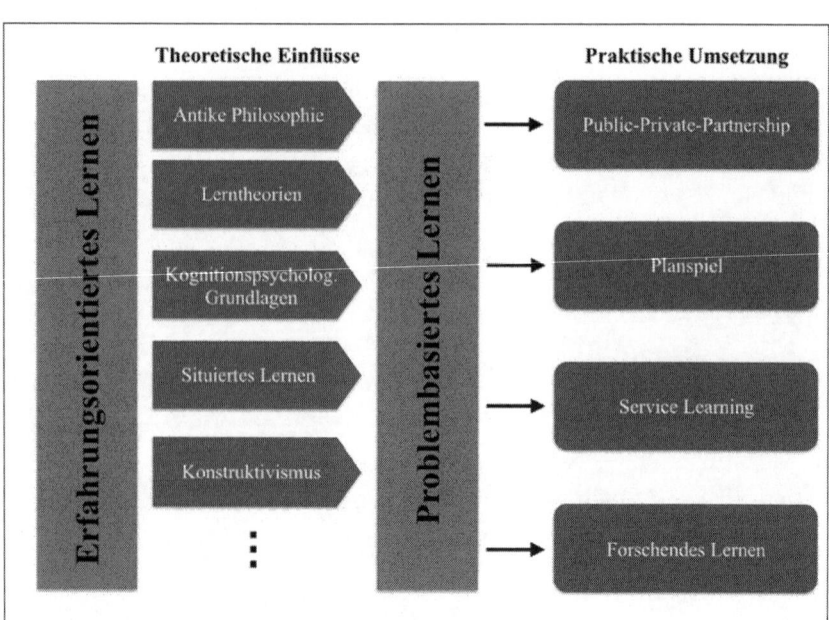

Diese Konzepte sollen nun kurz skizziert werden, um deren Unterschiede und Gemeinsamkeiten aufzuzeigen, zu reflektieren und zu diskutieren.

5.2.2 Abgrenzung zu Public Private Partnership

Während wir beim Service Learning von Kooperationen der Hochschulen zu anderen Institutionen des öffentlichen Sektors ausgehen (Ehrenamt/ Non-Profit-Bereich), wird bei Kooperationen mit dem privatwirtschaftlichen Sektor (dem Profit-Bereich) diese eher mit Public Private Partnership (PPP) betitelt. Unter diesem Sammelbegriff sind, mangels etablierter Definition und Abgrenzung, sehr heterogene Formen bisektoraler Zusammenarbeit subsummiert. In Anlehnung an das Bundesministerium für Wirtschaft und Energie (BMWi, 2012, S. 1) wird eine PPP als eine „[...] langfristige, vertraglich geregelte Zusammenarbeit zwischen öffentlicher Hand und der Privatwirtschaft zur Erfüllung öffentlicher Aufgaben verstanden." Ähnlich definiert die Europäische Kommission (2004, S. 3) eine PPP als „[...] Formen der Zusammenarbeit zwischen öffentlichen Stellen und Privatunternehmen zwecks Finanzierung, Bau, Renovierung, Betrieb oder Unterhalt einer Infrastruktur oder die Bereitstellung einer Dienstleistung." In einem etwas weiter gefassten Ansatz nennen Budäus und Grüb (2007, S. 248) folgende vier Merkmale, welche den Wesenskern einer PPP ausmachen:

1. Mindestens je ein*e Akteur*in sollte dem öffentlichen bzw. dem privatwirtschaftlichen Bereich zuzuordnen sein.
2. Das Zielsystem aller Akteure*innen im Hinblick auf die PPP sollte komplementär sein.
3. Die Kooperationsform ist formalisiert, wobei die Formalisierungsgrade unterschiedlich sein können.
4. Die Identität beider Partner*innen bleibt grundsätzlich erhalten.

In Bezug auf Hochschulen oder wissenschaftliche Einrichtungen in ihrer Organisationsform als öffentliche Institution, treten Kooperationen mit privaten Unternehmen beispielsweise bei Bau- und Sanierungsarbeiten (Alfen et al. 2001), aber auch im operativen Bildungsbereich bei dualen Ausbildungs- und Studiengängen auf. Dabei hat der Wissenschaftsrat schon 2006 eine Ausweitung der Anwendungsfelder von PPPs vor allem auf die Bereiche der (hier medizinischen) Lehre und Forschung vorangetrieben (Wissenschaftsrat 2006). Auch nach Hannemann (2004) werden Bildungskooperationen zwischen Universitäten und Privatwirtschaft bisher zu wenig genutzt. Als eine derartige Bildungskooperation, im Folgenden zu Abgrenzungszwecken als Bildungs-PPP bezeichnet, kann auch Service Learning (in einer weiten Definition) klassifiziert werden.

Dabei entspricht der Umsetzungsgedanke der PPP dem betriebswirtschaftlichen Konzept der Arbeitsteilung, mit dem Ziel, Spezialisierungsvorteile realisieren zu können (Budäus/Grüb 2007). Das Sachziel der Hochschule, auf personalisierter Ebene vertreten durch die Lehrenden, kann als Aufbereitung und Durchführung qualitativ guter Lehre beschrieben werden. Eine Bildungs-PPP mit einem privaten Unternehmen im beschriebenen Sinne ist unter der Annahme für sinnvoll zu erachten, dass die Qualität der Lehre bzw. das Ausmaß des Lernerfolgs der Studierenden durch Praxisnähe vergrößert werden kann.

Wiederum ist eine Bildungs-PPP mit der öffentlichen Institution Hochschule nur dann für sinnvoll zu erachten, wenn angenommen werden kann, dass die Einbringung des Humankapitals und des Zeitkapitals der Studierenden die Wahrscheinlichkeit, die Zieldimensionen des privaten Sektors (z. B. einer Firma oder eines öffentlichen Trägers) zu erreichen, vergrößert.

Die neue Institutionenökonomie (u. a. Erlei/Leschke/Sauerland 1999) bietet u. a. mit dem Konzept der Transaktionskosten wichtige Hinweise um (vorab) die Durchführbarkeit, Effektivität und Effizienz einer Bildungs-PPP zu evaluieren (Budäus/Grüb 2007). Verglichen mit der Planung und Durchführung eines Planspiels, bei dem der Praxisbezug in der Lehre auf Basis eines hypothetischen Beispiels konstruiert wird (vgl. Kapitel 5.1), fallen Transaktionskosten bei einer Bildungs-PPP u. a. für die Suche eines geeigneten Kooperationspartners, Anbahnungsgespräche, etwaige Vertragsverhandlungen und Ausgestaltungen sowie für den Koordinationsaufwand während des Seminars an.

In Bezug zu PPP sollten durchaus kritische Fragen diskutiert werden, z. B. inwieweit einzelnen Firmen auf Kosten der Steuerzahler*innen bzw. ‚auf dem Rücken' der Studierenden ein Vorteil entstehen darf, der möglicherweise wettbewerbsverzerrend wirkt? Letztlich zeigen aber die meisten Beispiele, dass es durchaus eines großen Engagements des Unternehmens bedarf, dessen Arbeitszeit und dessen Beratung der Studierenden nicht ‚in Rechnung gestellt' werden. Darüber hinaus stellt sich die Frage, ob es durch derartige Kooperationen zwischen Hochschule und Unternehmen nicht zu Interessenkonflikten in dem Sinne kommen könnte, dass die Ziele eines Unternehmens das Lehren bzw. Erlernen von objektiven und kritisch zu reflektierenden Inhalten beeinflussen könnte.

Eben solche Lehr-Lern-Settings versuchen, den von uns bereits mehrfach genannten „Shift from Teaching to Learning" (vgl. Kapitel 1) umzusetzen, d.h. eine Lehrpraxis, die weniger auf Wissens- und Stoffvermittlung und rezeptivem Lernen beruht als auf selbstorganisiertem, aktiven Lernen und dem Erwerb von Kenntnissen und der Entwicklung von Kompetenzen.

Dieser Wandel wirkt sich auch nachhaltig auf die Lehrendenrolle aus, d. h. weg von dem/der Stoffvermittler*in, Vortragenden hin zum/zur Arrangeur*in lernförderlicher Lernsituationen, zum/zur Lernbegleiter*in, Lerncoach und -berater*in (vgl. Kempen/Rohr 2011, S. 3).

Und ob dies nun Service-Learning, Public-Privat-Partnership, Planspiel oder Forschendes Lernen ‚genannt' wird, ist für den Lernerfolg der Lernenden eher nicht relevant.

Abb. 33 : Vergleich unterschiedlicher Lehrformen (Rohr et al. 2015)

	Praxis-bezug	Externe Partner	Relevanz des Out-puts	Trans-aktions-kosten	Koordina-tion und Kommu-nikation	Motiva-tion	gesell-schaft-liche Relevanz
Bildungs-PPP	sehr groß	ja	sehr hoch	hoch	sehr hoch	sehr hoch	nein
Service Learning	sehr groß	ja	sehr hoch	hoch	sehr hoch	sehr hoch	hoch
Planspiel	groß	nein	nein	gering	hoch	hoch	nein
Forschen-des Lernen	groß	nein	wissen-schaftlich	gering	hoch	hoch	wissen-schaftlich

157

Kapitel 6
Peer Learning und Beratung von Lehrenden

In den vorangegangenen Kapiteln haben wir dargestellt, wie die Fokussierung des Peer Learning und der Beratungsaufgabe von Lehrenden als Lernbegleiter*innen bei konsequenter Umsetzung die Lehre verändert. Die vorgestellten projektorientierten Lernformate Planspiel und Service Learning stellen dabei die Veränderung für Lehrende in der direkten Zusammenarbeit mit den Studierenden sehr anschaulich dar. In beiden Formaten findet das Peer Learning auf Studierendenebene statt und die Lehrperson findet sich in der Berater*innenrolle wieder.

In diesem Kapitel sollen nun diejenigen Formate vorgestellt werden, die ein Peer Learning auf Lehrendenebene einfordern und die Lehrenden gleichermaßen in eine Berater*innenrolle bringen. Wir werden mit der Kollegialen Hospitation und dem Team Teaching zunächst zwei Formate vorstellen, die das Peer Learning für Lehrende in der Lehre fokussieren. In der wechselseitigen Kollegialen Hospitation können die Lehrenden sich gegenseitig Feedback zu selbstgewählten Punkten in ihrer Lehre geben und von den Beobachtungen und Erfahrungen der anderen Lehrperson profitieren.

In Lehrveranstaltungen, die durch ein Team Teaching gestaltet werden, können sich zwei (oder mehr) Lehrpersonen in den verschiedenen Phasen der Veranstaltungsplanung, -durchführung und/oder -nachbereitung unterstützen, ihre Kompetenzen gewinnbringend vereinen und/oder sich beratend zur Seite stehen.

Im nächsten Schritt wird das Lehrcoaching als Beratungsformat dargestellt werden. Dieses bietet Lehrenden die Möglichkeit, sich von hochschuldidaktischen Expert*innen in ihren Lehr-Entwicklungsprozessen mit einem verstärkten Fokus auf ihre Rolle als Lehrperson beraten und begleiten zu lassen.

Abschließend werden in diesem Kapitel zwei Beratungsformate vorgestellt, die eine besonders starke Einbindung des Peer Learnings einfordern. Zunächst wird die Fallsupervision in Lehrenden-Gruppen vorgestellt werden, welche durch eine*n professionelle*n Supervisor*in angeleitet wird und die Erfahrungen der Gruppenmitglieder miteinbezieht. Daran anschließend wird mit der Kollegialen Fallberatung ein sehr strukturiertes Beratungsformat vorgestellt, das es Lehrenden auch ohne professionelle Unterstützung ermöglicht, herausfordernde Situationen aus der Lehre in der Gruppe zielgerichtet zu reflektieren und Handlungsalternativen aufzuzeigen.

6.1 Kollegiale Hospitation

Bei der Kollegialen Hospitation als einer spezifischen Form der kollegialen Beratung handelt es sich um ein Verfahren, das einem strukturierten Setting mit bestimmten Verfahrensweisen und geregelten Abläufen folgt und im Wesentlichen auf einer Offenlegung der Lehrpraxis, der Durchführung einer teilnehmenden Beobachtung, dem Geben und Nehmen von Feedback sowie einer Anleitung zur Selbstreflexion und -evaluation beruht. Bei sorgfältiger Vorbereitung, Durchführung und Nachbereitung fördert eine Kollegiale Hospitation die bewusste Verbesserung der Qualität der Lehre, die zielgerichtete Ausbildung, (Weiter-)Entwicklung und Professionalisierung von Lehrkompetenzen und den kollegialen Austausch unter Lehrenden als Peers.

Die Kollegiale Hospitation kann ein verbindendes – und deswegen wichtiges – Element zwischen theoretischer Qualifizierung und alltäglicher Lehrpraxis darstellen (vgl. Wildt 2003), ohne dabei spezifische Gegebenheiten der Person, der Gruppe und/oder der Institution außer Acht zu lassen. Im Allgemeinen wird die Hospitation nicht von Experten*innen, die speziell hierfür ausgebildet oder gar hauptberuflich in der Hochschuldidaktik tätig sind, sondern von Lehrenden im Peer-to-Peer Prinzip durchgeführt, nachdem sie in hochschuldidaktischen Zentren auf eine Kollegiale Hospitation vorbereitet wurden. In der hochschuldidaktischen Weiterbildung kommen diese Hospitationen praxisbegleitend und in Ergänzung zu anderen Formaten zur hochschuldidaktischen Qualifizierung (wie hier vorgestellt) zum Einsatz, oder/und sie werden als Element der Beratung in bestimmte Formate (z. B. Module oder Workshops) integriert (vgl. Thumser et al. 2006).

Eine Kollegiale Hospitation findet in der Hochschullehre statt, wenn eine oder mehrere in der Hochschullehre tätige Personen aus dem gleichen oder aus einem fachfremdem Gebiet in einem festgelegten und explizierten Kontext an einer Lehrveranstaltung oder Lehrveranstaltungseinheit als Gast teilnehmen, um gerichtete Beobachtungen zu bestimmten Aspekten der Lehre durchzuführen und der Lehrperson im Anschluss daran eine konstruktive Rückmeldung zu ihrer Lehre geben zu können. Dabei kann die Kollegiale Hospitation je nach Organisationsstruktur, Bedarf und Zielsetzung wahlweise einseitig oder wechselseitig erfolgen. Bei der wechselseitigen Hospitation tauschen Gast und Lehrperson nach einer oder mehreren Beobachtungsphasen. Diese Form hat sich inzwischen als besonders erfolgversprechend erwiesen. Durch den Rollentausch (Lehrende*r – hospitierende Person) und den damit verbundenen Perspektivenwechsel ist die Schwelle zum Aufbau einer offenen und tragfähigen Vertrauensbasis erwartungsgemäß geringer. Doch auch bei der einseitigen Hospitation kann es zu einem intensiven Austausch und zu fruchtbaren Ergebnissen kommen.

Es ist wichtig zu erwähnen, dass die kollegiale Hospitation sowohl für Nachwuchswissenschaftler*innen als auch für Lehrerfahrene ein nützliches, hilfreiches und stützendes Element in der Reflexion und Gestaltung der Hochschullehre sein kann. Insbesondere vor dem Hintergrund, dass sich kollegiale Hospitationen durch eine hohe Bedarfs- und Adressatenorientierung auszeichnen und sich zeitökonomisch und kostengünstig in die alltägliche Lehrpraxis integrieren lassen, erscheint eine stärkere Förderung ihres Einsatzes in der Hochschullehre sinnvoll (vgl. Schlee 2004). Als ein Beratungsformat, das in Ergänzung zum Besuch hochschuldidaktischer Workshops unmittelbar ‚am Ort des Geschehens' zur Umsetzung gebracht und semesterbegleitend durchgeführt werden kann, vermag es schon bei relativ geringem Mitteleinsatz auf Seite der Lehrenden zu einem hohen Zugewinn an Professionalität, Handlungskompetenz und Orientierungssicherheit zu führen (vgl. Universität Zürich, AfH, 2007).

Dabei ist eine kollegiale Hospitation keine Evaluation der Lehrkompetenzen bzw. der Lehrqualität im Sinne von ‚richtig' oder ‚falsch' oder in Form einer pauschalen Beurteilung von ‚guter' oder ‚schlechter' Lehre. Sie kann als objektives Messinstrument ohnehin nicht in Betracht gezogen werden – oder gar dezidiert wissenschaftliche Ansprüche an systematische Beobachtungen erfüllen. Schließlich fließen bei der kollegialen Hospitation in maßgeblicher Weise stets subjektive Wertmaßstäbe und individuelle Vorerfahrungen und Kenntnisse in die Bewertung ein. Ziel der Kollegialen

Hospitation ist schließlich auch nicht die Bewertung einer Lehrperson, sondern die kollegiale Rückmeldung zu im Vorfeld abgestimmten Beobachtungsaufträgen. In den meisten Fällen beziehen sich diese Beobachtungsaufträge auf das Verhalten der Lehrperson in der Interaktion mit Studierenden, ihr Auftreten oder die Durchführung bestimmter methodischer bzw. didaktischer Phasen in der Veranstaltung. Für die hospitierte Lehrperson ergeben sich durch die Rückmeldung hervorragende Anschlussmöglichkeiten zur Rollenreflexion (vgl. Kapitel 1.4 Lehrpersönlichkeit). Denn gerade der Blick von außen und die Rückmeldung anderer bieten die Möglichkeit, die eigenen Überzeugungen zu überdenken und die eigenen ‚blinden Flecken‘ überhaupt wahrzunehmen (vgl. Kapitel 1.7 Feedback geben und nehmen in der Lehre).

In einer Kollegialen Hospitation geht es keineswegs darum, die Lehrperson als solche oder ihre Lehre ‚auf die Probe zu stellen‘. Situationen mit Prüfungscharakter sind tunlichst zu vermeiden. Es sollte ein vertrauensvoller Rahmen geschaffen werden, der der Lehrperson das Gefühl vermittelt, die Lehre während der Hospitation authentisch, ohne Ängste und Vorbehalte gestalten zu können und sie der hospitierenden Person unverfälscht sicht- und erfahrbar zu machen. Aufgabe des bzw. der Hospitationspartner*in ist hierbei, Entwicklungspotenziale aufmerksam zu erkennen und vor dem Hintergrund der eigenen Kenntnisse und Erfahrungen Unterstützung bei der Entwicklung und Entfaltung professioneller Lehrtätigkeit zu leisten.

Natürlich mag für manche – insbesondere für junge, unerfahrene Lehrpersonen – die Vorstellung beunruhigend sein, von einer anderen Person während der Lehre beobachtet zu werden. Viele sorgen sich im Vorfeld darum, in irgendeiner Weise negativ aufzufallen. Verständlicherweise möchte sich niemand blamieren und in fachlicher oder didaktischer Hinsicht unangenehm auffallen. Diese Befürchtungen sind aber in der Regel unbegründet. Vielmehr werden Besorgnisse umgewandelt in eine Wertschätzung dessen, sich in kollegialem Rahmen offen und fruchtbar über Erfahrungen austauschen zu können und didaktisches Know-how weiterzugeben bzw. anzunehmen. Darüber hinaus kann für viele die Erfahrung sehr erleichternd sein, dass man als Lehrpersonen in der Hochschule häufig mit ähnlichen oder vergleichbaren Schwierigkeiten zu kämpfen hat (vgl. Kapitel 2 Peer Learning).

Konsequenterweise sollte dieses Praxisberatungsinstrument daher allen Lehrenden von Anbeginn ihrer Lehrtätigkeit zur Verfügung stehen, damit entscheidende Kompetenzen bereits mit Beginn der Berufstätigkeit ausgebildet und frühzeitig gefestigt werden können (vgl. Pallasch 2002). Gestützt werden kann diese Forderung durch die Erkenntnis, dass die gezielte methodisch angestellte Selbstreflexion der verschiedenen Aspekte einer professionellen Lehrtätigkeit eine zentrale Voraussetzung für ihr Gelingen darstellt (vgl. Buchinger/Irle 2004; Kapitel 1.4 Lehrpersönlichkeit). Den Berichten zahlreicher Hochschulen zufolge fördert kollegiale Hospitation nicht nur den individuellen Erwerb und die wechselseitige Vermittlung neuer Anregungen und Konzepte zur Konzipierung und Gestaltung von Lehr-Lern-Prozessen in der Hochschule. Sie unterstützt auch eine fruchtbare und realistische Reflexion über folgende Aspekte:

- die individuellen, fachlichen, didaktischen, kommunikativen, sozialen Kompetenzen in der Hochschullehre
- das aktuelle Niveau der eigenen didaktischen Professionalität
- die jeweils eingesetzten didaktischen Konzepte
- die individuelle Lehrphilosophie
- die Qualität von Lehr- und Lern-Zielen und deren Erreichung
- den Zuwachs an Wissen und Kompetenzen aufseiten der Studierenden
- die Effektivität und Effizienz angewandter Methoden und Medien
- das Lernklima in der Lehrveranstaltung
- Möglichkeiten zur Erweiterung des hochschuldidaktischen Repertoires.

Insgesamt lässt sich also festhalten, dass die Kollegiale Hospitation nicht nur zu einer größeren Zufriedenheit mit der eigenen Lehrtätigkeit führen kann, sondern dass die wechselseitige Beratung unter Lehrenden unmittelbar an der hochschuldidaktischen Praxis ansetzt und die ähnliche Betroffenheit, Qualifikation und Erfahrung der Beteiligten nutzbar macht. Beim gemeinsamen Austausch lernen und profitieren die Lehrenden von den unterschiedlichen Sichtweisen und Kompetenzen der Hospitationspartner*innen. Dadurch können nicht nur Widerstände gegenüber herausfordernden oder schwierigen Umständen in der Lehre abgebaut, sondern auch Veränderungen und Innovationen in der Lehre leichter und schneller zur Umsetzung gebracht werden (vgl. Wildt 2003). Nicht zuletzt können durch die methodisch angeleitete kollegiale Beratung die kommunikativen Fähigkeiten der Lehrenden (anteilnehmendes Zuhören, Ausdrücken von Gefühlen, Spiegeln, nichtverletzendes Konfrontieren, Achtsamkeit für nonverbale Botschaften) und ihre Reflexionsfähigkeit über das eigene Kommunikations- und Interaktionsverhalten spezifisch trainiert werden (vgl. Schlee 2004).

In der hochschuldidaktischen Praxis existieren verschiedene Konzepte und Modelle, nach denen eine kollegiale Hospitation durchgeführt werden kann. Die größten Unterschiede lassen sich in Bezug auf die theoretische Fundierung, Zielsetzung, Ablauf und den Umfang feststellen. Der Prozess der kollegialen Hospitation gliedert sich bei aller Unterschiedlichkeit in diesen Gesichtspunkten im Allgemeinen in folgende Etappen:

Schritt 1: Vorbereitung

Die Hospitation beginnt mit der Wahl einer Kollegin oder eines Kollegen, die oder der später die Hospitation durchführen soll, sowie mit der Bestimmung einer Lehrveranstaltungseinheit, die sich für die Hospitation eignet. Dabei gehen beide Entscheidungen von der Initiative der Lehrperson selbst aus.

Bei der Wahl des Hospitationspartners bzw. der Hospitationspartnerin sollte möglichst bedacht werden, dass bestimmte Eigenschaften oder Kompetenzen einen hohen Einfluss auf das Gelingen der Hospitation haben können: Neben einer grundsätzlichen Sympathie kommen hier u. a. Empathiefähigkeit, Offenheit, Auffassungsgabe, Zugewandtheit, Interesse an Lehre und ein ähnliches Diskussions- und Feedbackverhalten zum Tragen.

Eine große Unsicherheit im Zusammenhang mit der Wahl eines Hospitationspartners oder einer Hospitationspartnerin bezieht sich häufig darauf, ob die Person aus dem gleichen Fachbereich oder Fachgebiet stammen sollte, oder ob es vielmehr von Vorteil ist, eine Person auszusuchen, die einer fachfremden wissenschaftlichen Disziplin angehört. Angesichts dieser beiden Optionen kann keine eindeutige Empfehlung ausgesprochen werden, da beide sowohl gewisse Vor- als auch Nachteile beinhalten.

Wenn die Person der gleichen Wissenschaftsdisziplin entstammt, kann sie sich unter Umständen leichter in den Lehr-Lern-Kontext und die Situation der Lehrperson hineinversetzen, gleichzeitig fällt es ihr ggf. leichter, einen bestimmten methodisch-inhaltlichen Beobachtungsauftrag wahrzunehmen. Möglicherweise kann sie aufgrund ähnlicher Erfahrungen oder ähnlicher Lehr-Lern-Bedingungen auf kritische oder problematische Situationen, die während der Beobachtung der Lehrveranstaltung auftreten, besser eingehen und konkretere Rückmeldungen zum Zusammenwirken von Inhalt und Methode geben. Demgegenüber besteht bei einer Person, die die Hospitation mit fachfremdem Blick durchführt, eine geringere Gefahr, dass sie sich zu sehr auf die fachwissenschaftlichen Inhalte konzentriert und das didaktische Arrangement dabei aus den Augen verliert. Darüber hinaus kann es passieren, dass durch den unterschiedlichen Fachhintergrund und die unterschiedliche Perspektive neue Dimensionen oder Aspekte aufgedeckt werden, da diesen Blickwinkel zuvor nie jemand eingenommen hatte. Auch wenn die Probleme der Lehrenden häufig fachübergreifend sehr ähnlich gelagert sind und innerhalb des Berufsfelds oftmals charakteristische Belastungen, Konflikte, Unsicherheiten oder Schwierigkeiten auftreten, kann es sehr ertragreich sein, einen Schritt herauszutreten und einen anderen Blickwinkel zuzulassen.

Unabhängig davon, ob die Hospitationspartnerin oder -partner aus dem eigenem oder einem fremden Fachbereich stammt, sollte bei einem Vorbereitungstreffen gemeinsam der Gegenstand und die Ziele der kollegialen Hospitation festgelegt werden sowie alle erforderlichen oder hilfreichen Informationen über die Lehrveranstaltung, die Rahmenbedingungen und das individuelle Lehrverständnis ausgetauscht werden. Dazu stellt die Lehrperson unter anderem die didaktische Planung der ausgewählten Lehrveranstaltung (Lehr-Lern-Ziele, Methoden, Medien, zeitlicher Ablauf usw.) vor. Damit der Hospitant bzw. die Hospitantin bereits im Vorfeld einen guten Eindruck von der Lehrveranstaltung erhält, bringt sie am besten zusätzlich zum Lehrveranstaltungsplan Kopien aller Unterlagen mit, die den Studierenden während der Hospitationszeit als Arbeitsmaterialien und Lernunterlagen zur Verfügung stehen werden.

Damit der Hospitant/die Hospitantin später auch eine angemessene Rückmeldung zur Konsistenz zwischen dem individuellen Lehrverständnis (der eigenen ‚Lehrphilosophie') und dem gezeigten Lehrverhalten geben kann, sollte im Gespräch auch offen zur Sprache kommen, wie die Lehrperson Lehren und Lernen definiert, wie sie ihre eigene Rolle in Lehr-Lern-Arrangements auffasst (vgl. Kapitel 1.4 Lehrpersönlichkeit), welches Verständnis von guter Hochschullehre sie besitzt, welche Erwartungen und Ziele sie an die Qualität ihrer Lehrveranstaltungen richtet usw.

Damit die Hospitation möglichst erfolgreich und gewinnbringend verläuft, ist es ganz besonders wichtig, dass die Lehrperson ihre damit verbundenen persönlichen Erwartungen, Wünsche und Ziele klärt und im Gespräch deutlich benennt. Zu betonen ist, dass das Vorgespräch selbstverständlich nicht nur der Information dienen soll. Es soll in jedem Fall vor allem genügend Zeit und Raum bieten, dass sich Lehrperson und Hospitant/Hospitantin gegenseitig besser kennenlernen und eine Vertrauensbasis entwickeln. Beide Parteien sollten am Ende des Gesprächs den Eindruck gewonnen haben, mit Freude, offen und authentisch zusammen arbeiten sowie von- und miteinander lernen zu können.

Wenn sich Zweifel oder persönliche Unzufriedenheit mit der Wahl des Hospitationspartners/der Hospitationspartnerin einstellen, sollte die Möglichkeit in Betracht gezogen werden, nach Alternativen zu suchen.

Der letzte Schritt zur Vorbereitung ist, die Studierenden über die bevorstehende kollegiale Hospitation zu informieren. Diese Ankündigung erfüllt zwei wichtige Funktionen: zum einen erfahren die Studierenden, dass die Lehrperson aus eigener Initiative an der kollegialen Hospitation teilnimmt, um konkrete Rückmeldungen zur Optimierung der Qualität des Lehrens und Lernens in der Veranstaltung zu erhalten. Zum anderen werden die Studierenden auf die Anwesenheit des Hospitationspartners bzw. der Hospitationspartnerin (eine fremde Person in der Lehrveranstaltung) und die veränderte Lehr-Lern-Situation vorbereitet. Da die Anwesenheit des Hospitationspartners bzw. der Hospitationspartnerin erfahrungsgemäß auch in größeren Gruppen bemerkt wird, sollte Spekulationen möglichst rechtzeitig und wirkungsvoll vorgebeugt werden. Für den Fall, dass beispielsweise im Anschluss an die Lehrveranstaltung kurze Interviews zwischen dem Hospitationspartner und Studierenden geplant sind, können die Studierenden bereits im Vorfeld darum gebeten werden, nach der Lehrveranstaltung Zeit für ein kurzes Gespräch einzuplanen.

Schritt 2: Durchführung

Die oder der Hospitationspartner*in nimmt nach einer kurzen gemeinsamen Begrüßung einen Platz ein, von dem aus er die Lehrperson und auch die Studierenden gut wahrnehmen kann. Der Platz sollte so gewählt sein, dass die Anwesenheit nicht allzu sehr auffällt und die Ablenkungsgefahr für alle Anwesenden möglichst gering ausfällt. Gute Sitzplätze sind im Allgemeinen solche, die nicht im Hauptblickfeld der Studierenden liegen und sich mehr im hinteren Drittel befinden. Ein Platz in der ersten Reihe oder abseits der Studierenden ist eher nicht zu empfehlen. Die Lehrperson beginnt mit der Lehrveranstaltung. Die Gestaltung der Lehr-Lern-Prozesse erfolgt möglichst authentisch, ohne von der Anwesenheit der/des Kolleg*in besondere Notiz zu nehmen. Die oder der Hospitationspartner*in verfolgt diese gemäß besprochenem Hospitationsauftrag und -ziel. Dabei nimmt er bzw. sie nicht aktiv an der Lehrveranstaltung teil und übt möglichst keinen direkten Einfluss auf das Geschehen aus (z. B. durch Beiträge, Kommentare, Anmerkungen oder Fragen). Um später eine umfassende und differenzierte Rückmeldung geben zu können, sollte die oder der Hospitationspartner*in die Beobachtungen notieren. Hier besteht die Herausforderung darin, einen guten Mittelweg zwischen Beobachten und Aufzeichnen zu finden (vgl. Kempfert/Ludwig 2008).

Auch wenn die Lehrperson häufig im Zentrum der Betrachtung steht, ist es von entscheidender Bedeutung, ob sich die Studierenden während der Lehrveranstaltungseinheit interessiert, aufmerksam, gelangweilt, widerwillig, gefordert, unruhig oder konzentriert verhalten. Diese Beobachtungen sollten in das Hospitationsprotokoll einfließen.

Nach Veranstaltungsende füllt die Lehrperson einen Fragebogen zu ihrer Selbstwahrnehmung des Veranstaltungsverlaufs aus, der dann später in die gemeinsame Auswertung der Veranstaltung mit einfließt. Die oder der Hospitationspartner*in kann diese Zeit nutzen, um die eigenen Notizen zu vervollständigen oder um kurze Gespräche mit Studierenden durchzuführen.

Auch wenn die Neugier groß ist und vermutlich beide Seiten innerlich einen starken Drang verspüren, sich bereits unmittelbar im Anschluss an die Veranstaltung ausführlich und detailliert über die individuellen Eindrücke und Schlüsse auszutauschen, sollte davon möglichst Abstand genommen werden. Auch wenn es manchen gut gelingt, spontan ein treffsicheres Feedback zu formulieren, so erfordert es in der Regel doch eine gründliche Vorbereitung. Hinzu kommt, dass sich nicht jeder spontane Einfall oder jede Idee, die sich in dem Moment aufdrängt, für ein Feedback eignet (vgl. Kapitel 1.7 Feedback geben und nehmen in der Lehre).

Eine umfassende Rückmeldung sollte daher erst nach systematischer Auswertung und sorgfältiger Reflexion der Erkenntnisse, die aus der Kollegialen Hospitation gewonnen wurden, erfolgen. Als Hospitationspartner*in entgeht man zudem der Gefahr, dem Kollegen oder der Kollegin mit unbedachten Rückmeldungen, unzureichend ausgereiften Empfehlungen oder voreiliger Kritik vor den Kopf zu stoßen.

Darüber hinaus besteht die Möglichkeit, die Hospitation um Rückmeldungen von Studierenden zu ergänzen. Wie bereits in Kapitel 1.7 beschrieben wurde, stellen die Rückmeldungen von Studierenden eine wertvolle Ergänzung in der Wahrnehmung der Lehre von Lehrpersonen dar. In diesem Fall helfen sie, ein adäquates Gesamtbild zu liefern, da die Lehrperson die Rückmeldungen auf eine andere Art und damit auch mit anderem Inhalt erhält als bei der herkömmlichen Lehrveranstaltungsevaluation. Dieses Feedback sollte möglichst vom Hospitationspartner bzw. der Hospitationspartnerin eingeholt werden. Studierende haben in der Regel geringere Vorbehalte, ihre Wahrnehmung, Meinung, Kritik offen zu äußern, wenn sie dies anonym gegenüber einer neutrale(re)n Person tun können.

Schritt 3: Nachbereitung

Auf Basis der Aufzeichnungen und Beobachtungen findet anschließend ein ausführliches Nachgespräch statt, bei dem die Hospitationspartner*innen gemeinsam einen Blick auf die beobachtete Lehreinheit werfen und sich über die Ergebnisse der kollegialen Hospitation austauschen. Es findet somit eine Verschränkung der Perspektive der individuellen Selbstwahrnehmung (Lehrperson) mit der Perspektive der Fremdwahrnehmung (Hospitationspartner*in) statt. Hieraus sollen sich dann – für beide Seiten – neue, klärende, bestätigende, korrigierende oder alternative Denkweisen und Handlungsstrategien ergeben (vgl. Pallasch in Pallasch et al. 2002), die dann unmittelbar in der Hochschullehre erprobt und zur Anwendung gebracht werden können. Darüber hinaus sollen im Sinne des Peer Learning beiderseitig Lernmöglichkeiten zur Weiterentwicklung der Lehrkompetenz aufgedeckt und Ansätze zur Optimierung der Lehrveranstaltung analysiert werden.

Zu Beginn des Nachbereitungsgesprächs teilt der Hospitationspartner/ die Hospitationspartnerin der Lehrperson die Ergebnisse seiner/ihrer Auswertung so konkret und differenziert wie möglich mit. Unbedingt sollten bei dem Feedback die individuellen Fragestellungen und Rückmeldungswünsche, die die Lehrperson vor Durchführung der Hospitation benannt hatte, in angemessener Weise Berücksichtigung finden.

Ausgehend von dem erhaltenen Feedback und den eigenen Erfahrungen bietet es sich an, dass die hospitierte Lehrperson nachbereitend noch einmal die Erkenntnisse, die sie aus der Lehrhospitation gewonnen hat, reflektiert und für sich schriftlich fixiert. Durch die Selbstreflexion, die nochmalige Analyse der Lehrveranstaltung hinsichtlich der Ziele, Planung und Umsetzung sowie durch das nachträgliche Verstehen von Bedingungsgefügen und Wirkungszusammenhängen sollte die Lehrperson ihr eigenes Handeln und dessen Folgewirkungen besser begreifen können. Sie sollte dadurch in die Lage kommen, zukünftig in ähnlichen Situationen den Blick für den Kontext des eigenen Handelns und für strukturelle Zusammenhänge zu schärfen und sich bewusst für neue, veränderte oder eben bewährte Handlungsweisen zu entscheiden. Ziel ist, dass die Lehrperson durch die eingehende Reflexion und Rückkopplung zur Arbeitspraxis einen zunehmenden Grad kompetenten und verständigen Handelns erreicht – Bernler/Johnson (1993) sprechen von „Gleichzeitigkeit von Verständnis und Aktion". Häufig ergibt sich im Anschluss an die Kollegiale Hospitation der konkrete Wunsch zur Teilnahme an weiteren Fortbildungsmaßnahmen in den offenbarten Entwicklungsfeldern.

Abschließend bleibt zu betonen, dass nicht nur das Feedback zur Kollegialen Hospitation, sondern auch die Beobachtungen und alle persönlichen Belange und Informationen aus der Vorbereitung im vertraulichen Austausch des Hospitationsteams bleiben und nicht an Dritte weitergegeben werden dürfen. Wenn die Rückmeldung in einem geschützten, wertschätzenden und vertraulichen Rahmen stattfindet, erleichtert dies den Lernfluss, die offene Aussprache und die Bereitschaft zum Geben und Nehmen von konstruktivem Feedback (vgl. Kapitel Beratung). Häufig wird durch die Teilnahme an einer Kollegialen Hospitation das traditionelle Einzelkämpfertum der Lehrenden an der Hochschule aufgebrochen und es entwickeln sich enge, tragfähige Arbeitsbeziehungen, die auch nach Abschluss der Hospitation Bestand haben und nicht selten in gute, partnerschaftliche und vor allem interdisziplinäre Zusammenarbeit münden.

6.2 Team Teaching

„Zwei Wahrheiten können sich nie widersprechen." – Galileo Galilei an Pietro Castelli, 21. Dezember 1613

Dieses Kapitel beschreibt Team Teaching (TT) und geht auch auf wichtige Grundprinzipien als Voraussetzungen für gelingendes TT ein. Die entwickelte Team Teaching Matrix (TTM) zeigt verschiedene Formen, Konstellationen und Dimensionen von Team Teaching auf, macht Vor- und Nachteile deutlich und unterstützt die bewusste Entscheidung für ein bestimmtes Modell. Eine ausführlichere Erörterung findet sich bei Kempen/Rohr (2011).

Wenn wir im Folgenden von Team Teaching sprechen, verstehen wir darunter eine kooperative und kommunikative Lehr-, Lern- und Arbeitsform von mindestens zwei Lehrpersonen in mindestens zwei Phasen einer Lehrveranstaltung (Vorbereitung, Durchführung, Reflexion; vgl. Kempen/ Rohr 2011). Team Teaching ist eine Form des Peer-Supports von Lehrenden.

Die Fähigkeit zu Kooperation und Teamarbeit ist eine der zentralen Forderungen sowohl der Gesellschaft als auch der zukünftigen Arbeitgeber der Studierenden. Im Sinne des Modelllernens (vgl. Kapitel 2.2.1) ist es sinnvoll, es den Studierenden vorzuleben.

Die Lehrinhalte sind die durch die fortschreitende Komplexität der Sachverhalte sowie z.B. durch vermehrtes Problem Based Learning (vgl. Kapitel 1.5.1) nicht mehr durch Spezialisten*innen-Wissen alleine zu erfassen und zu vermitteln. In der Lehre und Analyse von Städteplanung (z.B. innerhalb eines Planspiels oder eines Service-Learnings) ist es sinnvoll, dass ein Team von Architekten*innen, Psychologen*innen, Soziologen*innen, Pädagogen*innen etc. zusammen arbeiten bzw. zusammen lehren.

Wir wollen aufzeigen, dass Team Teaching wesentlich mehr ist als die Anwesenheit einer weiteren Lehrperson während eines Seminars. Letztlich ist Team Teaching der Beginn eines neuen Rollen- und Berufsverständnisses von Wissenschaftlern*innen bzw. Lehrenden: weg vom Individualismus und Einzelkämpfer-Dasein und hin zu kommunikativen, kooperativen Teamplayern.

In unserem Lehrkontext Universität kann sich das gemeinsame Arbeiten von Lehrenden erstrecken auf die Planung von Lehr-Lern-Sequenzen, die Formulierung von Lernzielen (vgl. Kapitel 1.2), die Auswahl von Inhalten und Methoden, Hospitationen in der Lehre (vgl. Kapitel 6.1), den Austausch von Informationen über Studierende, die Beratung in hochschuldidaktischen Fragestellungen (vgl. Kapitel 6.3), die Diskussion über erreichte Learning Outcomes (vgl. Kapitel 1.2), die Reflexion und Evaluation der Lehre u. v. m. Dabei variiert zudem die Qualität der Beziehung von Team zu Team, sie ergibt sich aus bzw. ist stark beeinflusst von individuellen Parametern wie wissenschaftlicher ‚Herkunft' (aus dem Fach/fachfremd), akademischem Grad, fachlicher und hochschuldidaktischer Qualifikation, Lehrstil, Lehrerfahrung, Lehr-/Forschungsorientierung, Geschlecht und Alter.

Die Erscheinungsformen von Team Teaching und die Möglichkeiten, Team Teaching zu praktizieren, sind demnach extrem weit gefächert.

Team Teaching fördert kooperatives Lehren und Lernen und unterstützt in besonderer Weise den schon vielfach angesprochenen Shift from Teaching to Learning (vgl. Kapitel 1), d.h. eine Lehrpraxis, die weniger auf Wissens- und Stoffvermittlung und rezeptivem Lernen beruht, als auf selbstorganisiertem, aktivem Lernen und dem Erwerb von Kenntnissen und der Entwicklung von Kompetenzen. Dieser Shift wirkt sich auch nachhaltig auf die Lehrendenrolle aus (vgl. Kapitel 1.4 Lehrpersönlichkeit), d.h. weg vom Stoffvermittler*in, Vortragenden hin zum/zur Arrangeur*in lernförderlicher Lernsituationen, zum/zur Lernbegleiter*in, Lerncoach und -berater*in.

Definition und theoretischer Bezugsrahmen

Gelingendes Team Teaching fußt auf vier Säulen: Der Persönlichkeit der/des einzelnen Lehrenden (vgl. Kap. Lehrpersönlichkeit), der (z. B. interdisziplinären) Sache bzw. der Fachkompetenz, der Beziehung der Lehrenden untereinander und den institutionellen Bedingungen der Organisation.

Ein Vergleich von Team Teaching Projekten fördert die Verschiedenheit und die Vielfältigkeit der Konstellationen, Zielsetzungen, Methoden und Organisationsformen zutage, die in der hochschulischen Praxis verfolgt werden.

Matrix Team Teaching

Im ersten Schritt gilt es, sich bewusst zu machen, dass unter Team Teaching nicht nur zu verstehen ist, dass zwei Personen eine ganze Lehrveranstaltung vom Anfang bis zum Ende gemeinsam planen und durchführen. Team

Teaching findet auch dann statt, wenn nicht ‚alles gemeinsam' gemacht wird – also auch, wenn Lehrende nur in einzelnen Phasen einer Lehrveranstaltung zusammen arbeiten und sich in der Lehre abstimmen, sprechen wir von Team Teaching (vgl. Kempen/Rohr 2011). In der Praxis kann dies beispielsweise so aussehen, dass eine Lehrperson eine Veranstaltung zwar alleine plant, die Präsenzphase dann aber zusammen mit einer anderen Lehrperson durchführt und am Ende auch reflektiert und evaluiert. Die zentrale Frage ist also, ob und inwieweit man in welchen Phasen der Lehre auch tatsächlich zusammenarbeitet; d. h. während der Vorbereitung, der Durchführung als auch der Reflexion bzw. Evaluation. Die unterschiedlichen Möglichkeiten von Team Teaching in Bezug zu diesem Aspekt erläutert die Typisierung I.–IV. in der Abb. 34:

Abb. 34: Team Teaching Matrix

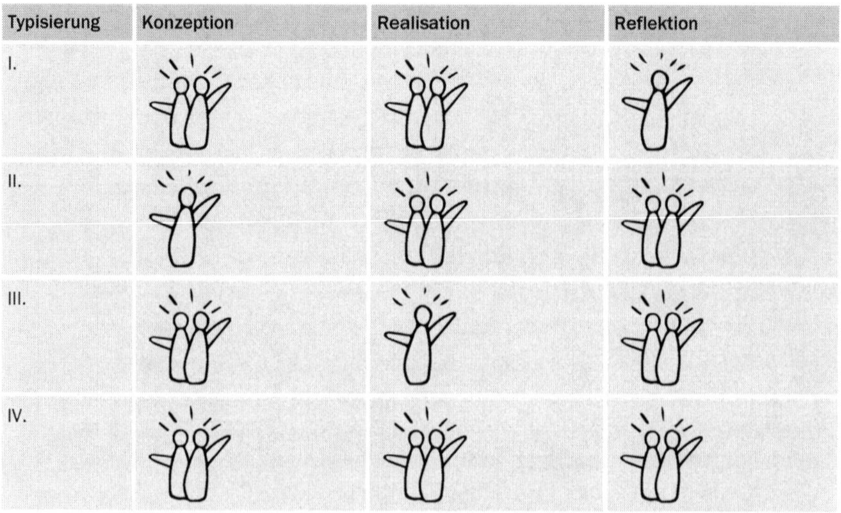

Typisierung	Konzeption	Realisation	Reflektion
I.			
II.			
III.			
IV.			

Typ I umfasst die gemeinsame Vorbereitung der Lehrveranstaltung sowie die gemeinsame Durchführung, allerdings nicht die gemeinsame Evaluation der Lehrveranstaltung, wohingegen Typ II die alleinige Vorbereitung einer Lehrveranstaltung durch eine Lehrperson sowie die Durchführung und Evaluation der Lehrveranstaltung zusammen mit mindestens einer weiteren Lehrperson meint.

Typ III erscheint hierbei erklärungsbedürftig: Auch wenn hier keine gemeinsame Lehre in dem Sinne stattfindet, dass zwei Lehrpersonen vor einer Studierendengruppe stehen, haben wir uns entschieden, dies als Team Teaching aufzufassen und innerhalb des Team Teaching zu thematisieren.

Denn bei einer gemeinsamen Konzeption und gemeinsamen Reflexion findet ein weit intensiverer Austausch und eine weit intensivere Kooperation der beiden Lehrenden in zwei – so wichtigen – Phasen von Lehre statt, die hierdurch auch eine gewisse Aufwertung erfahren, die ihnen (zumindest aus unserer Sicht) gebührt.

An dieser Stelle ist es wichtig, darauf hinzuweisen, dass die Reflexion von Lehre nicht (wie die vereinfachte Grafik vermitteln mag) ausschließlich am Ende der Veranstaltung stattfinden sollte (im schlechtesten, leider jedoch auch häufigsten Fall ausschließlich durch eine formative Evaluation, die nicht mit der Lerngruppe gemeinsam erörtert wird).

Idealtypisch ist der Typ IV: Hier werden alle Phasen gemeinsam durchgeführt. Die gesamte Veranstaltung ist von einer intensiven kommunikativen und kooperativen Beziehung zwischen zwei oder mehr Lehrpersonen über den gesamten Veranstaltungszeitraum geprägt.

Auch wenn uns die vorgestellte Abbildung nun schon einmal erlaubt, Team Teaching in verschiedenen Phasen zu betrachten und Abstufungen im Grad und der Form der Zusammenarbeit hervorzuheben – sie ist noch zu unvollständig und ungenau, wenn es darum geht, ein umfängliches und zugleich gründliches Abbild von Team Teaching Aktivitäten in der Praxis zu schaffen.

Darum führen wir – und dies ist der zweite wichtige Schritt – weitere Kriterien und Symbole zur Unterscheidung und Betrachtung ein, und zwar in Bezug auf die Verantwortung, die Lehrerfahrung, die fachliche Qualifikation und das Geschlecht.

Abb. 35: Erweiterung der Team Teaching Matrix

Kriterium: Lehrfunktion		Kriterium: Lehrerfahrung	
Symbol	Bedeutung	Symbol	Bedeutung
	leitend		viel
	gleichberechtigt		mittel
	mitwirkend		wenig

Aus unserer Sicht ist es nämlich ein sehr großer Unterschied in der Gestaltung und im Verlauf des Team Teachings, ob die beteiligten Lehrpersonen ähnlich viel Lehrerfahrung besitzen (also diesbezüglich Peers sind), oder ob eine Lehrperson erheblich mehr Lehrerfahrung hat als die andere(n) (also eher ein Mentor*innen-Verhältnis besteht). Ebenso ist es nicht das Gleiche, wenn die beteiligten Lehrpersonen aus demselben Fachbereich stammen (also in Bezug zu diesem Kriterium ‚Peers' sind), als wenn Lehrpersonen aus ganz unterschiedlichen Fachbereichen in einer Lehrveranstaltung zusammenkommen. Im ersten Fall besteht ein größeres Risiko an Konkurrenz, während im zweiten Fall die Frage der wechselseitigen Wertschätzung besondere Aufmerksamkeit erfordert (vgl. Kapitel 3.2.3 Wertschätzung). Und ebenso macht es einen Unterschied, ob zwei Frauen oder zwei Männer – oder eben ein Mann und eine Frau – zusammen lehren (vgl. Kapitel 1.6 Diversität).

Ferner haben wir in der Praxis die Erfahrung gemacht, dass die Rollen und die Verantwortlichkeiten im Laufe einer Lehrveranstaltung nicht immer gleich und an dieselbe Person gebunden sind, also von Zeit zu Zeit und von Person zu Person durchaus wechseln können. Wir sind der Auffassung, dass dies sogar sehr von Vorteil für die Beziehung der Lehrpersonen im Team zueinander sein kann, weil dadurch meist eine größere Dynamik und eine höhere Motivation zum hochschuldidaktischen Experimentieren und Innovieren entsteht.

Selbstverständlich könnte man diese Kriterien noch endlos erweitern. Wir haben uns auf einige wesentliche Kriterien beschränkt (vgl. Kempen/ Rohr 2011), in erster Linie, um die Team Teaching Matrix überschaubar zu halten.

„Jede*r für sich und alle gemeinsam…" –
Wichtige Merkmale von gelingendem Team Teaching

In der Team Teaching Matrix wurden verschiedene Formen des Team Teachings vorgestellt. Damit Team Teaching grundsätzlich erfolgreich ist, müssen unserer Ansicht nach einige Voraussetzungen erfüllt sein. Sie beziehen sich vor allem auf die Art und Weise, wie die Zusammenarbeit im Team gestaltet wird und wodurch sie sich auszeichnen sollte. Bevor wir einige näher ausführen, möchten wir sie an dieser Stelle einmal kurz und übersichtlich zusammenfassen. Unserer Erfahrung nach sollte Team Teaching im Wesentlichen beruhen auf:

Abb. 36: Voraussetzungen für gelingendes Team Teaching

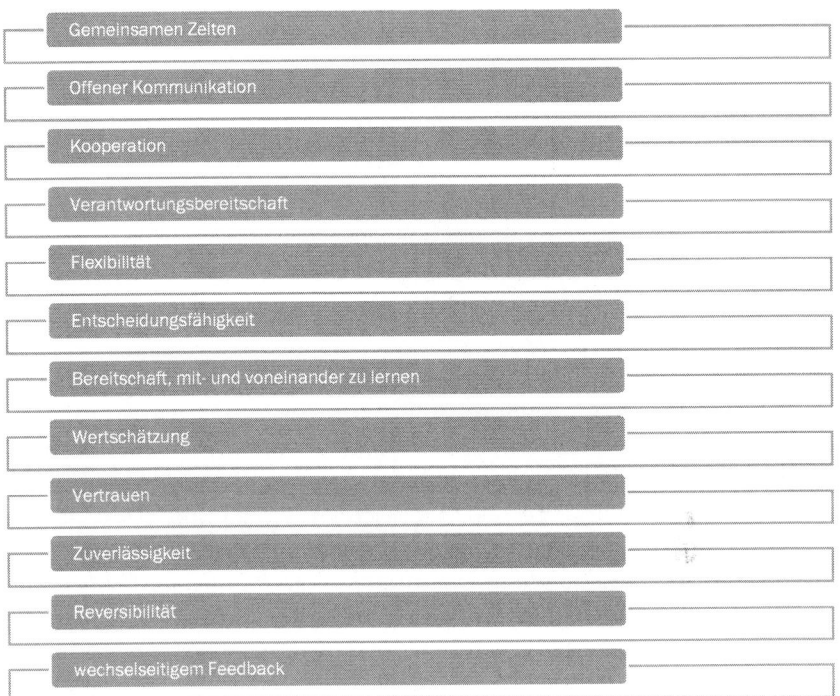

Gemeinsamen Zeiten

Offener Kommunikation

Kooperation

Verantwortungsbereitschaft

Flexibilität

Entscheidungsfähigkeit

Bereitschaft, mit- und voneinander zu lernen

Wertschätzung

Vertrauen

Zuverlässigkeit

Reversibilität

wechselseitigem Feedback

Damit Team Teaching wirklich zum Ziel führt – also bei den Studierenden die Aneignung von bestimmten Kenntnissen und die Entwicklung von Kompetenzen erreicht wird – ist es ratsam, dass die Lehrpersonen sich in der Konzeption über die Lernziele verständigen und eine *gemeinsame Definition der Lernziele* durchführen. Team Teaching bedeutet nicht, dass in der Planung, Durchführung und Reflexion stets in jedem Punkt Einigkeit herrschen muss – wohl aber, dass es eine gemeinsame Richtung und klare Zielsetzungen geben sollte. Für Studierende ist es sogar oft sehr spannend, ihre Lehrenden in einem fachlichen Dissens und in einer guten Diskussion zu sehen.

Im Team Teaching ist der Aspekt der Kommunikation zwischen den Lehrenden zentral. Lehrende schließen sich zusammen, um gemeinsam zu lehren – und somit voneinander zu lernen. Es ist sehr hilfreich, wenn Strukturen, Aufgabenfelder oder Zuständigkeiten klar kommuniziert werden. Es geht um eine sinnvolle, wechselseitige Ergänzung und die Verbindung individueller Ressourcen und Kompetenzen zur Erreichung gemeinschaftlicher Zielsetzungen in Bezug auf das studentische Lernen und zur partnerschaftlichen Bewältigung von Herausforderungen und Problemen in der Lehre.

In dem Zusammenhang ist es wichtig zu bemerken, dass aufgrund von Erfahrungen, aufgrund von inhaltlichen Schwerpunkten oder auch aufgrund von zeitlichen Ressourcen das Maß an *Verantwortung* variieren kann. Aus diesem Grund haben wir es in die Team Teaching Matrix aufgenommen. Dennoch sollte jede Lehrperson im Team Verantwortung übernehmen – sowohl für ihr individuelles Handeln, als auch für die Zielerreichung des ganzen Teams.

Jede Lehrperson sollte also bereit und kompetent genug sein, um (Mit-) Verantwortung für bestimmte Teile oder Aufgaben zu übernehmen. In dem Zusammenhang spielt *Zuverlässigkeit* eine wichtige Rolle. Wer im Team übernimmt zuverlässig welche Aufgabe/Funktion, für welchen Zeitraum, in welcher Qualität und mit welchem Freiheitsgrad (vgl. Fengler 1996, S. 213)? Für die Zufriedenheit eines/einer jeden Einzelnen im Team ist es enorm wichtig, dass sich jede*r seine/ihrer Eigenverantwortung und Gesamtverantwortung bewusst ist und dementsprechend handelt. Dann können sich die anderen sicher fühlen und *Vertrauen* haben, dass die gemeinsamen Ziele einen Sinn haben und auch erreicht werden. Frommherz und Halfhide (2003, S. 22) fanden in einer Untersuchung heraus, dass Lehrer*innen, die zu Grundlagen des Team Teaching befragt wurden, „Offenheit, Sympathie, Wertschätzung, Toleranz, Bereitschaft und Vertrauen" als besonders wichtig erachteten.

Unserer Meinung nach ist Team Teaching dann außerordentlich fruchtbar und befriedigend für Studierende wie Lehrende, wenn die Beziehung der Lehrenden im Team auf einer *reversiblen*, d.h. einer partnerschaftlichen, offenen und gleichberechtigten Zusammenarbeit beruht. Das heißt nicht – wie unsere Team Teaching Matrix zeigt – dass die Lehrenden, die Team Teaching praktizieren, sich in Status, Lehrerfahrung etc. gleichen müssen. Gemeint ist vielmehr eine bestimmte Qualität der Beziehung zwischen den Lehrenden, die durch Aufgeschlossenheit, wechselseitiger *Wertschätzung* und Akzeptanz sowie einen gleichberechtigten fairen, Umgang miteinander geprägt ist (vgl. Kapitel 3.2 Beratungsgrundhaltungen – auch für die Hochschuldidaktik). Entscheidend ist die persönliche, innere Haltung der Lehrpersonen, die individuelle Unterschiede, Voraussetzungen und Auffassungen anerkennt und niemanden aufgrund eines bestimmten Merkmals privilegiert oder diskriminiert (z.B. größere/geringere Lehrerfahrung).

Zudem sollte bei allen beteiligten Lehrpersonen die Bereitschaft bestehen, nicht nur gemeinsam zu lehren, sondern auch *mit- und voneinander zu lernen* (vgl. Kapitel 2.1.3 Peer-Support).

Um das Team Teaching erfolgreich und zielgerichtet zu gestalten, empfehlen wir Ihnen, sich im Team und als Team regelmäßig ein *Feedback* einzuholen bzw. zu geben (vgl. Kapitel 1.7). Das Feedback gibt Ihnen Aufschluss darüber, wie sie als Team zusammenwirken, wie ihre Beziehung zueinander beschaffen ist und welche Stärken, Schwachstellen und Potenziale sie aufweist. Die Reflexion und das Gespräch darüber sollten zu erhellenden Erkenntnissen und neuen Anregungen führen sowie nützliche Ansätze für Veränderungen oder Verbesserungen entfalten. Diese können dann selbst wiederum zum Gegenstand des Feedbacks gemacht werden und den dynamischen Prozess der Gruppe unterstützen. Da die Bandbreite der Feedback-Verfahren groß ist und diese zum Teil sehr unterschiedliche Zielsetzungen und Funktionen erfüllen, sollte das Team sich im Vorfeld genau überlegen, was Gegenstand des Feedbacks sein soll und wer in welcher Form an wen ein Feedback richtet. Ist ein Blick auf das ganze Team oder eine Rückmeldung an einzelne Personen gefragt? Sollen alle zueinander sprechen, soll ein Teammitglied die ganze Gruppe ansprechen oder soll sich immer nur eine Person an eine andere Person wenden (oder z.B. ein Tandem)? Wird eine Rückmeldung zur Zusammenarbeit des Teams, zur Qualität der Lehre oder zum individuellen Lehrstil gefordert? Erst dann, wenn die Zielsetzung und der Gegenstand präzise benannt wurden, sollte entschieden werden, welche Methode geeignet ist und eingesetzt wird. Im Buch „Feedback geben" (Fengler 2009) werden zahlreiche Methoden vorgestellt.

Insgesamt ist festzuhalten, dass die hier erwähnten Aspekte die Effizienz, die Effektivität und den Erfolg des Team Teachings entscheidend beeinflussen.

Chancen und Stolpersteine

Unserer Meinung nach empfiehlt es sich, Team Teaching in der Hochschullehre zu praktizieren, denn es bietet vor allem in hochschuldidaktischer Sicht viele Vorteile gegenüber der Lehre als Einzelperson.

Innerhalb der Hochschule fördert es im besten Fall

- die Etablierung von kooperativen Strukturen und Arbeitsformen
- die (informelle) Erweiterung individueller hochschuldidaktischer Kenntnisse und Kompetenzen (durch Peer Learning),
- die Ausbildung von individuellen Schlüsselkompetenzen (z.B. die Fähigkeit zur Interaktion und Kommunikation in heterogenen Gruppen, die Fähigkeit zu reflexivem Denken und Handeln),
- den Austausch und die Verständigung über ‚educational beliefs‘ (wie z.B. die Pluralität der Lehrstile),
- die Entwicklung eines gemeinsamen Qualitätsbewusstseins in Lehre und Studium, den Austausch und die Verständigung über Qualitätsstandards in der Lehre,
- eine größere Transparenz in der Lehre,
- die fachübergreifende Kommunikation und Zusammenarbeit

- eine Kultur des wechselseitigen Feedbacks,
- die kollegiale Zusammenarbeit und Beratung (Peer Learning),
- die Entlastung der/des Einzelnen und die Reduktion von Burnouterkrankungen (durch geteilte Verantwortung, Arbeitsaufgaben, etc.),
- eine ganzheitlichere Ausbildung der Studierenden,
- abwechslungsreiches Lehren und Lernen (z.B. durch den Rollenwechsel der Lehrenden, den größeren Gestaltungsspielraum für Methoden)
- eine intensivere Betreuung der Studierenden durch mehrere Ansprechpartner*innen

Wird Team Teaching von der Institution Hochschule als solches befürwortet und unterstützt, kann sich insgesamt ein Wandel der personellen Lehrstruktur weg vom Einzelkämpfersein hin zum Teamplaying ergeben. Es kann zum verstärkten Aufbau von Forschungs- und Lehrnetzwerken, einer größeren Anzahl von interdisziplinären Projekten und zu einer verbesserten Basis in der internationalen Zusammenarbeit kommen. Außerdem kann Team Teaching erheblich die Integration des wissenschaftlichen Nachwuchses in die Hochschullehre verbessern.

Dennoch birgt Team Teaching auch ein gewisses Konfliktpotenzial. Konflikte im Team können entstehen, insbesondere, wenn

- Team Teaching missverstanden wird als eine Konkurrenzsituation,
- die Beteiligten im Team die Qualität einer Lehrveranstaltung von Kriterien wie ‚gute/schlechte Lehre‘, ‚richtiger/falscher Lehrstil‘ abhängig machen,
- die Lehrenden im Team grundsätzlich verschiedene oder sich stark widersprechende Auffassungen von Lehre und Studium haben,
- Lehrende im Team Teaching eine Methode sehen, sich ihrer eigenen Arbeit und Verantwortung zu entledigen,
- es zu einer einseitigen, ungerechten oder unverhältnismäßigen Verteilung von Arbeitsaufwand, Lohn und Gestaltungsspielraum kommt,
- Team Teaching missverstanden wird als eine Methode, bei der alle Beteiligten immer gemeinsam auftreten, handeln und entscheiden müssen,
- Lehrende meinen, im Team Teaching müsse man sich stets der Meinung der Gruppe anpassen und unterordnen,
- sich im Team niemand für die Qualität und die Ergebnisse der Lehrveranstaltung verantwortlich fühlt,
- Team Teaching innerhalb der Hochschule z.B. von Vorgesetzten nicht akzeptiert und anerkannt wird.

6.3 Lehrcoaching

Wie in Kap. 1.4 erläutert, stellt die Aufnahme einer Lehrtätigkeit an einer Universität aus Sicht der Persönlichkeitsentwicklung eine herausfordernde Situation dar, die unsere vorhandenen Bewältigungs- und Lösungsstrategien herausfordert, als auch, dass sämtliche biographisch-habituell geprägten und persönlichkeitsbedingten Muster des Wahrnehmens, Denkens und Handelns in den Aufbau neuer Handlungsmuster einfließen.

Neben den Möglichkeiten durch hochschuldidaktische Workshops, kollegiale Hospitationen (vgl. Kap. 6.1) und/oder Kollegiale Fallberatungen (vgl. Kap. 6.5) sich innerhalb dieses Entwicklungsprozesses beraten und begleiten zu lassen, besteht eine weitere, an einem sogenannten Lehrcoaching teilzunehmen (vgl. Rohr/Wegener 2012).

Das Lehrcoaching kann und soll eine Alternative zu den genannten hochschuldidaktischen Beratungs- und Veranstaltungsformaten darstellen und diese nicht ersetzen. Vielmehr soll es auch Themen, welche in den ‚klassischen' hochschuldidaktischen Beratungsformen nur wenig Berücksichtigung finden, einen größeren Raum geben. Zwar wird auch im Lehrcoaching die Lehrsituation im Mittelpunkt stehen, doch können daneben auch andere Thematiken des Arbeitsalltags einer Lehrperson bearbeitet werden:

- Rolle als Lehrende*r im Kontakt mit Studierenden (Sprechstunde, Veranstaltung, etc.)
- Rolle im Kolleg*innenkreis
- Verbindung zwischen Forschung und Lehre
- (prekäre) Arbeitsverhältnisse, Berufswegplanung innerhalb oder außerhalb der Universität
- Verbesserung des Umgangs mit sich selbst (kompetent/souverän fühlen, flexibler werden, gelassener werden)
- Wunsch nach Veränderung eigener als störend empfundener Verhaltensweisen
- individuelle Belastungen im Arbeitsalltag
- Über-/Unterforderung, Zeit-/Anforderungsdruck, negativer Stress

Solch ein Coaching kann in der Schnittstelle zwischen der Hochschuldidaktik und der Personalentwicklung als ein Beratungsangebot verstanden werden, das es ermöglicht, über die Lehrperspektive hinaus an individuellen Themen und Zielsetzungen zu arbeiten.

Dabei geht es auf der einen Seite darum, sich der spezifischen Bedingungen, Anforderungen und Strukturen des Arbeitsplatzes Universität bewusst zu werden und deren explizite und implizite Aufträge, Rechte und Pflichte, Normen und ‚heimliche Lehrpläne‘, Gewohnheiten/Traditionen und/oder Kulturen herauszuarbeiten.

Auf der anderen Seite liegt innerhalb des Lehrcoachings ein besonderer Fokus darauf, die eigenen Ziele herauszustellen. Diese können in unterschiedlichen Bereichen liegen, wie z. B. der Strukturierung von Arbeitsprozessen, dem Einhalten oder Erzeugen eines Gleichgewichtes zwischen Lehre und Forschung, Weiterentwicklung in den Bereichen Auftreten, Stimme, Umgang mit herausfordernden Kommunikationssituationen im Seminar, Zeitmanagement etc.

In diesem Sinne kann Lehrcoaching verstanden werden als ein Beratungsformat, das sich in dem Zwischenraum zwischen einer Fachberatung (im Fach Hochschuldidaktik) und einer Prozessberatung ansiedeln lässt (vgl. Kapitel 3 Beratung und Beratungshaltung)

Beispiel für Grenzen in der Fachberatung:
Lehrberatung in der didaktischen Sprechstunde

In diesem Setting fungiert der/die Berater*in als Expert*in für das Thema Lehre bzw. Hochschuldidaktik. Neben der Weitergabe von Fachkenntnissen (z. B. Faktoren der Lehrveranstaltungsplanung) sollte jedoch auch die individuelle Weiterentwicklung der zu beratenden Lehrperson im Fokus stehen: Wenn die Vorschläge der beratenden Person am Erfahrungshorizont der zu beratenden Person vorbeigehen und diese keine Anknüpfungspunkte sieht, laufen die Anregungen ins Leere und verfehlen ihre Wirkung und ihr Ziel, nämlich die Erweiterung der Lehrkompetenz. Berücksichtigt der/die Berater*in im Rahmen der Beratung jedoch den individuellen Kenntnisstand der zu beratenden Person und sieht seine/ihre Aufgabe neben der fachlichen Information auch in der Förderung und im Anstoß eines Entwicklungsprozesses bei der zu beratenden Person, können gemeinsam Ziele definiert und erreicht werden.

Beispiel eines Ablaufschemas für ein Lehrcoaching

Bevor es zur eigentlichen Auftragsklärung kommt, sollten sich Coach und Coachee im Rahmen eines ersten Treffens zunächst kennenlernen. Dabei geht es unter anderem darum, eine Verbindung zueinander aufzubauen. Die Beziehung zwischen Coach und Coachee sollte sich durch wechselseitige Empathie, Echtheit und Kongruenz im Verhalten auszeichnen (vgl. Kapitel 3.2 Beratungshaltung).

Erst wenn sich beide Seiten zu einer Zusammenarbeit entschieden haben und der Coachee den Rahmenbedingungen (Freiwilligkeit, Verbindlichkeit, Vertraulichkeit, Neutralität des Coachs, Dauer und Anzahl der Sitzungen) zugestimmt hat, folgt in einem nächsten Schritt die Auftragsklärung.

Hier gilt es zunächst herauszufinden, mit welcher Motivation der Coachee an den Coach herantritt. Zeigt sich der Coachee aufgeschlossen gegenüber neuen Perspektiven und steht einem längeren Prozess der Entwicklung positiv gegenüber, ist der Grundstein für eine Zusammenarbeit gelegt.

Im Weiteren geht es bei der Auftragsklärung darum, Bereiche abzustecken, in denen der Coachee seine/ihre Kompetenzen erweitern möchte. Die individuellen Ziele des Coachee bilden die Grundlage des Coachings und werden später ebenfalls im Coachingvertrag festgehalten. Sie stellen am Ende den Indikator für die Beendigung des Coachings dar.

Die vereinbarten Rahmenbedingungen, der Auftrag und die Ziele werden in den Coachingvertrag aufgenommen und somit für beide Seiten schriftlich fixiert. Dieser schafft neben der Verbindlichkeit auch Transparenz in Bezug auf den Coachingprozess und nimmt dem Coachee mögliche Sorgen oder Vorbehalte.

Coachingphase

In der Coachingphase treffen sich Coach und Coachee zu den zuvor festgelegten Terminen. Diese sollten in der Regel beibehalten werden und somit strukturgebend fungieren – dennoch verstehen wir Coaching als einen aktiven Prozess, in dessen Verlauf es zu Änderungen, z.B. auch bezüglich des ursprünglichen Ziels kommen kann, welche eine Anpassung der Termine nach sich ziehen können.

Im Rahmen dieser Sitzungen ist es von entscheidender Wichtigkeit für das Gelingen des Coachings, dass jegliche Interventionen für den Coachee jederzeit transparent sind, um eine vertrauensvolle Zusammenarbeit auf Augenhöhe zu gewährleisten.

Im Folgenden wollen wir exemplarisch einige Coachingmethoden vorstellen.

Diese sind (bis auf die Hospitation) Bestandteil der lösungsorientierten Beratung nach Steve de Shazer, einem systemischen Beratungskonzept. Die Methoden werden chronologisch zum Coachingverlauf dargestellt.

Die Coachingphase beginnt – je nach individuellem Anliegen des Coachee – entweder mit einer Hospitation oder direkt mit der ersten Coaching-sitzung. Im ersten Fall hospitiert der Coach zunächst in einer der Lehrveranstaltungen des Coachee und beobachtet diesen in Bezug auf eine bestimmte zuvor festgelegte Fragestellung, die in Abhängigkeit zum Coaching-Ziel steht. Eine Alternative stellt ein Videofeedback dar: Der Coachee zeichnet verschiedene, in Bezug auf die Problematik bzw. das spätere Ziel bedeutsame Situationen (z. B. aus der Lehre) auf Video auf und der Coach gibt ein Feedback in Bezug auf eine zuvor festgelegte Fragestellung. Die Hospitation und das Videofeedback erlauben es dem Coach, in die individuelle Wirklichkeit des Coachee einzutauchen und ein umfassenderes Verständnis von seiner Fragestellung zu erlangen. Somit kann er sich ein eigenes Bild von der Situation machen und ist nicht allein auf die Schilderungen des Coachee angewiesen. Im Anschluss daran erfolgt mit einem kurzen zeitlichen Abstand von maximal einer Woche (um Erinnerungen frisch zu halten) die erste reguläre Coaching-Sitzung, in welcher der Coachee ein Feedback zur stattgefundenen Hospitation erhält (vgl. Kapitel 1.9 Feedback geben und nehmen).

In den regulären Coaching-Sitzungen werden Methoden und Techniken, welche sich am Konzept der lösungsorientierten Beratung nach Steve de Shazer orientieren, im Mittelpunkt der gemeinsamen Arbeit von Coach und Coachee stehen. Bei den im Folgenden vorgestellten Interventionen und Fragetechniken handelt es sich um eine Auswahl. Wir möchten auch an dieser Stelle noch einmal darauf hinweisen, dass ein qualitativ hochwertiges und verantwortliches Coaching einer fundierten Ausbildung des Coachs bedarf und möchten die folgenden Beschreibungen nicht als Coaching-Anleitung, sondern als reinen Überblick über das Konzept verstanden wissen.

Zu Beginn des Coachings kann es hilfreich sein, den Coachee zu bitten, sich auf einer Skala von 1 bis 10 zu verorten und herauszustellen, an welcher Stelle er sich in Bezug auf die Lösung seiner Probleme derzeit befindet. Diese Skalenfragen erlauben es dem Coachee, eher abstrakte Inhalte wie Gefühle oder Einschätzungen zu visualisieren und somit auch zu konkretisieren. Im Verlauf des Coachings können mithilfe der Skalenfrage auch kleine Erfolge sichtbar gemacht und weitere Schritte (z. B. „von 3 auf 4 kommen") geplant werden. Im Lehrcoaching ist es grundsätzlich sinnvoll, Visualisierungen – in der Regel an der Flipchart – vorzunehmen, da diese den Prozess lebendiger, bewegter und rekonstruktiver machen: In einer vermeintlich festgefahrenen Phase ist die Benennung und Zeichnung (oder auch Überzeichnung) in Form von Metaphern, Assoziationen, Analogien oder dem spielerischen Umgang mit sprachlichen Wendungen und Sprichwörtern sehr hilfreich – auch im Sinne eines ‚didaktischen Doppeldeckers‘ bzw. des ‚Lernens am Modell‘ (vgl. Kapitel 2 Peer Learning).

Bei der Frage nach Ressourcen geht es um Lösungen in der Gegenwart. (*„Was ist bereits gut und sollte auch durch das Coaching nicht verändert werden?"*)

Da die Ressourcen des Coachee der Schlüssel zur Weiterentwicklung sind, ist es wichtig, diese immer wieder zu fokussieren. Der Coachee wird sich so seiner Selbstwirksamkeit bewusst. Diese Erkenntnis spendet Energie, Motivation und Selbstvertrauen für die nächsten Schritte.

Nicht nur in der Gegenwart gibt es bereits Lösungen für das Problem, auch die Vergangenheit hält diesbezüglich etwas für den Coachee bereit. Die Fragen nach Ausnahmen zielen auf Situationen ab, in denen das Problem nicht bestand (*„Kennen Sie Situationen, in denen Sie sich selbstsicher und kompetent gefühlt haben?"*).

Dem Coachee wird klar, dass das Problem nicht schon immer bestanden hat und dass er aus sich selbst heraus in der Lage ist, ein anderes Verhalten zu zeigen, Situationen anders zu bewerten.

Eine weitere Methode ist die Formulierung der Frage, welche Lösungen in der Zukunft in den Fokus nimmt. Bei dieser Frage ist der Coachee aufgefordert, sich zu überlegen, wie sich sein Leben verändern könnte, wenn sich sein Problem gelöst hat und er das Ziel erreicht hat (*„Stellen Sie sich vor, in dieser Nacht geschähe ein Wunder, welches darin bestünde, dass alle Ihre Probleme, die Sie zum Coaching veranlasst haben, sich über Nacht gelöst haben. Die Frage ist nun: Woran würden Sie merken, dass sich dieses Wunder ereignet hat, wenn es Ihnen niemand sagen würde?"*).

Die Antwort auf die Wunderfrage gibt dem Coachee einerseits die Sicherheit, dass die Lösung seines/ihres Problems ein realistisches Vorhaben ist, andererseits ist er auch gefordert, sich zu überlegen, was ‚stattdessen‘ da wäre. Es geht also darum, aus einer ‚weniger-vom-Problem-Haltung‘ in eine ‚mehr-von-der-Lösung-Haltung‘ zu kommen und sich erneut auf das Positive, die Ressourcen und den Möglichkeitsspielraum zu konzentrieren. Der Coach kann durch die Antwort auf die Wunderfrage einschätzen, welche Rolle das Problem für den Coachee spielt. Es kann durchaus sein, dass es dem Coachee schwerfällt, sich eine Zukunft ohne Problem vorzustellen, weil das Problem in seinem Leben eine stabilisierende und systemerhaltende Rolle spielt, was wiederum ein Hinweis auf den Entwicklungsstand des Coachees im Coaching-Prozess ist.

Zirkuläre Fragen erweitern den Möglichkeitsspielraum des Coachee, da sie einen Wechsel der Perspektive innerhalb des Systems ermöglichen (*„Was meinen Sie, denken Ihre Kollegen/Ihre Studierenden über Ihr Anliegen/Ihr Verhalten?"*).

Solche Fragen fordern den Coachee auf, sich in eine andere Position hineinzuversetzen und sein Anliegen von außen zu betrachten. Starre Kommunikationsmuster oder Missverständnisse zwischen einzelnen Personen können so aufgedeckt und weiter bearbeitet werden (vgl. Kapitel 2 Peer Learning).

Jedes Problem steht in einem bestimmten Kontext, welcher möglicherweise bestärkend oder erhaltend auf es wirkt. Im systemischen Coaching geht es darum, sich diesen Kontext genauer anzuschauen und zu verstehen, um in einem nächsten Schritt das Problem verstehen zu können. Beim Reframing geht es darum, einen scheinbaren Nachteil (das Problem) so umzudeuten, dass ein Vorteil bzw. etwas Positives daraus entsteht. Im Wort Reframing steckt der Begriff „Rahmen" (engl. „frame"), welcher für die Regeln steht, nach denen wir unsere Realität konstruieren. Beim Reframing geht es darum, einen neuen Rahmen/eine neue Bedeutung für Situationen oder Verhaltensweisen zu finden.

„Was bedeutet es für Sie, wenn die Studierenden ihre Hausarbeiten zu spät abgeben?" „Unzuverlässigkeit." „Welche Bedeutung könnte das Verhalten der Studierenden noch haben?" „Überlastung (zu viele Hausarbeiten), Perfektionismus (Hausarbeit war zum vereinbarten Termin noch nicht gut genug)".

Zwischen zwei Coaching-Sitzungen setzt sich der Coachee mit verschiedenen Hausaufgaben auseinander. Diese folgen den beiden Metaregeln von Steve de Shazer: Wenn etwas funktioniert, mach weiter so. Wenn etwas nicht funktioniert, mach etwas Anderes. Auch hier geht es um die Ressourcen des Coachee, um die Weiterführung und Verstärkung des bereits als gut bewerteten und um die Veränderung des als störend empfundenen. Der Coachee wird beispielsweise damit beauftragt, sein Verhalten in bestimmten Situationen zu beobachten, kleine Änderungen an seinem Verhalten vorzunehmen und die Auswirkungen festzustellen.

Abschlussphase

Das Coaching ist beendet, wenn das zuvor definierte Ziel erreicht ist. In diesem Satz steckt eine wichtige Botschaft: Der Coaching-Prozess lässt sich nicht immer in ein zeitliches Raster drücken, die Erreichung des Ziels benötigt so viel Zeit, wie sie benötigt. Für das Coaching selbst ergeben sich verschiedene Situationen:

1. Das Ziel wird im Rahmen der vereinbarten Sitzungen erreicht.
2. Das Ziel wird erreicht, aber es sind noch weitere Sitzungen geplant.
3. Die zuvor vereinbarten Sitzungen sind vorbei, das Ziel aber noch nicht erreicht.

Im ersten und zweiten Fall wird das Coaching beendet. Im dritten Fall geht es darum zu prüfen, was der Erreichung des Ziels möglicherweise im Weg stand, ob das Ziel realistisch und erreichbar formuliert ist, ob durch den Coaching-Prozess ein anderes Ziel in den Mittelpunkt gerückt ist und die Erreichung des ersten Ziels aus diesem Grund vernachlässigt wurde. In jedem Fall sollten entweder weitere Sitzungen zur Erreichung des ‚tatsächlichen' Ziels angedacht werden, um das Coaching zu einem für beide Seiten befriedigenden Ende zu führen, oder aber andere, ggf. passendere Formate empfohlen werden. Diese können wiederum entweder eher fachorientiert (andere hochschuldidaktische Formate) oder prozessorientiert (andere Beratungsformate wie z. B. Gruppensupervision) sein.

Am Ende des Coachings ist ein gemeinsames Reflektieren des Prozessverlaufs hilfreich, um die einzelnen Meilensteine, die gemeinsam genommen wurden, ins Gedächtnis zu rufen und dem Coachee aufzuzeigen, welche Entwicklungsschritte er unternommen hat. Eine weitere Möglichkeit besteht im erneuten Stellen einer Skalierungsfrage: Wo steht der Coachee jetzt im Vergleich zum Beginn des Coachings. Was hat sich in der Zwischenzeit verändert?

Für den Coachee ist der Abschluss des Coachings der Übergang in eine neue Phase, deren Beginn vom Coach in Form eines sanften Übergangs gestaltet werden sollte. Je nach Wunsch des Coachees kann bereits zu diesem Zeitpunkt ein Nachbetreuungstermin ausgemacht werden (z. B. nach 3–6 Monaten).

6.4 Fallsupervisionen in Lehrenden-Gruppen

Supervision ist eine Beratung in beruflichen Kontexten mit eine*r professionellen Berater*in/Supervisor*in. Die Deutsche Gesellschaft für Supervision definiert Supervision wie folgt:

> „Supervision ist ein Beratungskonzept, das zur Sicherung und Verbesserung der Qualität beruflicher Arbeit eingesetzt wird. Sie bezieht sich dabei auf psychische, soziale und institutionelle Faktoren. Supervision basiert auf Kenntnissen und Theorien aus Soziologie, Sozialer Arbeit, Psychologie sowie aus Management- und Institutionstheorien und Kommunikationswissenschaften. In

der Supervision werden Fragen, Problemfelder, Konflikte und Fallbeispiele aus dem beruflichen Alltag thematisiert und selbstreflexiv bearbeitet. Supervision fördert in gemeinsamer Suchbewegung das Lernen von Einzelpersonen, Gruppen, Teams und Organisationen." (http://www.dgsv.de)

Supervision verbindet die vier Perspektiven Person, berufliche Rollen, Organisation/Institution, Kund*in und ist zu unterscheiden von Psychotherapie, Fortbildung und/oder Organisationsberatung (vgl. Deutsche Gesellschaft für Supervision e.V.).

Abb. 37: Perspektiven der Supervision (Deutsche Gesellschaft für Supervision e.V.)

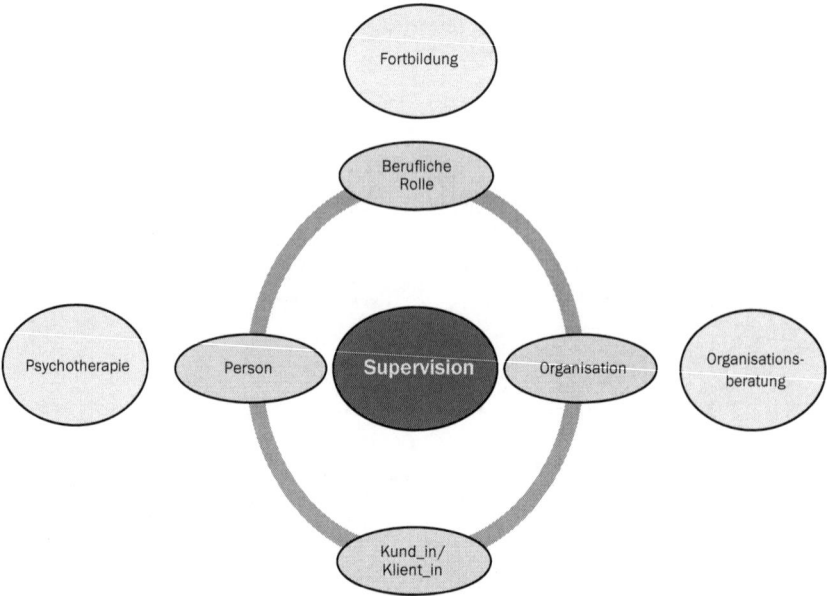

Supervision bedarf – im Gegensatz zur kollegialen Fallberatung – immer eine*r professionellen Prozessbegleiter*in, einer Supervisor*in. Demnach ist die Supervision auch nicht so strukturiert und in klare Phasen einzuordnen, da der/die Supervisor*in individuell und prozessbezogen moderiert, interveniert und berät.

Eine Einzelsupervision entspräche daher nicht dem Peer Learning-Ansatz. Wenn Supervision jedoch in und mit Gruppen stattfindet, findet ein Peer-Support (vgl. Kapitel 2.1.3) statt.

„Fallsupervision" bedeutet in diesem Zusammenhang, dass es um eine konkrete Situation (z.B. um eine konkrete Lehrsituation oder eine konkrete Beratungssituation mit eine*r Student*in) geht.

Wenn eine Gruppe, die im Alltag nicht zusammenarbeitet, sich für eine Supervision entschließt, wird dies „Gruppensupervision" genannt. Dies gilt z. B., wenn Lehrende unterschiedlicher Institute, Fachrichtungen oder Hochschulen gemeinsam eine*n Supervisor*in ‚einladen'. Die Gruppensupervision hat den Vorteil, dass es viele unvoreingenommene ‚Außenperspektiven' gibt: Neues kann gedacht werden, ohne dass die ‚Geschichte' ggf. Tabus oder Zwischenmenschliches zu sehr in den Vordergrund rücken oder eine Betriebsblindheit aufkommen kann. Ein Nachteil ist hierbei natürlich, dass ggf. Rahmenbindungen erst erklärt werden müssen, ein Vorteil wiederum, dass diese expliziert und damit hinterfragbar werden. Interessant ist auch die Diskussion innerhalb der Supervisor*innen-Zunft, ob es besser sei, wenn der/die Supervisor*in aus eben diesem Arbeitsfeld kommt (also beispielsweise selbst Lehrende*r sein sollte) und somit neben der Methoden- und Prozesskompetenz, die Supervisor*innen per se haben (oder haben sollten), auch Feldkompetenz besitzt. Hier werden ähnliche Vor- und Nachteile genannt, wie bereits zur Gruppensupervision aufgeführt: Außenperspektive vs. Expert*innentum.

Der/die Supervisor*in wird in einer Gruppensupervision die Erfahrungen und Ideen der Gruppe (der Peers) mit einbeziehen und dies klar strukturieren und moderieren – entscheidend ist aber letztlich das Anliegen/der Fall des/der Fallgeber*in. Am Anfang einer jeden Fallsupervision in Gruppen fragt der/die Supervisor*in, wie viele Teilnehmer*innen einen Fall/eine Situation besprechen wollen; dementsprechend wird die Zeit eingeteilt und die Fälle werden nacheinander ‚abgearbeitet'.

Fallsupervision bedeutet, dass die Supervisand*innen eine konkrete (berufliche) Situation – in diesem Kontext eine Lehrsituation – einbringt. Eine Gemeinsamkeit ist bei allen Varianten, dass es eine*n ausgebildete*n Supervisor*in gibt.

Es gibt folgenden Prinzipien des Systemischen Denkens, die für die Supervision von zentraler Bedeutung sind:

Autonomie des Menschen

Es ist explizit systemisch-humanistisch (vgl. Kapitel 3 Beratung und Beratungshaltung), wenn die Supervisor*in die Autonomie jedes Menschen innerhalb seiner vermeintlichen Zwänge (Kontexte, Gewohnheiten) betont. Welche Methoden und Interventionen ein*e Supervisor*in anwendet, ist geprägt von seinem/ihrem Menschenbild: „Systemische Menschenbilder sind geprägt von der Vorstellung der Autonomie und dem Eigensinn aller Menschen" (Herwig-Lempp 2004, S. 44). Letztlich ist es eine Mischung aus Existentialismus („Jeder Mensch ist frei") und Konstruktivismus („Nicht die Realität, sondern die individuelle Bedeutung der Wahrnehmung, ist relevant").

Der Autonomiegedanke führt weiter dazu, dass eine gezielte Steuerung nicht möglich ist. Damit bleibt auch die Verantwortung für das, was die Supervisand*innen in einer Supervisionssitzung und darüber hinaus tun, bei ihnen selbst (vgl. Herwig-Lempp 2004). Neben der Autonomie der einzelnen Systemmitglieder ist es außerdem das autopoietische Konzept – soziale Systeme erzeugen und erhalten sich selbst – welches ein gezieltes Beeinflussen des Systems durch Interventionsmethoden unmöglich macht. Selbst der Versuch, einen sozialen Sachverhalt zu verstehen, kann erst unternommen werden, wenn dieser miteinander konstruiert wurde. Der/die Supervisor*in kann z. B. lediglich an das System „Team" andocken und es dadurch zu einem Beratungssystem erweitern, in dem nun seine Eigendynamik wirksam werden kann. Durch die Wahl geeigneter Methoden ist es dann möglich, für Verwirrung und Reflexionsanlässe zu sorgen. Dem/der Supervisor*in kommt die Rolle eines Nicht-Wissenden zu, welche es den Supervisand*innen ermöglicht, zusammen mit ihm/ihr das System zu ‚erkunden'. Gilde bezeichnet den/die Supervisor*in als ‚Facilitator' (engl. für Ermöglicher und Erleichterer), der/die den Zugang zum Systemwissen erleichtert, ohne selbst darüber zu verfügen (vgl. Gilde 2010, S. 18). Seine/ihre Verantwortung liegt allein bei den Prozessen innerhalb des Beratungssystems, die eine bestmögliche Unterstützung bei der Erweiterung des Handlungsspielraums der Lehrenden ermöglichen sollten. Herwig-Lempp vergleicht den systemischen Ansatz mit einer Werkzeugkiste, die je nach Bedarf/Situation verschiedene Instrumente zur Verfügung stellt, um wirksam und erfolgreich tätig zu sein. Es gibt also nicht eine bewährte Methode, die immer anwendbar ist, oder einen speziellen Ansatz, der zu allen Situationen passt. Der/die Supervisor*in kann sich erst während der Sitzung für Methoden entscheiden, da erst hier deutlich wird, welche Form der Intervention nötig ist, um den Möglichkeitsspielraum der Supervisand*innen zu erweitern und neue Perspektiven zu eröffnen, durch die die alten Sichtweisen relativiert werden. Herwig-Lempp fasst diese Grundhaltungen in der Grundannahme systemischen Arbeitens zusammen, welche besagt, dass alle Menschen immer ‚vollständig' sind. In Bezug auf die supervisorische Arbeit bedeutet dies, dass der/die Supervisor*in nicht von Menschen mit Defiziten ausgeht, welche behandelt werden müssen. Vielmehr gilt das System, in dem sie sich bewegen – die vorhandenen Perspektiven und Handlungsoptionen – als defizitär. Diese Defizite gilt es zu erkennen und mit dem geeigneten Werkzeug zu ‚behandeln' (vgl. Herwig-Lempp 2004, S. 46). Eine in diesem Zusammenhang zentrale Annahme der systemischen Supervisionsarbeit ist, dass bereits alle zur Problemlösung nötigen Ressourcen im System vorhanden sind, diese nur zum aktuellen Zeitpunkt nicht genutzt werden. Die Lösung eines Problems liegt also nicht in der Klärung des Problems selbst, sondern vielmehr in der Erkundung des Systems und der in ihm vorhandenen, ungenutzten Ressourcen. Dies kann z.B. durch zukunftsorientierte Fragen wie „Wofür?" oder „Wohin soll es gehen?" oder das Formulieren von ungewöhnlichen Hypothesen erreicht werden.

Neutralität gegenüber Personen und Gedanken

Bei der Neutralität gegenüber Personen und Gedanken bzw. der „Allparteilichkeit" handelt es sich um die Fähigkeit, für alle Mitglieder des Systems unabhängig von der eigenen Meinung Partei ergreifen zu können. Neben der Neutralität gegenüber den Supervisand*innen gilt es, neutral in Bezug zu den im Supervisionsprozess auftretenden Ideen und Wirklichkeitskonstruktionen zu bleiben. Es sollte außerdem immer klar sein, dass die Meinung des/der Supervisor*in – welche durchaus kundgetan werden darf (s.o.) – für das Beratungssystem unpassend sein kann. Der Begriff der Neutralität bedeutet in der systemischen Supervision, dass nie wirklich klar ist, welche Ansicht/Ressource als für die Problemlösung am besten bezeichnet werden kann und daher auch nie ein System vollkommen durchschaubar und steuerbar ist. Das Interesse der systemischen Neugier liegt in diesem Zusammenhang auf der Eigenlogik des Systems. Das Nicht-Wissen des/der Supervisor*in wird als Ressource verstanden, wodurch vorschnelle Entscheidungen und Problemlösungen verhindert werden können. Die Neutralität bezieht sich auch auf das ‚Problem' – z.B. in einer Fallsupervision. Der/die Supervisor*in sollte den/die Supervisand*in nicht ‚drängen', das Problem aufzugeben. Er/sie sollte sich nicht (zu schnell) auf die Seite einer ‚Verhaltensänderung' schlagen; denn selbst, wenn das Verhalten verändert werden will, hatte es einen Sinn und Zweck: Zum einen im System (systemische Perspektive) und zum anderen in der bzw. für die Person (humanistische Perspektive).

Den Möglichkeitsspielraum vergrößern

Heinz von Foersters ethischer Imperativ – „Handle stets so, dass du die Anzahl der Möglichkeiten vergrößerst" (zit. n. von Schlippe/Schweitzer 2007, S. 116) ist zentrales Ziel der Supervision. Wenn ich keine gedankliche (und erfahrene) Alternative zu einem Verhalten habe, dann werde ich mich – unbewusst – immer wieder gleich oder ähnlich verhalten. Erst die Alternative macht mich frei. Auf der anderen Seite sind auch Tabus (Denkverbote), Dogmen, Richtig-/Falsch-Bewertungen und starke Zuschreibungen Einschränkungen des eigenen Handlungsspielraums. Das In-Frage-Stellen von dem, was ich bis jetzt glaubte und wie ich, wie die Welt und wie Andere sind, ist immer ein erster Schritt hin zum (Er-)Finden von Handlungsalternativen und damit der Freiheit, zu wählen. Es ist ein Schritt in die Richtung, mögliche Lösungen zu finden.

Zirkularität – Innere Bezogenheit

> „Die Logik ist ein armseliges Modell von Ursache und Wirkung" (Bateson 1987, S. 77)

Allgemein bezeichnet man im systemischen Denken mit Zirkularität eine „Folge von Ursachen und Wirkungen, die zur Ausgangsursache zurückführt und diese bestätigt oder verändert" (Simon/Stierlin 1992, S. 393). Von Ursache und Wirkung zu sprechen, ist eine Frage der Setzung eines Anfangspunktes, der dann Ursache genannt wird. „Die Studierenden lesen die Texte nicht, die Lehrenden diskutieren sie nicht mehr in der Veranstaltung, die Studierenden lesen die Texte nicht …" oder „Die Lehrenden diskutieren die Texte nicht in der Veranstaltung, die Studierenden lesen die Texte nicht mehr…"

Diese Setzung ist aber nicht zwingend. Genauso könnte ich diese Ursache schon als Wirkung betrachten, wenn ich einen früheren Erklärungsansatz/Anfangspunkt wähle (vgl. Watzlawick/Beavin/Jackson 2000, S. 57 ff.).

Angemessen ungewöhnlich

Nach Tom Andersen, einem norwegischen Psychiater, müssen wir, um auf Menschen einzuwirken, *angemessen ungewöhnlich* interagieren: Etwas Neues der Sicht auf das System hinzufügen. Dies darf jedoch nicht zu sehr von dem Selbst- und Weltbild der Supervisand*innen abweichen: eben *angemessen ungewöhnlich,* d.h. eine Gratwanderung zwischen zu großer Konfrontation und langweiliger Bestätigung von dem, was man schon immer von sich und der Welt wusste (vgl. Andersen 1996 sowie Bergedick, Rohr, Wegener 2011).

Der/die Supervisor*in wird in einer Gruppensupervision die Erfahrungen und Ideen der Gruppe (der Peers) mit einbeziehen. Dies wird oft in Form des Reflecting Teams gemacht.

Das Reflecting Team (RT) ist eine ebenso klar strukturierte wie flexible Methode. Seinen Ursprung hat das RT in der Familientherapie von Tom Andersen, wurde dann aber adaptiert für den allgemeinen Bereich der Reflexion (vgl. Reich 2010 sowie Kricke/Rohr/Schindler 2012) und wird hier nun auf die fallorientierte Gruppensupervision übertragen: Der/die Fallgeber*in/Supervisand*in erläutert in einem Zweier-Dialog mit dem/der Supervisor*in das Anliegen, dann wird gemeinsam das Ziel der Supervision erarbeitet. In dieser ersten Phase sind alle anderen Gruppenteilnehmer*innen stille Beobachter*innen, die sich nicht aktiv beteiligen dürfen.

Nach einer gewissen Zeit – der/die Supervisor*in bestimmt den Zeitpunkt – gibt es eine kurze Zäsur, in der die *zweite Phase* eingeläutet wird: Nun muss die/der Fallgeber*in still beobachten und darf nicht aktiv in den Dialog eintreten. Der/die Supervisor*in gibt der Gruppe einen klaren Auftrag (z. B. „Lösungsideen sammeln" oder „Hoffnungen und Befürchtungen äußern") oder ermuntert zur freien Assoziation. Der/die Supervisor*in hat nun eine Doppelrolle; er/sie sollte ggf. strukturierend eingreifen, kann sich aber ebenfalls an den Assoziationen, Interpretationen, Lösungsvorschlägen etc. beteiligen. So entsteht in der Kommunikation ein geschützter Rahmen, in dem die Gruppenteilnehmer*innen ohne Sorge auf Zurückweisungen und ohne Sorge, etwas Falsches zu sagen, ihre persönlichen Ideen, Vorschläge und Lösungen einfließen lassen können (vgl. Schlippe/Schweitzer 2007). Auch heikle Themen können in einer solchen Methode angesprochen werden: Die Gruppe dient hier im weitesten Sinne als Stellvertreter für beteiligte Personen des Falls (im Sinne psychodramatischer Arbeit), vor allem aber als Expert*innenrückmeldung im Sinne einer Perspektivenvielfalt. Es kommt zu einer Sammlung von Lösungsvorschlägen und zur vielfachen Rückmeldungen an den/die Fallgeber*in (vgl. Kricke/Rohr/Schindler 2012). Der/die Supervisor*in kann die Gruppe in der zweiten Phase ermuntern, entweder:

1. über den ‚Inhalt' des Falls oder
2. über den gerade erlebten Prozess (die Supervision) Rückmeldung zu geben, Fragen zu stellen, mit konjunktivistischen Formulierungen zu interpretieren und eigene Assoziationen, Phantasien, Gedanken und Gefühle zu äußern (vgl. Kricke, Rohr, Schindler 2012).

Nach einer gewissen Zeit wird die zweite Phase wieder beendet und die *dritte Phase* beginnt: Nun müssen die Aktiven der zweiten Phase (die Gruppe) beobachten (dürfen nicht reden), der/die Supervisor*in wendet sich nun (körperlich und mit seiner/ihrer ganzen Aufmerksamkeit) wieder ausschließlich der/dem Fallgeber*in zu, um z. B. zu fragen: „Was hat dich von dem Gesagten am meisten bewegt, welche Aussage scheint dir gerade am Bedeutsamsten?"

Es ist wichtig, dass der/die Supervisor*in darauf achtet, dass in allen Phasen keine ‚Abwertung' von Personen und Ideen stattfindet. Ideen und Lösungsvorschläge, die z. B. nicht realistisch sind oder ggf. schon ausprobiert wurden, werden nicht kommentiert: Hier ist eine strikte Lösungsorientierung wichtig! Es kann durchaus sein, dass für eine Fallgeberin nicht die Lösungen relevant vorkommen, aber die ein oder andere Assoziation oder Interpretation.

6.5 Kollegiale Fallberatung

Wir haben in den Kapiteln 2 und 3 bereits ausführlich die Begriffe Peer und Beratung geklärt. In Kapitel 6.3 wurden zudem das Konzept des Lehrcoaching und der Supervision voneinander unterschieden und näher dargestellt. An dieser Stelle soll nun die Methode der Kollegialen Fallberatung als ein leicht umsetzbarer und zugleich sehr effektiver Ansatz zur Problemlösung im Peerkontext expliziert werden. Dabei ist die Kollegiale Fallberatung insofern als ein Peer-Support-Format zu verstehen, als dass der gemeinsame berufliche Hintergrund als Lehrperson in der Hochschule als eine geteilte Erfahrung im Beratungsprozess genutzt werden kann. In diesem Zusammenhang ist die Zugehörigkeit zu unterschiedlichen Fachdisziplinen für den Beratungsverlauf eher förderlich als abträglich, da die Interdisziplinarität einen neuen Blick auf ‚alte‘ Probleme ermöglicht. Gleichzeitig werden häufig in verschiedenen Fachbereichen dieselben Probleme völlig unterschiedlich angegangen und gelöst, sodass ein Blick aus bzw. in einen anderen Fachbereich sehr lohnenswert für beide Seiten sein kann.

Nach Rimmasch (2003) liegt das Ziel einer Kollegialen Beratung in der Entwicklung von kurzfristig umsetzbaren Lösungen zu aktuellen Problemen, sowie darin, langfristig die Problemlösekompetenz der Beteiligten durch kooperative und lösungsorientierte Vorgehensweisen zu stärken. Für Pallasch et al. (2002) kennzeichnet die Kollegiale Beratung als eine spezifische Form der Beratung „die zielgerichtete Suche nach einer Lösung eines bereits benannten Problems" (ebd., S. 10). Diese ausgeprägte Praxis- und Lösungsorientierung hat dazu geführt, dass sich die Methode der Kollegialen Beratung vor allem im Bereich der Aus- und Weiterbildung in (Wirtschafts-)Organisationen etabliert hat (vgl. Brandenburg 2012).

Es gibt eine Vielzahl kollegialer Beratungsformate, die eine verwirrende Begriffsvielfalt ergeben und hier nicht ausführlich dargestellt werden können. Beispielhaft seien hier nur die Kollegiale Supervision (Rotering-Steinberg 1990), Intervision (Lippmann 2005), Kooperative Beratung (Mutzek 2005) und die Kollegiale Beratung (Schmid et al. 2013) erwähnt. All diese Ansätze werden durch die Autor*innen profund definiert und haben mit Sicherheit ihre Berechtigungen. Allerdings fällt bei einer näheren Betrachtung gleichermaßen auf, dass sich gewisse Ähnlichkeiten ergeben. So zeigen alle Formate ein ähnlich strukturiertes Vorgehen, die mehr oder weniger festgelegten Rollen sowie eine gewisse Kontinuität in der Durchführung. Unterschiede liegen nach Brandenburg (2012) vor allem in „der Gestaltung des konkreten Ablaufs, der konkreten Rollenvielfalt und -definition, der Komplexität und der jeweiligen Beratungsphilosophie bzw. -schule begründet" (ebd., S. 89).

Die Methode der Kollegialen Fallberatung verlangt im Gegensatz zur Supervision keine*n Expert*in von außen. Auch wenn ihr mit der Gruppensupervision gemein ist, dass an Problemen freiwillig, partnerschaftlich und gemeinsam gearbeitet wird (vgl. Schlee/Mutzeck 1996, S. 15), grenzt sie sich durch die systematische Gesprächsführung und die klar vorgegebene Struktur sowie von der ‚Gleichheit der Beteiligten' von dieser (der Supvervision durch einen professionelle Berater*in/einer Supervisor*in) ab (vgl. Korsmeier 2009).

An dieser Stelle sei noch einmal daraufhin gewiesen, dass wir nicht die *eine* Methode für besser oder schlechter halten als die andere(n). Vielmehr bieten sie verschiedene Zugänge an, unterschiedlich gelagerte Probleme anzugehen und Lösungsansätze zu erarbeiten. Dabei unterscheiden sie sich für die einzelne Lehrperson vor allem in der Zeit- und Kostenökonomie sowie der Zielsetzung. Eine Kollegiale Fallberatung ist verhältnismäßig kostenneutral und schnell umsetzbar, wohingegen eine Supervision nicht nur ein externes ggf. kostenintensives Expertentum erfordert, sondern auch bewusst über einen längeren Zeitraum angelegt ist. Anhand dessen wird bereits deutlich, dass in einer Kollegialen Fallberatung Probleme nicht in der persönlichen Tiefe und Breite angegangen werden können wie beispielsweise in einer Einzelsupervision. So ist die Kollegiale Fallberatung kein therapeutischer Ansatz und kann auch keine ‚Beeinträchtigung' der Persönlichkeit thematisieren. Im Gegensatz zur Supervision ist sie auch nicht dazu geeignet, interne Konflikte in einem Team aufzuarbeiten: Da die Rolle der Moderation nicht durch eine externe neutrale Person eingenommen werden kann, ist sie ggf. anfällig ist für hierarchische Positionen und institutionelle Zwänge (vgl. Fengler 1996). Es ist beispielsweise fraglich, wie offen Teilnehmer*innen einer Kollegialen Hospitation ihre Fälle diskutieren und das eigene Verhalten in den herausfordernden Situationen beschreiben, wenn sie wissen, dass die oder der Vorgesetzte mit in der Runde ist und dies ggf. Auswirkungen auf ihren Arbeitsalltag, den weiteren Verlauf der Karriere oder des Betreuungsverhältnisses hätte.

Beachtet man diese Einschränkungen der Kollegialen Fallberatung, bietet sie für den Lehralltag an der Universität trotzdem ein breites Einsatzfeld. Es gab zwar in den letzten Jahren vermehrt einen Zugang für Lehrende zur

Einzelsupervision in der Hochschullandschaft, dieser wird aber noch längst nicht flächendeckend von den Hochschulen finanziert, sodass die Kostenneutralität der Kollegialen Fallberatung und ihre problemlose, kurzfristige Umsetzung schwerwiegende Argumente für die Methode darstellen. Zudem empfinden viele Lehrende eine Supervision oder andere langfristig angelegte Beratungsformate als nicht unbedingt notwendig für einzelne Herausforderungen in der Lehre. Sie wünschen sich viel mehr den kurzfristigen und zielgerichteten kollegialen Peer-Austausch, der eine Vielzahl von Handlungsalternativen aufzeigt, denn durch den Bologna-Prozess sind massive Veränderungen der Rahmenbedingungen der Lehre eingetreten, die auf Lehrendenseite zu großen Unsicherheiten geführt haben und auch weiterhin führen. Selbstorganisierte Beratungsverfahren bieten eine Möglichkeit, diesen erhöhten Beratungsbedarf der Lehrenden aufzufangen.

Die Vorteile der Kollegialen Fallberatung bestehen darüber hinaus in der möglichen Zusammenarbeit von Lehrenden aller Fachbereiche. Gerade die Interdisziplinarität wird von den Teilnehmer*innen überwiegend als wertvoll empfunden. Schlee und Mutzeck (1996) heben außerdem hervor, dass sich die Methode leicht an die örtlichen Gegebenheiten und Besonderheiten anpassen lässt, sowie insbesondere die Eigenverantwortlichkeit und das Selbsthilfepotenzial der Teilnehmer*innen gestärkt würden. Auch für Lehrende, die eher die Rolle von Zuhörer*innen einnehmen, bietet die Fallbesprechung Anregungen und Handlungsmöglichkeiten für ähnlich gelagerte Probleme (vgl. Fallner/Gräßlin 1990). Die starke Strukturierung des Verfahrens, das zu einem hohen Maß an Transparenz führt, diese Methode zugleich aber aus kritischer Perspektive als recht unflexibel erscheinen lässt, führt zu einer strikten Trennung von Hypothesen zum Problemursprung hin zu Lösungsansätzen. Gleichzeitig werden vorschnelle Bewertungen sowohl von Ursache als auch von Lösungsansätzen verhindert. Vielmehr erarbeiten die beteiligten Lehrenden eine möglichst große Bandbreite von Hypothesen und Lösungsansätzen. Dies führt zu einer Entemotionalisierung der Situation und zu einer Versachlichung der Problembearbeitung.

Bevor im Folgenden der Ablauf einer Kollegialen Fallberatung beispielhaft dargestellt wird, sollen zunächst die zentralen Rollen im Verlauf der Kollegialen Fallberatung beschrieben werden. In Anlehnung an Kopp/Vonesch (2003, S. 56) und Brandenburg (2012, S. 92 ff.) lassen sich drei zentrale Rollen in der Kollegialen Fallberatung unterscheiden: Ein*e Fallgeber*in, ein*e Moderator*in und alle anderen Beteiligten nehmen die Rolle der Berater*innen ein. Die Rollen werden jeweils nach der Besprechung eines Falles getauscht und lassen sich wie folgt beschreiben:

Der oder die Fallgeber*in schildert sachliche und persönliche Aspekte der aktuellen Situation mit großer Offenheit. Er oder sie ist an Beratung und Lösung interessiert, ist offen für Perspektivwechsel und neue Sichtweisen. Darüber hinaus ist die/der Fallgeber*in bereit, den Berater*innen notwendige Einblicke zu gewähren, Gefühle zu thematisieren und persönliche Sichtweisen und Schwierigkeiten zu reflektieren. Um eine Rechtfertigungshaltung zu vermeiden, sollte sich die oder der Fallgeber*in vor allem darauf konzentrieren, die Ideen und Rückmeldungen der Berater*innen zu reflektieren und sich nicht aktiv in den Beratungsprozess einschalten oder diesen bewerten.

Der oder die *Moderator*in* sichert den systematischen Ablauf durch Methoden-, Zeit- und Rollendisziplin. Er oder sie weist Personen auf einen Bruch mit den Phasen hin und hat das Recht, sie diesbezüglich zu unterbrechen. Der oder die Moderator*in führt durch die einzelnen Phasen, unterstützt den oder die Fallgeber*in und achtet auf die Einhaltung der Berater*innenrollen. Insbesondere unterbindet der oder die Moderator*in Diskussionen einzelner Lösungsvorschläge oder Hypothesen und achtet auf eine möglichst breitgefächerte Anzahl von Lösungsansätzen. Der oder die Moderator*in beteiligt sich nicht mit der eigenen Meinung am Hypothesen- und/oder Lösungsprozess.

Die *Berater*innen* zeigen ehrliches Interesse und eine respektvolle Haltung an der Problemstellung der oder des Fallgeber*in. Sie stellen sich auf dessen/deren Sichtweisen ein und verzichten auf vorschnelle Ratschläge, auch wenn ihnen das Anliegen zunächst vermeintlich wenig schwerwiegend erscheint. Während der Falldarstellung unterbrechen sie den oder die Fallgeber*in nicht. Sie unterstützen den oder die Fallgeber*in mit Fragen, Eindrücken und Möglichkeiten. Dabei versuchen sie nicht, einzelne Lösungsvorschläge oder Hypothesen anderer Berater*innen zu kommentieren bzw. zu diskutieren.

In verschiedenen Modellen zur Kollegialen Fallberatung werden darüber hinaus noch die Rollen des/der Zeitwächter*in, Protokollführer*in (Visualisierer*in) und Prozessbeobachter*in eingeführt. Je nach Gruppe und Zusammensetzung kann es sinnvoll sein, diese Rollen einzusetzen oder auch von der Moderation mit ausführen zu lassen.

Um eine Kollegiale Fallberatung durchzuführen ist eine Gruppengröße von fünf bis neun Personen optimal. Weniger Personen erschweren die Übernahme unterschiedlicher Rollen, mehr Personen führen zu einer passiveren Berater*innenrolle und einer stärkeren Zurückhaltung der Fallgeber*innen. Bei größeren Gruppen empfiehlt sich deshalb die Einführung der Prozessbeobachter*innen.

Der Ablauf einer Kollegialen Fallberatung ist klar strukturiert und bietet einen sicheren Rahmen auch für Personen, die bisher noch keine Erfahrung mit einer Kollegialen Fallberatung gemacht haben. Das hier vorgestellte Modell der Kollegialen Fallberatung lehnt sich an ein Modell von Rolf Haug-Benien und Christel Griepenburg (1998) an. Es zeichnet sich neben der zeitlichen Straffung im Ablauf gegenüber anderen Modellen vor allem durch eine besonders einfache Übertragbarkeit auf den Hochschulkontext aus.

Abb. 38: Ablaufschema einer Kollegialen Fallberatung

Zeit	Phase	Anmerkung
5'	Rollen-verteilung	Als erstes muss die Moderation geklärt werden, daran anschließend wird ein*e Fallgeber*in ausgesucht. Dies erfolgt i. d. R. durch die Gewichtung der Fälle, entweder durch ein Bepunktung der Gruppe nach Vorstellung aller Fälle oder durch die Gewichtung der einzelnen Teilnehmer*innen, wie wichtig es ihnen wäre ihren Fall zu besprechen.

Zeit	Phase	Fallgeber*in	Moderator*in	Berater*innen
5'	Fallbeschreibung mit abschließender Fragestellung	Beschreibt die Situation und formuliert eine Fragestellung	Stellt sicher, dass die abschließende Fragestellung eindeutig und beantwortbar ist	Hören nur zu und machen sich Notizen. Dürfen noch nicht nachfragen.
15'	Befragung	Antwortet differenziert	Achtet darauf, dass keine impliziten Lösungsvorschläge in Fragen versteckt gegeben werden. Es sind nur Informations- und Verständnisfragen zugelassen.	Interviewen den/die Ratsuchende*n
10'	Hypothesen zur Problemursache	Geht aus der Runde und darf ausschließlich zuhören.	Sorgt dafür, dass noch keine Lösungsvorschläge eingebracht werden. Versucht eine möglichst große Vielfalt an Hypothesen zu sammeln.	Die Gruppe berät sich untereinander, es werden Hypothesen, Vermutungen und Eindrücke geäußert.
5'	Stellungnahme	Kehrt in die Runde zurück und ergänzt bzw. korrigiert einzelne Hypothesen.	Unterbindet Diskussionen.	Hört überwiegend zu und korrigiert maximal die Aufnahme ihrer Hypothesen.
10'	Lösungsverschläge	Geht wieder aus der Runde und hört intensiv zu.	Regt eine möglichste große Anzahl von Lösungsvorschlägen an. Engagiert die Gruppe sich in die Rolle der/des Fallgeber*in zu versetzen (bspw. „Ich an XX Stelle, würde..."). Unterbindet eine Diskussion und Wertung einzelner Vorschläge.	Alle Berater*innen sagen was sie an Stelle der/des Ratsuchenden tun würden.
10'	Entscheidung	Teilt mit und begründet ggf. welche Hypothesen angenommen werden und welche Vorschläge er/sie umsetzen möchte.	Unterbindet Diskussionen.	Hören nur zu.
5'	Austausch	Äußert wie es ihm/ihr geht.	Nimmt ggf. Verbesserungsvorschläge im Ablauf für eine zweite Runde auf.	„Was nehme ich aus dem Gespräch mit?" und persönliche Anmerkungen

Kapitel 7
Ausblick

Ausgehend von den Veränderungen, die der „Shift from Teaching to Learning" und das konstruktivistische Verständnis von Lernen innerhalb der methodisch-didaktischen Gestaltung von Hochschullehre ausgelöst haben, ist es wohl besonders das Rollenverständnis der Lehrperson, das im Zuge dessen einen gravierenden Wandel erlebt hat bzw. erleben muss. Dieses bewegt(e) sich weg vom ‚Alleswisser*in' oder ‚Belehrer*in', hin zum ‚Lernbegleiter*in'. Die Individualität jeder bzw. jedes Studierenden ist in den Blickpunkt jeglicher Lehr-Lern-Prozesse gerückt und damit zur Herausforderung für jegliche Formen der Planung und Gestaltung von Hochschullehre geworden.

Dem *selbstständigen Denken,* der eigenen Konstruktion von Wissen der Studierenden fällt diesem hochschuldidaktischen Verständnis nach eine große Rolle zu (Selbststudium) und kann heutzutage – zusätzlich zu den immer schon vorhandenen Medien wie Bücher, Handouts, Skripte etc. – mithilfe digitaler Kommunikationsformen und Medien auf neue Weise unterstützt und begleitet werden. Darüber hinaus wird durch die Betonung sozialer Fähigkeiten und Kompetenzen durch alle Fächerkulturen hindurch der Dialog zwischen den Studierenden und den Lehrenden durch verschiedenste Formen des kooperativen Lernens unterstützt und gefördert. Durch die Betonung des forschenden Lernens und der eigenverantwortlichen Arbeit an (selbstgewählten) Forschungsfragen ermöglicht das Studium den Studierenden, sich aktiv und produktiv mit der sie umgebenden Kultur und Gesellschaft auseinanderzusetzen – und damit sind wird auch nach Bologna dem Humboldt'schen Grundverständnis von Bildung sehr nah.

Hochschullehre konsequent aus der Perspektive der Lernenden zu denken, bedeutet, neben einer didaktischen Reduktion der Inhalte, vor allem Zeit und Energie auf die Gestaltung der Lehr-Lern-Settings zu verwenden, das stets von Klarheit, Transparenz und Struktur geprägt sein sollte. Diese ermöglichen es der Lehrperson mit den Studierenden über ihre Lernprozesse in Kommunikation zu treten, sich ihnen als Lehrperson verständlich zu machen und ihnen Wege des Lernens zu ermöglichen. Wir haben dies in diesem Buch mit der Rolle des/der Lernbegleiters*in (vgl. Kap. 4) ausführlich dargestellt. Gleichwohl haben wir Bezug nehmend zu Überlegungen zur Lehrpersönlichkeit (vgl. Kap.1) und deren zentralen Bedeutung im Sinne einer Ermöglichungsdidaktik nach Arnold dargestellt, welchen elementaren Einfluss diese auf die sich vollziehenden Lernprozesse, das Vertrauen, das Studierende in sich selbst und ihren Lernerfolg setzen und auf den damit verbundenen Studienerfolg im Allgemeinen hat.

Bei all der Betonung des Peer Learning-Gedankens soll dabei nun im Ausblick nicht verschwiegen werden, dass dieses Konzept nicht nur Chancen und Perspektiven hat, sondern auch an seine Grenzen kommen kann und vielleicht auch muss: Wenn wir alle Experten*innen für uns selbst und unsere Angelegenheiten sind – warum brauchen wir dann überhaupt noch (Fach-)Experten*innen? Sind Lehrende in Universitäten dann überhaupt noch notwendig? Wozu brauchen wir Supervisoren*innen und Berater*innen, wenn wir doch alle selbst am besten wissen, was gut für uns ist – wir müssen nur mit Menschen sprechen, die in Bezug auf ein oder mehrere Merkmale uns ähnlich sind und dann finden wir schon die Lösung?

Nein. Wir brauchen (Fach-)Experten*innen, die mehr sehen und wissen als wir. Wir Lehrende brauchen aber auch andere Lehrende, die ,Anderes sehen' als wir. Lehrende, die den Überblick über das ganze Wissensgebiet haben. Lehrende, die die Weitsicht besitzen, einschätzen zu können, ob das Planspiel abgebrochen werden muss oder gerade richtig spannend wird und die Studierenden am Ende die Lernzuwächse erreichen werden. Wir brauchen Lehrende mit ausgebildeter Beratungskompetenz, die Studierende in der Erstellung ihrer Abschlussarbeiten beraten, begleiten und ihnen Hilfestellungen geben.

Es sind Lehrende notwendig, die für Studierende als Rollenmodell fungieren, um ihnen Umgang mit Diversität vorzuleben, wertschätzend Feedback zu geben und miteinander zur Erreichung der gesetzten Ziele zu kooperieren.

Sie könnten nun zu Recht fragen: Und was ist dann nun gute Lehre? Anhand welcher Kriterien wird meine Lehre bewertet nach *gut* oder *schlecht?*

Wir haben Ihnen in diesem Buch unser Kompetenzmodell vorgestellt mit den zentralen Bereichen, die wir für die Ausübung der Tätigkeit als Hochschullehrer*in für zentral und wichtig erachten.

Reflexion auf die eigene Lern-Biographie und das grundsätzliche Selbstverständnis als Lehrende*r gehen dabei Hand in Hand mit sogenanntem Handwerkszeug im Sinne von Grundlagen des Lehrens und Lernens, mithilfe dessen die eigene Lehre gestaltet und entwickelt werden kann. Dabei ist ein zentrales Element, Lehre aus der Sicht der Studierenden zu denken und nach Wegen zu suchen, ihnen Lernen zu ermöglichen, sie auf ihrem Weg zu beraten und zu begleiten. In einem intensiven Austausch zwischen Lehrenden und Studierenden können sie als Lehrende*r immer auch von ihren Studierenden lernen, indem diese ihnen spiegeln, wie klar der Arbeitsauftrag war, was sie innerhalb ihrer Lernprozesse unterstützt hat und was besondere Herausforderungen für sie waren.

In Anlehnung an unsere Darstellung einer Berglandschaft können wir dabei resümieren, dass die tagtägliche Gestaltung von guter Lehre bedeutet, dass man immer wieder neue Gipfel erstürmen oder anstrengend ersteigen muss. Welchen Gipfel man zuerst erklimmen möchte, das entscheidet jeder selbst. Egal, wo wir gerade unterwegs sind, welches Gepäck sich in unserem und in den Rucksäcken der Lernenden befinden – das Wetter in den Bergen wird mit großer Wahrscheinlichkeit unbeständig und nicht planbar sein! Es ist wichtig, eine Reiseroute und Etappenziele mit Kompass oder GPS-Geräte ausgearbeitet zu haben und auch für Unwägbarkeiten gerüstet zu sein. Zum Glück ist man auf dieser Reise ja auch nicht allein, sondern kann bei unüberwindbar scheinenden Aufstiegen gemeinsam nach Lösungen suchen, sich beraten, sich gegenseitig unterstützen und motivieren, nicht aufzugeben und mit Blick auf das große Ziel weiterzugehen. Dabei bieten erfahrene Bergsteiger*innen hilfreiche Erfahrungen und Abkürzungen, während unerfahrene Bergsteiger*innen die nötige mitreißende Lust mitbringen auch mal die bekannten Pfade zu verlassen und Neues auszuprobieren.

In diesem Sinne wünschen wir Ihnen viel Freude auf Ihrer hochschuldidaktischen Reise und hoffen, Ihnen einige nützliche Dinge mit an die Hand gegeben zu haben, die Sie das ein oder andere Mal darin unterstützen wird, die Klippen und Täler zu überwinden und Ihre Erfolge zu feiern.

Literatur

AG Forschendes Lernen (2013): Forschendes Lernen im Praxissemester – Leitfaden für die Ausbildungsregion Köln.

Albers, A.; Ebel, B.; Alink, T. (2011): Erfolgsfaktoren der Interdisziplinarität. Ein Bericht. In: Banse, G.; Fleischer, L.-G. (Hrsg.): Wissenschaft im Kontext. Inter- und Transdisziplinarität in Theorie und Praxis. Berlin: trafo Verlagsgruppe.

Alfen, H. W.; Fischer, K.; Schwanck, A.; Kiesewetter, F.; Steinmetz, F.; Gürtler, V. (2001): Lebenszyklusorientiertes Management öffentlicher Liegenschaften am Beispiel von Hochschulen und Wissenschaftseinrichtungen. In: Alfen, H. W. (Hrsg.): Schriftenreihe der Professur Betriebswirtschaftslehre im Bauwesen, Band 4. Weimar: Verlag der Bauhaus-Universität Weimar.

Alkemeyer, T. (2009): Lernen und seine Körper. Habitusformungen und -umformungen in Bildungspraktiken. In: Friebertshäuser, B.; Rieger-Ladich, M.; Wigger, I. (Hrsg.): Reflexive Erziehungswissenschaft. Forschungsperspektiven im Anschluss an Bourdieu. Wiesbaden: Springer VS, S. 101–118.

Altenschmidt, K.; Miller, J. (2010): Service Learning in der Hochschuldidaktik. In: Auferkorte-Michaelis, M.; Ladwig, A.; Stahr, I. (Hrsg.): Hochschuldidaktik für die Lehrpraxis. Interaktion und Innovation für Studium und Lehre an der Hochschule. Opladen/Farmington Hills: Budrich Uni Press.

Altenschmidt, K.; Miller, J.; Stark, W. (Hrsg.) (2009): Raus aus dem Elfenbeinturm? Entwicklungen in Service Learning und bürgerschaftlichem Engagement an deutschen Hochschulen. Weinheim/Basel: Beltz.

Andersen, T. (Hrsg.) (1996): Das Reflektierende Team. Dialoge und Dialoge über Dialoge. Dortmund: Moderndes lernen.

Anderson, L. W.; Krathwohl, D. R. (2001) (Hrsg.): A Taxonomy for Learning, Teaching and Assessing. New York: Pearson Education.

Appel, E. (2001): Auswirkungen eines Peer-Education-Programms auf Multiplikatoren und Adressaten – eine Evaluationsstudie. Freie Universität Berlin, Dissertation.

Arbeitsstelle für Hochschuldidaktik der Universität Zürich (afh 2010): Dossier Unididaktik.

Arber, W. (1993): Einführung in die Thematik des Symposiums „Inter- und Transdisziplinarität: Warum? – Wie?". In Arber, W. (Hrsg.): Inter- und Transdisziplinarität. Bern: Paul Haupt.

Aretz, H.-J.; Hansen, K. (2002): Diversity und Diversity Management im Unternehmen, Münster: LIT.

Arnold, R., Schüßler, I. (2015): Ermöglichungsdidaktik, Grundlagen der Berufs- und Erwachsenenbildung, Band 35. Baltmannsweiler: Schneider Verlag.

Artmann, M.; Gantefort, C.; Herzmann, P.; König, J.; Kricke, M.; Karduck, S.; Rohr, D.; Roth, H.-J. (2012): Evaluation. In: Rohr, D.; Roth, H.-J. (Hrsg.): Bildungswissenschaften. Münster: Waxmann, S. 100–127.

Artmann, M.; Michalak, M.; Rohr, D. (2012): Theorie-Praxis-Bezug. In: Rohr, D.; Roth, H.-J. (Hrsg.): Bildungswissenschaften. Münster: Waxmann, S. 70–73.

Auferkorte-Michaelis, N.; Schönborn, A. (2009): Gender als Indikator für gute Lehre. In: Auferkorte-Michaelis, N.; Stahr, I.; Schönborn, A.; Fitzek, I. (Hrsg.): Gender als Indikator für gute Lehre. Erkenntnisse, Konzepte und Ideen für die Hochschule. Opladen/Farmington Hills: Budrich UniPress, S. 15–27.

Auferkorte-Michaelis, N.; Stahr, I.; Schönborn, A.; Fitzek, I. (Hrsg.) (2009): Gender als Indikator für gute Lehre. Erkenntnisse, Konzepte und Ideen für die Hochschule. Opladen/ Farmington Hills: Budrich UniPress.

Auferkorte-Michaelis, N.; Wegrzyn, E. (2009): Gender als Indikator für gute Lehre. In: Auferkorte-Michaelis, N.; Stahr, I.; Schönborn, A.; Fitzek, I. (Hrsg.): Gender als Indikator für gute Lehre. Erkenntnisse, Konzepte und Ideen für die Hochschule. Opladen/Farmington Hills: Budrich UniPress, S. 15–27.

Auferkorte-Michaelis, N.; Wegrzyn, E. (2013) Genderdidaktik. Von der universitären Selbstverpflichtung zur Schlüsselkompetenz. In: Spiekermann, A.: Lehrforschung wird Praxis – Hochschuldidaktische Forschungsergebnisse und ihre Integration in die Praxis. Wiesbaden: Bertelsmann Verlag, S. 60–68.

Bachmann, H. (2011): Formulieren von Lernergebnissen – learning outcomes. In: Bachmann, H. (Hrsg.): Kompetenzorientierte Hochschullehre – Die Notwendigkeit von Kohärenz zwischen Lernzielen, Prüfungsformen und Lehr-Lern-Methoden. Hep Verlag: Bern, S. 34–50.

Bachtsevanidis, V.; den Ouden, H.; Kricke, M.; Rohr, D. (2012): Hochschuldidaktische Aspekte. In: Rohr, D.; Roth, H.-J. (Hrsg.): Modellkolleg Bildungswissenschaften. Münster: Waxmann, S. 91–100.

Backes, H.; Schönbach, K. (2002): Peer Education – Ein Handbuch für die Praxis. Berlin: Bundeszentrale für gesundheitliche Aufklärung in Kooperation mit dem Landesamt für Gesundheit und Soziales Berlin.

Backhaus-Maul, H.; Roth C. (2013): Service Learning an Hochschulen in Deutschland. Wiesbaden: Springer Fachmedien.

BAK: Forschendes Lernen – Wissenschaftliches Prüfen. Schriften der Bundesassistentenkonferenz 5. Bielefeld

Ballstaedt, S. P. (1997): Wissensvermittlung. Die Gestaltung von Lernmaterial. Weinheim: Beltz Psychologische Verlags Union.

Baltes, A. M.; Hofer, M.; Sliwka, A. (Hrsg.) (2007): Studierende übernehmen Verantwortung – Service Learning an deutschen Universitäten. Weinheim/Basel: Beltz.

Bandura, Albert (1979): Aggression. Eine sozial-lerntheoretische Analyse. Stuttgart: Klett-Cotta.

Banse, G. (2011): Inter- und Transdisziplinarität im Wirken der Leibniz-Sozietät der Wissenschaften zu Berlin – Exemplarisches. In: Banse, G.; Fleischer, L.-G. (Hrsg.): Wissenschaft im Kontext. Inter- und Transdisziplinarität in Theorie und Praxis. Berlin: trafo Verlagsgruppe.

Barrows, H. S. (1986): A taxonomy of problem-based learning methods. In: Medical Education, (20), S. 481–486.

Bateson, G. (1987): Geist und Natur. Frankfurt am Main: Suhrkamp.

Bauer, W. (1997): Subjektgenese und frühes Erwachsenenalter. Entwicklungs- und biographietheoretische Zugänge. Weinheim: Deutscher Studienverlag.

Becker, M.; Seidel, A. (2006): Diversity Management. Unternehmens- und Personalpolitik der Vielfalt. Stuttgart: Schäfer-Poeschel.

Benshoff, J. M. (1994): Peer consultation as a form of supervision. Greensboro NC, S. 1–4.

Benz, C. (2005): Das Kompetenzprofil des Hochschullehrers. Zur Bestimmung der Kompetenzanforderungen mittels Conjoint-Analyse. Aachen: Schaker.

Bergedick, A.; Rohr, D.; Wegener, A. (2011): Bilden mit Bildern. Visualisieren in der Weiterbildung. Bielefeld: Bertelsmann.

Berne, E. (1996): Spiele der Erwachsenen. Psychologie der menschlichen Beziehungen. Reinbek bei Hamburg: Rowohlt.

Bernler, G.; Johnsson, L. (1993): Supervision in der psychosozialen Arbeit. Weinheim/Basel: Beltz.

Berthold, C.; Meyer-Guckel, V.; Rohe, W. (Hrsg.) (2010): Mission Gesellschaft. Engagement und Selbstverständnis der Hochschulen. Ziele, Konzepte, internationale Praxis. Edition Stifterverband.

Biggs, J. (1999): Teaching for Quality Learning at University. Society for Research into Higher Education. Buckingham.

Biggs, J. (2003): Aligning Teaching and Assessment in Curriculum Objectives, Imaginative Curriculum Project, LTSN Generic Center Chicago.

Biggs, J.; Tang, C. (2011): Teaching for Quality Learning at University. What the student does. Maidenhead: Open University Press and Society for Research into Higher Education.

Bloch, R. (2006): Schwerpunkte gegenwärtiger Entwicklungen in der Hochschulbildung. In: Pasternack, P.; Bloch, R.; Gellert, C.; Hölscher, M.; Kreckel, R.; Lewin, D.; Lischka, I.; Schildberg, A. (Hrsg.): Die Trends der Hochschulbildung und ihre Konsequenzen. Wissenschaftlicher Bericht für das Bundesministerium für Bildung, Wissenschaft und Kultur der Republik Österreich. Wittenberg: Institut für Hochschulforschung, S. 47–100.

Blömecke, S. (2002): Wissenschaft und Praxis in der Lehrerausbildung. Ein Beitrag zur Debatte in „Die Deutsche Schule", DDS 94, 2, S. 257–261.

Blömeke, S. (2006): Fast fish – Loose fish. International-vergleichende Forschung zur Wirksamkeit der Lehrerausbildung. In: Hilligus, A. H.; Rinkens, H.-D. (Hrsg.): Standards und Kompetenzen – neue Qualität in der Lehrerausbildung? Neue Ansätze und Erfahrungen in nationaler und internationaler Perspektive. Münster: LIT, S. 189–213.

Bloom, B. (1971): Taxonomy of Educational Objectives, The Classification of Education Goals, Handbook I: Cognitive Domain. New York: McGraw-Hill.

Boeger, A. (2009): Psychologische Therapie- und Beratungskonzepte. Theorie und Praxis. Stuttgart: Kohlhammer.

Bohm, D. (2005): Der Dialog. Das offene Gespräch am Ende der Diskussionen. Klett-Cotta-Verlag.

Bohnsack, F. (2005): John Dewey. Ein pädagogisches Porträt. Weinheim/Basel: Beltz.

Böss-Ostendorf, A.; Senft, H. (2005). Beat it! Der Prüfungscoach für Studium und Karriere. Frankfurt am Main: Campus Concret.

Bourdieu, P. (1988): Homo academicus. Frankfurt am Main: Suhrkamp.

Bourdieu, P.; Passeron, J. C. (1971): Die Illusion der Chancengleichheit. Stuttgart: Klett.

Bradt, H.; Liebau, E. (1978): Das Team-Kleingruppen-Modell. Ein Ansatz zur Pädagogisierung der Schule. München: Juventa.

Brandenburg, T. (2012): Kollegiale Fallberatung als Beratungsformat für Fach- und Führungskräfte. In: Thielsch, M. T.; Brandenburg, T. (Hrsg.): Praxis der Wirtschaftspsychologie II – Themen und Fallbeispiele für Studium und Anwendung. Münster: MV-Wissenschaft.

Brandstätter, V.; Schüler, J.; Puca, R. M.; Lozo, L. (2013): Motivation und Emotion. Berlin/Heidelberg: Springer.

Brinker, T.; Schumacher, E. M. (2014): Befähigen statt belehren. Neue Lehr- und Lernkultur an Hochschulen. Bern: hep Verlag.

Bromme, R.; Haag, L. (2004): Forschung zur Lehrerpersönlichkeit. In: Helsper, W.; Böhme, J. (Hrsg.): Handbuch der Schulforschung. Wiesbaden: VS Verlag für Sozialwissenschaften, S. 777–793.

Bromme, R.; Haag, L. (2008): Forschung zur Lehrpersönlichkeit. Wiesbaden: VS Verlag für Sozialwissenschaften.

Brune, S.; Mutter, F.; Rohr, D. (2012): Systemische Personalentwicklung an Hochschulen: Workshops & individuelle Beratung für Einsteiger. In: Personal- und Organisationsentwicklung in Einrichtungen der Lehre und Forschung (P-OE). 7. Jg. 3/2012, Bielefeld: Universitätsverlag Webler, S. 75–82.

Brunner, I. (2009): Stärken suchen und Talente fördern. Pädagogische Elemente einer neuen Lernkultur mit Portfolio. In: Brunner, I.; Häcker, T.; Winter, F. (Hrsg.): Das Handbuch Portfolioarbeit. Konzepte, Anregungen, Erfahrungen aus Schule und Lehrerbildung. Seelze-Velber: Erhard Friedrich Verlag, S. 73–80.

Budäus, D.; Grüb, B. (2007): Public Private Partnership: Theoretische Bezüge und praktische Strukturierung. Zeitschrift für öffentliche und gemeinwirtschaftliche Unternehmen, 30(3), S. 245–272.

Bundesministerium für Wirtschaft und Energie (2012): Public-Private-Partnership und öffentliche Infrastruktur. Monatsbericht 07-2012.

Butler, J. (2013): Haß spricht. Zur Politik des Performativen. Berlin: Suhrkamp.

Caspary, R. (Hrsg.) (2012): Lernen und Gehirn. Freiburg im Breisgau: Herder.

Christen, A. (1976): Carl Rogers und die nicht-direktive Beratung. Zürich: aku-Fotodruck.

Christian, W.; Schneider, E. (1970): Team-Teaching und politische Bildung. Praxis des politischen Unterrichts. Verlag Moritz Diesterweg.

Cohen-Schotanus, J., Muijtjens, A. M. M., Schönrock-Adema, J., Geertsma, J., van der Vleuten, C. P. M. (2008): Effects of conventional and problem-based learning on clinical and general competencies and career development. In: Medical Education, 42(3), S. 256–265.

Coleman, J. S. (1991): Grundlagen der Sozialtheorie. München: Oldenbourg.

Cunningham, L. L. (1960): Team Teaching. Where do we stand. Administrator's Notebook, vol. VIII. 4/1960.

Damasio, A. R. (1995): Die Symphonie des Denkens. Wie Bewusstsein entsteht. München: Spektrum.

Dass, P.; Parker, B. (1999): Strategies for Managing Human Resource Diversity: From Resistance to Learning, In: Academy of Management executive, 13 (2), S. 68–80.

DAV Deutscher Alpenverein (2013): http://www.alpenverein.de/wettkampf/boulderworld-cup/bouldern-klettern-reportage_aid_11374.html (Zugriff: 22.01.2014).

Deci, E. L.; Ryan, R. M. (1993): Die Selbstbestimmungstheorie der Motivation und ihre Bedeutung für die Pädagogik. In: Zeitschrift für Pädagogik, 39, S. 223–238.

Dehnbostel, P. (2008): Berufliche Weiterbildung – Grundlagen aus arbeitnehmerischer Sicht. Berlin.

Deutsch, C.; Swartz, S. (2002): Rutanang. Standards of Practice for Peer Education on HIV/AIDS in South Africa. Five Volumes. Pretoria: South Africa Department of Health.

Deutsch, C.; Rohr, D. (im Druck): Peer Learning – ein Lehrbuch für Peer-Projekte. Weinheim/Basel: Beltz Juventa.

Deutsche Sporthochschule Köln (2012): Modulhandbuch Bachelor SMK.

Dewey, J. (1938): Logic: The Theory of Inquiry. In: The Later Works (LW 1-17): 1925–1953. Carbondale & Edwardsville: Southern Illinois University Press.

Dick, R. V.; West, M. A. (2005): Teamwork, Teamdiagnose, Teamentwicklung. Göttingen: Hogrefe.

Dilthey, W. (1973): Der Aufbau der geschichtlichen Welt in den Geisteswissenschaften. Göttingen.

Dinsleder, C. (2012): Die Herausbildung von professionellen Selbstverständnissen bei Hochschullehrenden. Fallstudien zur Entwicklung von Lehrdispositionen in der Berufsbiographie. In: Egger, R.; Merkt, M. (Hrsg.): Lernwelt Universität. Entwicklung von Lehrkompetenz in der Hochschullehre. Wiesbaden: Springer, S. 101–123.

Dochy, F.; Segers, M.; Van den Bossche, P.; Gijbels, D. (2003): Effects of problem-based learning: a meta-analysis. In: Learning and Instruction, 13, S. 533–568.

Dubs, R. (2003): Besser (schriftlich) prüfen. In: Neues Handbuch Hochschullehre. H 5.1. Berlin: Raabe Verlag.

ECTS Users' Guide (2009). Luxembourg: European Comission. http://ec.europa.eu/education/tools/docs/ects-guide_en.pdf

Egger, R.; Merkt, M. (Hrsg.) (2012): Lernwelt Universität. Entwicklung von Lehrkompetenz in der Hochschullehre. Wiesbaden: Springer VS.

Entwistle, N.; Entwistle, A.; Trait, H. (1993): Academic understandings and contexts to enhance it: A perspective from research on student learning. In Duffy, T. M.; Lowyck, J.; Jonassen, D. H. (Hrsg.): Designing Environments for constructive learning. New York: Springer, S. 331–337.

Erlei, M.; Leschke, M. ; Suaerland, D. (1999): Neue Institutionenökonomik. Stuttgart: Schäffer-Poeschel.

Erpenbeck, J.; Rosenstiel, L. von (2003): Handbuch Kompetenzmessung. Erkennen, verstehen und bewerten von Kompetenzen in der betrieblichen, pädagogischen und psychologischen Praxis. Stuttgart: Schäffer-Poeschel.

Euler, D. (1992): Didaktik des computergestützten Lernens: praktische Gestaltung und theoretische Grundlagen. Nürnberg: Bildung und Wissen.

Fallner, H.; Gräßlin, H.-M. (1990): Kollegiale Beratung. Eine Systematik zur Reflexion des beruflichen Alltags. Hille: Ursel Busch Fachverlag.

Fengler, J. (1996): Konkurrenz und Kooperation in Gruppe, Team und Partnerschaft. Reihe Leben lernen, 108. München: Pfeiffer Verlag.

Fengler, J. (1996): Themen und Ebenen der Supervision. In: Schlee, J.; Mutzeck, W. (Hrsg.): Kollegiale Supervision. Modelle zur Selbsthilfe für Lehrerinnen und Lehrer. Heidelberg: Winter Universitätsverlag.

Fengler, J. (2009): Feedback geben. Strategien und Übungen. Weinheim/Basel: Beltz.

Fleischer, L.-G. (2011): Komplexität, Inter- und Transdisziplinarität. Grundsätze im Wirken des LIFIS. In Banse, G. & Fleischer, L.-G. (Hrsg.): Wissenschaft im Kontext. Inter- und Transdisziplinarität in Theorie und Praxis. Berlin: trafo Verlagsgruppe.

Fleischmann, A.; Jäger, C.; Strasser, A. (2014). Kompetenzmodell Hochschullehre. Selbstverlegt als Online Broschüre. http://www.prolehre.tum.de/materialien/kompetenzmodell-hochschullehre_de.pdf

Flitner, A.(Hrsg.) (2000): Johann Amos Comenius: Große Didaktik. Düsseldorf/München.

Foucault, M. (1989): Die Sorge um sich. Sexualität und Wahrheit. Frankfurt am Main: Suhrkamp.

Franke, G. (2005): Facetten der Kompetenzentwicklung. Bonn: Bundesinstitut für Berufsbildung.

Frantzius, T. (2000): Lernpsychologie und Hochschuldidaktik – Gedanken zur Lernfähigkeit in der Hochschullehre, NHHL, 2 59 13 05, A. 2.6.

Frommherz, B.; Halfhilde, T. (2003): Teamteaching an Unterstufenklassen der Stadt Zürich. Beobachtungen in sechs Klassen. Arbeitspapier des Pädagogischen Instituts der Universität ZH.

Furco, A. (2004): „Zufriedener, sozialer, sensibler, motivierter": Hoffnungsvolle Ergebnisse in den USA. In: Sliwka, A.; Petry, C.; Kalb, P. E. (Hrsg.): Durch Verantwortung lernen. Service Learning: Etwas für andere tun. 6. Weinheimer Gespräch. Weinheim/Basel: Beltz, S. 12–31.

Gardenswartz, L.; Rowe A. (2010): Diverse Teams At work. Capitalizing on the Power of Diversity. Chigago: Irwin Professional Publishing.

Georg, W. (Hrsg.) (2006): Soziale Ungleichheit im Bildungssystem. Eine empirisch-theoretische Bestandsaufnahme. Konstanz: UVK.

Gerber, H. (2011): Vergleich des lösungsorientierten Ansatzes mit dem klientenzentrierten Ansatz. Bachelorarbeit. Universität zu Köln.

Giddens, A. (1995): Konsequenzen der Moderne. Frankfurt am Main: Suhrkamp.

Gilde, H. (2010): Supervision und Aufstellungsarbeit. State of the Art und Anregungen für die Praxis der systemischen Supervision. Diplomica Verlag.

Gomez, J. (2007): Diagnose und Entwicklung von Teamkompetenzen. Dissertation Nr. 3338. MVR-Druck GmbH, Brühl.

Goodlad, S.; Hirst, B. (1989): Peer Tutoring. A Guide to Learning by Teaching. Kogan Page.

Grawe, K. (2005): (Wie) kann Psychotherapie durch Validierung wirksamer werden? In: Psychotherapeutenjournal 1.

Gray, H. D.; Tindall, J. (1978): Peer counseling: In-depth look at training peer helpers. Accelerated Development. Muncie.

Green, N.; Bochmann, R. (2015): Kooperatives Lernen in der Grundschule. Aktive Kinder lernen mehr. Essen: NDS Verlag.

Groß, K. (2013): Experimente alternativ dokumentieren. Eine qualitative Studie zur Förderung der Diagnose- und Differenzierungskompetenz in der Chemielehrerausbildung, Studien zum Physik- und Chemielernen. Berlin: Logos Verlag.

Grüb, B. (2007): Sozialkapital als Erfolgsfaktor von Public Private Partnership. Berlin: BWV Berliner Wissenschafts-Verlag.

Gruber, H.; Mandl, H.; Renkl, A. (2000): Was lernen wir in Schule und Hochschule: Träges Wissen? In: Mandl, H.; Gerstenmaier, J. (Hrsg.): Die Kluft zwischen Wissen und Handeln. Göttingen u. a., S. 139–156.

Gruber, H.; Renkl, A. (2000): Die Kluft zwischen Wissen und Handeln: Das Problem des trägen Wissens. In: Neuweg, G. (Hrsg.): Wissen – Können – Reflexion: Ausgewählte Verhältnisbestimmungen. Innsbruck, S. 155–174.

Hannemann, D. (2004): Forschungsverbund Virtuelle Fachhochschule. In: Forschung, Entwicklung und Technologietransfer an Fachhochschulen. Dokumentation der 34. Jahrestagung des Bad Wiesseer Kreises 20.–23. Mai 2004. Beiträge zur Hochschulpolitik 4/2004.

Harris, T. H. (2002): Ich bin o. k. Du bist o. k. Wie wir uns selbst besser verstehen und unsere Einstellung zu anderen verändern können – Eine Einführung in die Transaktionsanalyse. Reinbek bei Hamburg: Rowohlt.

Hattie, J. (2014): Lernen sichtbar machen für Lehrpersonen. Baltmannsweiler: Schneider.

Haug-Benien, R.; Griepenburg, C. (1998): Kollegiale Beratung – fallbezogene Kommunikation zwischen MitarbeiterInnen in der Benachteiligtenförderung. hiba Durchblick, Ausgabe 2/1998, heidelberger institut beruf und arbeit, hiba gmbh, S. 27–29.

Hawellek C.; von Schlippe, A. (Hrsg.) (2011): Entwicklung unterstützen – Unterstützung entwickeln. Systemisches Coaching nach dem Marte-Meo-Modell. Vandenhoeck & Ruprecht: Göttingen.

Heckhausen, J.; Heckhausen, H. (2006): Motivation und Handeln. Berlin Heidelberg: Springer.

Heiner, M. (2012): Referenzpunkte für die Modellierung der Kompetenzentwicklung in der Lehre – Impulse für die hochschuldidaktische Weiterbildung. In: Egger, R.; Merkt, M. (Hrsg.): Lernwelt Universität. Entwicklung von Lehrkompetenz in der Hochschullehre. Wiesbaden: Springer, S. 167–192.

Hellmer, J. (2009): Forschendes Lernen an Hamburger Hochschulen – Ein Überblick über Potentiale, Schwierigkeiten und Gelingensbedingungen. In: Huber, L.; Hellmer, J.; Schneider, F. (Hrsg.): Forschendes Lernen im Studium. Aktuelle Konzepte und Erfahrungen. Bielefeld, S. 200–223.

Hermann, U. (Hrsg.) (2009): Neurodidaktik. Grundlagen und Vorschläge für ein gehirngerechtes Lehren und Lernen. Weinheim/Basel: Beltz.

Herwig-Lempp, J. (2004): Ressourcenorientierte Teamarbeit. Systemische Praxis der kollegialen Beratung. Göttingen.

Hille, N.; Unteutsch, B. (Hrsg.) (2013): Gender in der Lehre. Best-Practice-Beispiele für die Hochschule. Opladen: Budrich UniPress.

HIS (2009): Forum Hochschule. Hannover.

Ho, A. S. P. (2000): A conceptual change approach to staff development: A model for programme design. International Journal for Academic Development, 5 (1), S. 30–41.

Honneth, A. (1992): Kampf um Anerkennung. Zur moralischen Grammatik sozialer Konflikte. Frankfurt am Main: Suhrkamp.

Honneth, A. (2005): Verdinglichung. Frankfurt am Main: Suhrkamp.

Honneth, A. (2010): Das Ich im Wir. Frankfurt am Main: Suhrkamp.

HRK (2015). Lernergebnisse praktisch formulieren. In: HRK (Hrsg.): Nexus Impulse für die Praxis. Ausgabe 2. http://www.hrk-nexus.de/fileadmin/redaktion/hrk-nexus/07-Downloads/07-02-Publikationen/Lernergebnisse_praktisch_formulieren_01.pdf

Huber, L. (1995): Hochschuldidaktik als Theorie der Bildung und Ausbildung. In: Dieter Lenzen (Hrsg.): Enzyklopädie Erziehungswissenschaft. Ausbildung und Sozialisation in der Hochschule. Band 10. Stuttgart/Dresden: Klett, S. 114–138.

Huber, L. (2009): Warum Forschendes Lernen nötig und möglich ist. In: L. Huber; J. Hellmer; F. Schneider (Hrsg.): Forschendes Lernen im Studium. Aktuelle Konzepte und Erfahrungen. Bielefeld: Universitätsverlag Webler.

Huber, Ludwig (2009): Lernkultur – Wieso „Kultur"? Eine Glosse. In Schneider, R.; Szczyrba, B.; Welbers, U.; Wildt, J. (Hrsg.): Wandel der Lehr- und Lernkulturen. Bielefeld: Bertelsmann, S. 114–138.

Hummelsheim, A.; Rohr, D. (2013): Zur Implementierung von Reflexions- und Supervisionselementen in die Begleitung des Kölner Orientierungspraktikums. In: Rohr, D.; Hummelsheim, A.; Kricke, M.; Amrhein, B. (Hrsg.): Reflexionsmethoden in der Praktikumsbegleitung. Münster: Waxmann, S. 11–16.

Hüther, G. (2001): Bedienungsanleitung für das menschliche Gehirn. Göttingen: Vandenhoeck & Ruprecht.

Jaeger, M.; In der Smitten, S.; Grützmacher, J. (2009): Gutes tun und gutes Lernen: Bürgerschaftliches Engagement und Service-Learning an Hochschulen. Gutachten im Auftrag des Ministeriums für Bildung, Wissenschaft und Kultur des Landes Mecklenburg-Vorpommern (HIS: Forum Hochschule 4/2010). Hannover: HIS.

Jensen G. D.; Maben, M. (1973): Sex education and mental health work with a female teen-age gang. Hosp. Community Psychiatry. 1973; 24 (3), S. 151–155.

Jung, R. H.; Schäfer, H. M. (2003): Vielfalt gestalten – Managing Diversity. Frankfurt am Main/London: Sage.

Junghans, B. (2011): Inter- und Transdisziplinarität – objektive Erkenntnisse des technologischen und wissenschaftlichen Fortschritts. In: Banse, G.; Fleischer, L.-G. (Hrsg.): Wissenschaft im Kontext. Inter- und Transdisziplinarität in Theorie und Praxis. Berlin: trafo Verlagsgruppe.

Kane, R.; Sandretto, S.; Heath, C. (2002): Telling Half the Story: A Critical Review of Research on the Teaching Beliefs and Practices of University Academics. In: Review of educational Research, 72 (2), S. 177–228.

Karnath, H. O./Thier, P. (Hrsg.) (2012): Kognitive Neurowissenschaften. Berlin/Heidelberg: Springer.

Kästner, M. (2003): Peer-Education – ein sozialpädagogischer Arbeitsansatz. In: Nörber, M. (Hrsg.): Peer Education. Bildung und Erziehung von Gleichaltrigen durch Gleichaltrige. Weinheim/Basel: Beltz, S. 50–64.

Kempen, D.; Rohr, D. (2009): Peer Learning & Counceling im Fokus – Das Programm des Zentrums für Hochschuldidaktik der Universität zu Köln im Überblick. In: Personal- und Organisationsentwicklung in Einrichtungen der Lehre und Forschung (P-OE) 4 (3+4), S. 103 f.

Kempen, D.; Rohr, D. (2011): Team Teaching in Higher Education. In: Neues Handbuch Hochschullehre. L 3.6. Berlin: Raabe Verlag.

Kempen, D.; Rohr, D. (2009): From Peer to Peer – Kollegiale Hospitationen in der Hochschullehre. In: Berendt, B.; Voss, H.-P.; Wildt, J. (Hrsg.): Neues Handbuch Hochschullehre. Berlin/Stuttgart: Raabe Verlag.

Kempfert, G.; Ludwig, M. (2008): Kollegiale Unterrichtsbesuche. Besser und leichter unterrichten durch Kollegen-Feedback. Weinheim/Basel: Beltz.

Kern-Scheffeldt, W. (2005): Peer-Education und Suchtprävention. In: Suchtmagazin 31 (5), S. 3–10.

Keupp, H. (2000): Eine Gesellschaft der Ichlinge? Zum bürgerschaftlichen Engagement von Heranwachsenden. München: Sozialpädagogisches Institut im S. O. S. Kinderdorf e. V.

Kierkegaard, S. (1994): Entweder – oder. München: Deutscher Taschenbuch Verlag.

Klieme, E.; Avenarius, H.; Blum, W.; Döbrich, P.; Gruber, H.; Prenzel, M.; Reiss, K.; Riquarts, K.; Rost, J.; Tenorth, H.; Vollmer, H. (2007): Zur Entwicklung nationaler Bildungsstandards. Bonn: BMBF.

Klieme, E.; Hartig, J. (2007): Kompetenzkonzepte in den Sozialwissenschaften und im erziehungswissenschaftlichen Diskurs. Zeitschrift für Erziehungswissenschaft. Sonderheft 8, S. 11–29.

Klinkhammer, M. (2004): Supervision und Coaching für Wissenschaftlerinnen. Theoretische, empirische und handlungsspezifische Aspekte. Wiesbaden (Diss.).

Klippert, H. (2002): Planspiele – Spielvorlagen zum sozialen, politischen und methodischen Lernen in Gruppen. Weinheim/Basel: Beltz.

Klippert, H. (2008): Planspiele. 10 Spielvorlagen zum sozialen, politischen und methodischen Lernen in Gruppen. Weinheim/Basel: Beltz.

KMK (2003): Ländergemeinsame Strukturvorgaben gemäß § 9 Abs. 2 HRG für die Akkreditierung von Bachelor- und Masterstudiengängen. Beschluss der Kultusministerkonferenz vom 10. 10. 2003 i. d. F. vom 22. 09. 2005. Wiederabgedruckt in HRK (2004) (Hrsg.), Bologna-Reader. Texte und Hilfestellungen zur Umsetzung der Ziele des Bologna-Prozesses an deutschen Hochschulen. Bonn: HRK, S. 21–30.

KMK (2005): Qualitätssicherung in der Lehre. Beschluss der Kultusministerkonferenz vom 22. 09. 2005. http://www.kmk.org/leadmin/veroeffentlichungen_beschluesse/2005/2005_09_22-Qualitaetssicherung-Lehre.pdf.

Knauf, H. (2005): Tutorenhandbuch. Einführung in die Tutorenarbeit. Bielefeld: Universitätsverlag Webler.

Knigge-Illner, H. (1999): Keine Angst vor Prüfungsangst. Strategien für die optimale Prüfungsvorbereitung im Studium. Frankfurt am Main: Eichborn.

Koller, G. (1999): MEET THE NEED – Curriculum zur suchtpräventiven peer group education in der außerschulischen Jugendarbeit. Hrsg. v. Landschaftsverband Westfalen-Lippe.

Kommission der Europäischen Gemeinschaften (2004): EU-Grünbuch zu Öffentlich-Privaten Partnerschaften und den gemeinschaftlichen Rechtsvorschriften für öffentliche Aufträge und Konzessionen.

Kopp, R.; Vonesch, L. (2003): Die Methodik der Kollegialen Fallberatung. In: Franz, H.-W.; Kopp, R. (Hrsg.). Kollegiale Fallberatung – State of the Art und organisationale Praxis. Bergisch Gladbach: EHP.

Köppler, P.; Rohr, D. (2013): Achtsamkeitstraining als Reflexionsmethode. In: Rohr, D.; Hummelsheim, A.; Kricke, M.; Amrhein, B. (Hrsg.): Reflexionsmethoden in der Praktikumsbegleitung. Münster: Waxmann, S. 83–90.

Korsmeier, S. (2009): Kollegiale Fallberatung. In: Schwemmle, M. (Hrsg.): Systemisch beraten und steuern live – Modelle und Best Practices in Organisationen. Göttingen: Vanderhoeck & Ruprecht.

Krathwohl, D. R. (2002): A Revision of Bloom's Taxonomy: An Overview, Theory into Practice, Vol. 44, S. 212–218.

Kricke, M.; Wulfert, K. (2013): Arbeiten im Lernteam. Vom Einzelkämpfer zum Teamplayer! Reader zum Workshop SoSe 2012. Anhang 1. In: Rohr, D.; Hummelsheim, A.; Kricke, M.; Amrhein, B. (Hrsg.): Reflexionsmethoden in der Praktikumsbegleitung. Münster: Waxmann.

Kricke, M.; Reich, K. (2013): Portfolios als Dialog- und Reflexionsinstrument – Mehrperspektivität fördern durch Lernteamarbeit. In: Rohr, D.; Hummelsheim, A.; Kricke, M.; Amrhein, B. (Hrsg.): Reflexionsmethoden in der Praktikumsbegleitung. Münster: Waxmann.

Kricke, M.; Rohr, D.; Schindler, I. (2012): Das „Reflecting Team" als Schlüssel im Professionalisierungsprozess: Die offene Tür. In: Bosse, D.; Moegling, K.; Reitinger, J. (Hrsg.): Reform der Lehrerbildung in Deutschland, Österreich und der Schweiz. Teil 2: Praxismodellund Diskussion. Kassel, S. 17–34.

Kricke, M.; Wulfert, K. (2013): Arbeiten im Lernteam. Vom Einzelkämpfer zum Teamplayer! Reader zum Workshop SoSe 2012. Anhang 1. In: Rohr, D.; Hummelsheim, A.; Kricke, M.; Amrhein, B.: Reflexionsmethoden in der Praktikumsbegleitung. Münster: Waxmann. Unter: http://www.waxmann.com/?eID=texte&pdf=2779Anhang.pdf&typ=zusatztext.

Kröpke, H. (2015): Tutoren erfolgreich im Einsatz. Ein praxisorientierter Leitfaden für Tutoren und Tutorentrainer. Opladen: Budrich Verlag.

Krüger, H.-H.; Marotzki, W. (Hrsg.) (2006): Handbuch erziehungswissenschaftliche Biographieforschung. Wiesbaden: VS Verlag für Sozialwissenschaften, S. 92–108.

Krumboltz, J.; Levin, A. (2010): Luck is no accident. Atascadero, CA: Impact Publishers.

Lange-Vester, A.; Teiwes-Kügler, C. (2006): Die symbolische Gewalt der legitimen Kultur. Zur Reprodukion ungleicher Bildungschancen in Studierendenmileus. In: Georg, W. (Hrsg.): Soziale Ungleichheit im Bildungssystem. Eine empirisch-theoretische Bestandsaufnahme, Konstanz: UVK Verlagsgesellschaft, S. 55–93.

Lauth, G. W. (2004): Selbstinstruktionstraining. In: Lauth, G. W.; Grünke, M.; Brunstein, J. C. (Hrsg.): Interventionen bei Lernstörungen. Göttingen: Hogrefe, S. 360–370.

Lazarsfeld, P.; Menzel, H. (1973): Mass Media and Personal Influence. In: Schramm, W. L. (Hrsg.): The Science of Human Communication. S. 94–115.

Leistungsnachweise an der Hochschule Zürich. Arbeitsstelle für Hochschuldidaktik. http://www.afh.uzh.ch/instrumente/dossiers/Leistungsnachweise_Juli_07.pdf (Zugriff 16.11.2011).

Lippmann, E. (2005): Intervision – Kollegiales Coaching professionell gestalten. Heidelberg: Springer.

Macke, G.; Hanke, U.; Viehmann, P. (2008): Hochschuldidaktik. Lehren, vortragen, prüfen, Weinheim/Basel: Beltz.

Marks, F. (2002): Motivierung von Studierenden im seminaristischen Unterricht. In: Berendt, B., Voss, H., Wildt, J. (Hrsg.): Neues Handbuch Hochschullehre 1. E 3.1. Stuttgart/Berlin: Raabe Verlag.

Marks, F.; Thömen, D. (2001): Die Moderation des Problemorientierten Lernens (POL). In: Neues Handbuch Hochschullehre. C 1.1. Berlin: Raabe Verlag.

Mechsner, F. (2003): Dein Wille geschehe? Wie frei ist unser Wille? GEO H. 1 (Januar), S. 65–84.

Meffert, H.; Burmann, C.; Kirchgeorg, M. (2012): Marketing: Grundlagen marktorientierter Unternehmensführung. Meffert-Marketing-Edition. Wiesbaden: Gabler Verlag.

mehrwert – Agentur für Soziales Lernen gGmbH (2009): Do it! Learn it! Spread it! Praxisleitfaden Service Learning an Hochschulen.

Meiners, K.; Hawellek, C. (2013): Von den eigenen Stärken lernen: Marte Meo in der Praktikumsbegleitung. In: Rohr, D., et al. Reflexionsmethoden in der Prakikumsbegleitung – am Beispiel der Lehramtsausbildung an der Universität zu Köln. Münster: Waxmann, S. 91–98.

Mellany, A. R.; Rees, J. B.; Tripp, J. H. (2000): Peer-led and adult-led school health education. A critical review of available comparative research. In: Health Education Research, 15 (5), S. 533–545.

Merton, R. C. (1973). Theory of Rational Option Pricing. The Bell Journal of Economics and Managment Science 4 (1), S. 141–183.

Metzger, C. (2004): Lern- und Arbeitsstrategien. Ein Fachbuch für Studierende an Universitäten und Fachhochschulen. Oberentfelden/Aarau: Cornelsen.

Meyer, E. (1971): Team Teaching. Versuch und Kontrolle. Heidelberg: Quellee & Meyer.

Mietzel, G. (2007): Pädagogische Psychologie des Lernens und Lehrens. Göttingen: Hogrefe.

Miles-Paul, O. (1992): Wir sind nicht mehr aufzuhalten: Behinderte auf dem Weg zur Selbstbestimmung. München: AG-SPAK-Publikationen.

Mücke, K. (2003): Probleme sind Lösungen. Systemische Beratung und Psychotherapie – ein pragmatischer Ansatz. Berlin: ÖkoSysteme Verlag.

Mücke, K. (2009): Probleme sind Lösungen. Systemische Beratung und Psychotherapie – ein pragmatischer Ansatz. Berlin: ÖkoSysteme Verlag.

Mürmann, M. (2005): Ohne ‚P. A. D.‘ keinen Shift …! Academic Development als Voraussetzung für eine veränderte Hochschullehre. In: Welbers, U.; Gaus, O. (Hrsg.) (2005): The Shift from Teaching to Learning. Bertelsmann Verlag, S. 246–251.

Mutter, F.; Rohr, D. (2015): Public-Private-Partnership, Service-Learning, Forschendes Lernen oder Planspiel? Erfahrungs- und projektorientierte Lehre am Beispiel eines Sport-Marketing-Seminars. In: Neues Handbuch Hochschullehre. C 1.9. Berlin: Raabe Verlag.

Mutzek, W. (2005): Kooperative Beratung: Grundlagen, Methoden, Training, Effektivität. Weinheim und Basel: Beltz.

Nawratil, U. (1997): Glaubwürdigkeit in der sozialen Kommunikation. Opladen: Westdeutscher Verlag.

Nestmann, F. (2011): Anforderungen an eine nachhaltige Beratung in Bildung und Beruf. Ein Plädoyer für die Wiedervereinigung von Counselling und Guidance. In Haubl, R.; Möller, H.; Schiersmann, C. (Hrsg.): Positionen – Beiträge zur Beratung in der Arbeitswelt 4.

Nguyen, A.; Rohr, D. (2011): Schlüsselkompetenzen per Webinar. Wie aus überbuchten Kursen eine zukunftsweisende Idee wird. In: Hamburger eLearning-Magazin #7–12/11, S. 61 f.

Nittel, D. (1996): Berufsbiographie und Weiterbildungsverhalten. Einige Befunde und ein methodologischer Zwischenruf. In: REPORT, 37, S. 11–12.

Nörber, M. (2003): Peer Education. Bildung und Erziehung von Gleichaltrigen durch Gleichaltrige. Weinheim/Basel: Beltz.

Oevermann, U. (2005): Wissenschaft als Beruf. Die Professionalisierung wissenschaftlichen Handelns und die und die gegenwärtige Universitätsentwicklung. In: Die Hochschule, 1, S. 15–51.

Paetz, N. V.; Ceylan, F.; Fiehn, J.; Schworm, S.; Harteis, C. (2011): Kompetenz in der Hochschuldidaktik. Ergebnisse einer Delphi-Studie über die Zukunft der Hochschullehre. Wiesbaden: Springer VS.

Pallasch, W.; Mutzeck, W.; Reimers, H. (2002): Beratung – Training – Supervision. Eine Bestandsaufnahme über Konzepte zum Erwerb von Handlungskompetenz in pädagogischen Arbeitsfeldern. Weinheim/München: Juventa.

Pekrun, R.; Jerusalem, M. (Hrsg.) (1999): Emotion, Motivation, Leistung. Göttingen: Hogrefe.

Peterßen, W. H. (2001): Wissenschaftliche(s) Arbeiten: Eine Einführung für Schule und Studium. München: Oldenbourg Schulbuchverlag.

Pintrich, P.; Schunk, D. (1996): Motivation in Education: Theory, Research & Applications, Ch. 3. Englewood Cliffs, NJ: Prentice-Hall.

Plöger, W. (2006): Was ist Kompetenz? – Eine theoretische Skizze. In: Plöger, W. (Hrsg.): Was müssen Lehrerinnen und Lehrer können? Beiträge zur Kompetenzorientierung in der Lehrerbildung. Paderborn: Schöningh, S. 17–58.

Preckel, D. (2004): Problembasiertes Lernen: Löst es die Probleme der traditionellen Instruktion? In: Unterrichtswissenschaft 32 (3), S. 274–287.

Prentzel, M. (1997): Sechs Möglichkeiten Lernende zu demotivieren. In: Gruber, H.; Renkel, A. (Hrsg.): Wege zum Können. Determinanten des Kompetenzerwerbs. Bern: Huber.

Programm des Zentrums für Hochschuldidaktik der Universität zu Köln im Überblick (2009). In: Personal- und Organisationsentwicklung in Einrichtungen der Lehre und Forschung (P-OE) 4 (3+4), S. 103 f.

Pühl, H. (Hrsg.) (2000): Handbuch der Supervision. Berlin: Wissenschaftsverlag V. Spiess.

Quitmann, H. (1991): Humanistische Psychologie. Göttingen: Hogrefe.

Rank, O. (1929): Technik der Psychoanalyse. Leipzig: Franz Deuticke.

Reich, K. (2005): Demokratie und Erziehung nach John Dewey aus praktisch-philosophischer und pädagogischer Sicht. In: Burckhart, H.; Sikora, J. (Hrsg.): Praktische Philosophie – Philosophische Praxis. Darmstadt: Wissenschaftliche Buchgesellschaft.

Reich, K. (2006): Konstruktivistische Didaktik. Weinheim/Basel: Beltz.

Reich, K. (2009): Lehrerbildung konstruktivistisch gestalten. Weinheim/Basel: Beltz.

Reich, K. (2012): Konstruktivistische Didaktik. Das Lehr- und Studienbuch mit Online-Methodenpool. Weinheim/Basel: Beltz.

Reich, K. (Hrsg.): Teamteaching. In: Methodenpool. http://methodenpool.uni-koeln.de

Reichmann, G. (2008): Welche Kompetenzen sollten gute Universitätslehrer aus der Sicht von Studierenden aufweisen? Ergebnisse einer Conjointanalyse. Das Hochschulwesen 56 (2), S. 52–57.

Reusser, K. (2005): Problemorientiertes Lernen – Tiefenstruktur, Gestaltungsformen, Wirkung. In: Beiträge zur Lehrerbildung, 23 (2), S. 159–182.

Rheinberg, F. (2001): Bezugsnormen und schulische Leistungsmessung. In: Weinert, F. E. (Hrsg.): Leistungsmessungen in Schulen. Weinheim/Basel: Beltz, S. 59–71.

Rheinberg, F.; Vollmeyer, R. (2008): Motivationsförderung. In: Schneider, W.; Hasselhorn, M. (Hrsg.): Handbuch Pädagogische Psychologie. Göttingen: Hogrefe, S. 391–403.

Rimmasch, T. (2003): Kollegiale Fallberatung – was ist das eigentlich? Grundlagen, Herkunft, Einsatzmöglichkeiten des Verfahrens. In: Franz, H. W.; Kopp, R. (Hrsg.): Kollegiale Fallberatung – State of the Art und organisationale Praxis. Bergisch Gladbach: EHP.

Rogers, C. R. (1974): Lernen in Freiheit. München: Kösel.

Rogers, C. R. (1972): Die nicht-direktive Beratung. Reinbek bei Hamburg: Rowohlt.

Rogers, C. R. (1977): Therapeut und Klient. München: Kindler.

Rogers, C. R. (2000): Die klientenzentrierte Gesprächspsychotherapie. Frankfurt am Main: Fischer.

Rogers, C. R. (2000): Entwicklung der Persönlichkeit. Stuttgart: Klett-Cotta.

Rogers, C. R.; Rosenberg, R. (1980): Die Person als Mittelpunkt der Wirklichkeit. Stuttgart: Klett-Cotta.

Rogers, Everett M. (2010): Diffusion of innovations (4th ed.). New York: Free Press of Glencoe.

Rohr, D. (2004): Das Systemisch-Humanistische Konzept AID: Analysen Innerer Dialoge. Ein interdisziplinärer Beitrag zur Erforschung intra- und interpersonaler Kommunikation in schwierigen Situationen. Dissertation. Köln.

Rohr, D. (2004): Eine „wirkliche" Reform: Studienreform im Lehramt Sonderpädagogik an der Universität zu Köln. In: Vierteljahresschrift für Heilpädagogik und ihre Nachbargebiete 4. München: Reinhardt Verlag, S. 412 f.

Rohr, D. (2012): Erste Erfahrungen der Implementierung: 40 Begleitveranstaltungen des Orientierungspraktikums. In: Rohr, D.; Roth, H.-J. (Hrsg.): Bildungswissenschaften. Münster: Waxmann, S. 128–132.

Rohr, D. (2013): Beratung durch Peers: Theorie, Praxis und Evaluation der Studienberatung durch Studentische Hilfskräfte. In: Zeitschrift für Beratung und Studium, 4.

Rohr, D., den Ouden, H., Zepp, J. (2013): Planspiel in der Hochschullehre. In: Neues Handbuch Hochschullehre. C 2.25. Berlin: Raabe Verlag.

Rohr, D.; Hummelsheim, A.; Höcker, M. (Hrsg.) (2016): Beratung lehren – in Studium und Weiterbildung. Weinheim/Basel: Beltz Juventa.

Rohr, D.; Hummelsheim, A.; Kricke, M.; Amrhein, B. (Hrsg.) (2015): Reflexionsmethoden in der Praktikumsbegleitung. Münster: Waxmann.

Rohr, D.; Kempen, D.; Den Ouden, H. (2009): Studiengangsentwicklung in hochschuldidaktischer Perspektive – dghd-Jahrestagung, Rückblick. In: Hochschuldidaktik aktuell, 6, S. 8 f.

Rohr, D.; Kricke, M., den Ouden, H., Bachtsevanidis, V. (2014): Theorie-Praxis-Verzahnung bei der Professionalisierung angehender Lehrkräfte: Portfolioarbeit, Lernteams, Reflecting Team & Supervision im Modellkolleg. In: Neues Handbuch Hochschullehre. Berlin: Raabe Verlag, S. 135–164.

Rohr, D.; Kricke, M.; den Ouden, H.; Bachtsevanidis, V. (2014): Modelling, Teamteaching, Planspiel & Tutorien – Verzahnung hochschuldidaktischer Aspekte. In: Neues Handbuch Hochschullehre. L 3.10. Berlin: Raabe Verlag.

Rohr, D.; Roth, H.-J. (2012): Das Modellkolleg. In: Rohr, D.; Roth, H.-J. (Hrsg.): Bildungswissenschaften. Münster: Waxmann, S. 9–19.

Rohr, D.; Roth, H.-J. (Hrsg.) (2012): Bildungswissenschaften: Das Kölner Modell von der Erprobung zur Implementierung. Münster: Waxmann.

Rohr, D.; Strauß, S.; Aschmann, S.; Ritter, D. (im Druck) (2016): Der Peer-Ansatz in der Arbeit mit Jugendlichen und jungen Erwachsenen: Projektbeschreibungen und -evaluationen. Weinheim/Basel: Beltz Juventa.

Rohr, D.; Wegener, A. (2012): Lehrcoaching: Ein systemisches Konzept zur individuellen Beratung. In: Neues Handbuch Hochschullehre. L 3.8. Berlin: Raabe Verlag.

Rohr, D.; Winter, M., Kullack, S., Schulz, T., Lütters, T., Geldermann, N. (2015): Forschendes Lernen im interdisziplinären Teamteaching – Eigenverantwortliches, kooperatives und problembasiertes Lernen am Beispiel der Entwicklung einer Software für Genogrammarbeiten. In: Neues Handbuch Hochschullehre. C 2.32. Berlin: Raabe Verlag.

Rotering-Steinberg, S. (1990): Ein Modell kollegialer Supervision. In: Pühl, H. (Hrsg.): Handbuch der Supervision. Berlin: Wissenschaftsverlag V. Spiess.

Roth, G. (2012): Möglichkeiten und Grenzen von Wissensvermittlung und Wissenserwerb. Erklärungsansätze aus Lernpsychologie und Hirnforschung. In: Caspary, R. (Hrsg.): Lernen und Gehirn. Hamburg: Herder Verlag, S. 54–69.

Rothemund, A., et al. (Hrsg.) (1997): Ein Handbuch zur Anwendung von Peergruppenerziehung als Mittel, Rassismus, Fremdenfeindlichkeit und Intoleranz zu bekämpfen. Strassbourg.

Sander, K. (2007): Personenzentrierte Beratung. In: Nestmann, F.; Engel, F.; Sickendiek, U. (Hrsg.): Das Handbuch der Beratung (Bd. 1). Tübingen: dgvt-Verlag, S. 331–344.

Sartre, J.-P. (1989): Das Sein und das Nichts. Reinbek bei Hamburg: Rowohlt.

Savin-Baden, M. (2000): Problem-based Learning in Higher Education: Untold Stories. Buckingham, Philadelphia, PA: Society for Research into Higher Education & Open University Press.

Schaper, N.; Reis, O.; Wildt, J. (2012) unter Mitarbeit von Horvath, E.; Bender, E.: Fachgutachten zur Kompetenzorientierung in Studium und Lehre. Ausgearbeitet für die HRK, Projekt nexus, Konzepte und gute Praxis für Studium und Lehre: http://www.hrk-nexus. de/fileadmin/redaktion/hrk-nexus/07-Downloads/07-02-Publikationen/fachgutachten_kompetenzorientierung.pdf

Schiefele, U. (2008): Lernmotivation und Interesse. In: Schneider, W.; Hasselhorn, M. (Hrsg.): Handbuch der Psychologie, Bd. 10: Pädagogische Psychologie. Göttingen: Hogrefe, S. 38–49.

Schindler, I.; Kricke, M.; Rohr, D. (2013): Nach der Praxis Mehr-Sehen: Die Methode des Reflecting Teams. In: Rohr, D.;Hummelsheim, A.; Kricke, M.; Amrhein, B. (Hrsg.): Reflexionsmethoden in der Praktikumsbegleitung. Münster: Waxmann, S. 99–109.

Schirp, H. (2012): Neurowissenschaften und Lernen. Was können neurobiologische Forschungsergebnisse zur Weiterentwicklung von Lehr- und Lernprozessen beitragen? In: Caspary, R. (Hrsg.): Lernen und Gehirn. Hamburg: Herder Verlag, S. 99–127.

Schlee, J. (2004): Kollegiale Beratung und Supervision für pädagogische Berufe. Hilfe zur Selbsthilfe. Ein Arbeitsbuch. Stuttgart: Kolhammer.

Schlee, J.; Mutzeck, W. (Hrsg.) (1996): Kollegiale Supervision. Modelle zur Selbsthilfe für Lehrerinnen und Lehrer. Heidelberg: Winter Universitätsverlag.

Schmid, B.; Veith, T.; Weidner, I. (2013): Einführung in die Kollegiale Beratung. Heidelberg: Carl-Auer Verlag.

Schmidt, B. (2002): Peer-Intervention – Peer-Involvement – Peer-Support: Möglichkeiten und Grenzen peergestützter Ansätze für die Prävention riskanter Drogenkonsumformen in der Partyszene. In: Bundeszentrale für gesundheitliche Aufklärung (Hrsg.): Drogenkonsum in der Partyszene: Entwicklungen und aktueller Kenntnisstand. Köln.

Schmidt, H.G.; Cohen-Schotanus, J.; Arends, L.R. (2009): Impact of problem-based, active learning on graduation rates for 10 generations of Dutch medical students. In: Medical Education 43 (3), S. 211–218.

Schmidt, H.G.; Vermeulen, L.; van der Molen, H.T. (2006): Longterm effects of problem-based learning: A comparison of competencies acquired by graduates of a problem-based and a conventional medical school. In: Medical Education 40 (6), S. 562–567.

Schmidt, H.G.; van der Molen, H.T.; te Winkel, W.W.R.; Wijnen, W.H.F.W. (2009): Constructivist, problem-based learning does work: A meta-analysis of curricular comparisons involving a single medical school. In: Educational Psychologist 44 (4), S. 227–249.

Schneider, R.; Szczyrba, B.; Welbers, U.; Wildt, J. (Hrsg.) (2009): Wandel der Lehr- und Lernkulturen. Bielefeld: Bertelsmann.

Schneider, R.; Wildt, J. (2009): Forschendes Lernen und Kompetenzentwicklung. In: Huber, L.; Hellmer, J.; Schneider, F. (Hrsg.): Forschendes Lernen im Studium. Aktuelle Konzepte und Erfahrungen. Bielefeld, S. 58.

Scholkmann, A.; Küng, M. (2016): Studentischer Kompetenzerwerb durch Problembasiertes Lernen. Reflexion von Evaluationsergebnissen im Spiegel existierender Vergleichsdaten. Zeitschrift für Evaluation.

Schüßler, I. (2008): Reflexives Lernen in der Erwachsenenbildung – zwischen Irritation und Kohärenz. In: Bildungsforschung 5 (2).

Schweitzer, J.; Von Schlippe, A. (2007): Lehrbuch der systemischen Therapie und Beratung. Göttingen: Vandenhoeck & Ruprecht.

Sepehri, P. (2002): Diversity und Managing Diversity in internationalen Organisationen, München/Mering: Hampp.

Shaplin, J.T.; Olds, H.F. (1964): Team Teaching. Exploration Series in Education. New York, Evanston, London: Harper & Row Publishers.

Simon, F.B. (1997): Meine Psychose, mein Fahrrad und ich. Heidelberg: Carl-Auer-Systeme.

Simon, F.; Stierlin, H. (1992): Die Sprache der Familientherapie. Ein Vokabular. Überblick, Kritik und Integration systemtherapeutischer Begriffe, Konzepte und Methoden. Stuttgart: Klett-Cotta.

Sliwka, A.; Frank, S. (2004): Service Learning. Verantwortung lernen in Schule und Gemeinde. Weinheim/Basel: Beltz.

Spelsberg, K. (2013): Diversität als Leitmotiv. Handlungsempfehlungen für eine diversitäts- und kompetenzorientierte Didaktik. Eine explorative Studie im Kontext einer Kunst- und Musikhochschule. Münster: Waxmann.

Spitzer, M. (1996): Geist im Netz. Heidelberg: Spektrum.

Spitzer, M. (2000): Geist im Netz. Modell für Lernen, Denken und Handeln. Heidelberg: Spektrum.

Spitzer, M. (2002): Lernen: Gehirnforschung und die Schule des Lebens. Heidelberg/Berlin: Springer.

Sporer, T.; Eichert, A.; Brombach, J.; Apffelstaedt, M.; Gnädig, R.; Starnecker, A. (2011): Service Learning an Hochschulen: das Augsburger Modell. In: Köhler, T.; Neumann, J. (Hrsg.): Wissensgemeinschaften: Digitale Medien – Öffnung und Offenheit in Forschung und Lehre. Münster: Waxmann, S. 70–80.

Stahr, I. (2009): Academic Staff Development: Entwicklung von Lehrkompetenz. In Schneider, R.; Szczyrba, B.; Welbers, U.; Wildt, J. (Hrsg.): Wandel der Lehr- und Lernkulturen. Bielefeld: Bertelsmann, S. 70–87.

Stary, J. (2002): Doch nicht durch Worte allein ... Die mündliche Prüfung. In: Neues Handbuch Hochschullehre. H 2.1. Berlin: Raabe Verlag.

Stock, M.; Werner, A. (2005): Hochschulforschung und Theorie der Professionen. In: Die Hochschulforschung, 1, S. 7–14.

Straumann, U.E. (2007): Klientenzentrierte Beratung. In: Nestmann, F.; Engel, F.; Sickendiek, U. (Hrsg.): Das Handbuch der Beratung (Bd. 2). Tübingen: dgvt-Verlag, S. 641–654.

Svenson, G.R. et al. (1998): Europäischer Leitfaden zu Aids-Peer Education für Jugendliche. http:/www.europeer.lu.se/files/german72.pdf (Zugriff 12.08.2005).

Tausch, R. (1968) Gesprächspsychotherapie. Göttingen: Hogrefe.

Theunissen, G. (1997): Familie – Behinderung – Ablösung. In: Heilpädagogik, 2, S. 1–9.

Thomas, D.A.; Ely, J.E. (1996): Making Differences Matter: A New Paradigma for Managing Diversity, In: Harvard Business Review, S. 79–90.

Thomas, R. R. (1996): A Diversity Framework. In: Chemers, M. C.; Oskamp, S.; Constanz, M. A. (Hrsg.): Diversity in Organisations. New Perspektives for a Workplace. Thousand Oaks: Sage, S. 245–263.

Thumser, K.; Kröber, E.; Heger, M. (2006): Praxisbegleitende Beratung im Rahmen hochschuldidaktischer Weiterbildung. In: Wildt, J.; Szcyrba, B.; Wildt, B. (Hrsg.): Consulting, Coaching, Supervision. Bielefeld: Bertelsmann, S. 68–80.

Trautwein, C.; Merkt, M. (2013): Akademische Lehrkompetenz und Entwicklungsprozesse Lehrender. Beiträge zur Hochschulforschung 35 (3), S. 50–77.

Tremp, P. (2009): Hochschuldidaktische Forschungen – Orientierende Referenzpunkte für didaktische Professionalität und Studienreform. In: Schneider, R.; Szczyrba, B.; Welbers, U.; Wildt, J. (Hrsg.): Wandel der Lehr- und Lernkulturen. Bielefeld: Bertelsmann, S. 206–219.

Tsoory-Shamay, G. S.; Ahron-Peretz, A.; Perry, D. (2009): Two systems for empathy. A double dissociation between emotional and cognitive empathy in inferior frontal gyrus versus ventromedial prefrontal lesions. In: Brain 132, S. 617–627.

Universität Zürich, Bereich Lehre – Arbeitsstelle für Hochschuldidaktik (Hrsg.) (2007): Kollegiale Hospitation. Zürich: Dossier Unididaktik.

Vagt, R. (1983): Planspiel – Konfliktsimulation und soziales Lernen. Rheinstetten: Schindele.

Vester, F. (1998): Denken, Lernen, Vergessen. Was geht in unserem Kopf vor, wie lernt das Gehirn, und wann lässt es uns im Stich? München: dtv.

von Frantzius, T. (2013): Lernpsychologie und Hochschuldidaktik – Gedanken zur Lernfähigkeit in der Hochschullehre. In: Neues Handbuch Hochschullehre. A 2.6. Berlin: Raabe Verlag.

Waffenschmidt, E. (2013): Kompetenzorientierte schriftliche Prüfungen. In: Neues Handbuch Hochschullehre. H 5.2. Berlin: Raabe Verlag.

Wagner, C. A.; Smith, J. P. (1979): Peer supervision: Toward more effective training. In: Counselor Education and Supervision 18, S. 288–293.

Wagner, D.; Sepheri, P. (2013): Managing Diversity – Wahrnehmung und Verständnis im internationalen Personalmanagement. In: Spelsberg, K.: Diversität als Leitmotiv. Handlungsempfehlungen für eine diversitäts- und kompetenzorientierte Didaktik. Eine explorative Studie im Kontext einer Kunst- und Musikhochschule. Berlin: Waxmann.

Watzlawick, P.; Beavin, J. H.; Jackson, D. D. (2000): Menschliche Kommunikation. Bern: Hans Huber.

Webler, W.-D. (2003): Lehrkompetenz – über eine komplexe Kombination aus Wissen, Ethik, Handlungsfähigkeit und Praxisentwicklung. In: Welbers, U. (Hrsg.): Hochschuldidaktische Aus- und Weiterbildung. Grundlagen – Handlungsformen – Kooperationen. Bielefeld: Bertelsmann, S. 53–82.

Wegener, A.; Rohr, D. (2012): Lehrcoaching: Ein systemisches Konzept individueller Beratung (zu hochschuldidaktischen Fragen). In: Neues Handbuch Hochschullehre. L 3.8. Berlin: Raabe Verlag.

Weinberger, S. (1998): Klientenzentrierte Gesprächsführung. Eine Lern- und Praxisanleitung für helfende Berufe. Weinheim/München: Juventa.

Weinert, F. E. (2001a): Concept of competence: A conceptual clarification. In: Rychen, D. S.; Salganik, L. H. (Hrsg.): Defining and selecting key competencies. Göttingen: Hogrefe, S. 45–66.

Weinert, F. E. (2001b): Vergleichende Leistungsmessung in Schulen – eine umstrittene Selbstverständlichkeit. In: Weinert, F. E. (Hrsg.): Leistungsmessung in Schulen. Weinheim/Basel: Beltz, S. 17–32.

Weinert, F.E.; Helmke, A. (1997): Entwicklungen im Grundschulalter. Weinheim/Basel: Beltz.

Wengert, H.G. (2008): Leistungsbeurteilung in der Schule. In: Bovet, G.; Huwendiek, V. (Hrsg.): Leitfaden Schulpraxis. Pädagogik und Psychologie für den Lehrerberuf. Berlin: Cornelsen Scriptor, S. 324–359.

Wigger, I. (2009): Habitus und Bildung. Einige Überlegungen zum Zusammenhang von Habitustransformationen und Bildungsprozessen. In: Friebertshäuser, B.; Rieger-Ladich, M.; Wigger, I. (Hrsg.): Reflexive Erziehungswissenschaft. Forschungsperspektiven im Anschluss an Bourdieu. Wiesbaden: Springer VS.

Wild, E./Möller, J. (Hrsg.) (2015): Pädagogische Psychologie. Berlin/Heidelberg: Springer.

Wildt, J.; Wildt, B. (2010): Lernprozessorientiertes prüfen im „Constructive Alignment". Ein Beitrag zur Förderung der Qualität von Hochschulbildung durch eine Weiterentwicklung des Prüfungssystems. In: Neues Handbuch Hochschullehre. H 6.1. Berlin: Raabe Verlag.

Wildt, J. (2003): Die AHD als bundesweites Netzwerk für die Qualität des Lehrens und des Lernens an Hochschulen. In: Journal Hochschuldidaktik 14 (2) Ausgabe Oktober 2002.

Wildt, J. (2004): „The Shift from Teaching to Learning" – Thesen zum Wandel der Lernkultur in modularisierten Studienstrukturen. In: Ehlert, H.; Welbers, U. (Hrsg.): Qualitätssicherung und Studienreform. Strategie- und Programmentwicklung für Fachbereiche und Hochschulen im Rahmen von Zielvereinbarungen am Beispiel der Heinrich-Heine-Universität Düsseldorf Düsseldorf: Grupello, S. 168–178.

Wildt, J. (2007): Anschlussfähigkeit und professionelle Identität der Hochschuldidaktik – ein Blick zurück nach vorn auf dem Weg vom Lehren zum Lernen in der Hochschulbildung (Thesen). In: Reiber, K.; Richter, R. (Hrsg.): Entwicklungslinien der Hochschuldidaktik. Ein Blick zurück nach vorn: Beiträge zur Tübinger Tagung vom 29.11. bis 01.12.2006. Berlin: Logos, S. 187–201.

Woolfolk, A. (2008): Pädagogische Psychologie. München: Pearson Studium.

Zehn, S.J.; Kottler, J.A. (1993): On being a teacher: The human dimension, zit. n.: Hattie, 2014, S. 29.

Zepp, Jürgen (1991): Das computergestützte Planspiel „Kommstedt". In: Bundeszentrale für politische Bildung (Hrsg.): Methoden in der politischen Bildung – Handlungsorientierung. Bonn, S. 258–273.